नागार्जुन : अनभिजात का क्लासिक

नागार्जुन
अनभिजात का क्लासिक

विजय बहादुर सिंह

वाणी प्रकाशन

वाणी प्रकाशन

4695, 21-ए, दरियागंज, नयी दिल्ली 110 002

शाखा

अशोक राजपथ, पटना 800 004

फ़ोन : +91 11 23273167 फ़ैक्स : +91 11 23275710

www.vaniprakashan.in
vaniprakashan@gmail.com
sales@vaniprakashan.in

NAGARJUN : ANBHIJAT KA CLASSIC
by Vijay Bahadur Singh

ISBN : 978-93-86799-15-9
Criticism

प्रथम संस्करण

मूल्य : ₹ 395

सिटी प्रेस, दिल्ली-110 095 में मुद्रित

वाणी प्रकाशन का लोगो मक़बूल फ़िदा हुसेन की कूची से

प्रस्तावना

संख्या की दृष्टि से कवि नागार्जुन पर यह मेरी चौथी कोशिश है। इसमें कुछेक निबन्ध कवि की मृत्यु के बाद लिखे गए हैं। कुछेक काफी पहले या कहें उसके जीवन-काल के ही हैं। फिर भी किताब को एक औसत शक्ल देने की चेष्टा में ये दोनों ही प्रकार शामिल कर लिए गए हैं। पण्डिताऊ आलोचना में मेरा कोई विश्वास नहीं है। न उद्धरण-भार से दबी, आतंककारी बौद्धिकता में। मुझे यह स्वीकार करने में भी कोई हिचक नहीं कि मैं ठेठ आलोचक नहीं हूँ। इससे कहीं अधिक रसिक या फिर विदग्ध।

मुझे पश्चिम के अत्याधुनिक, उत्तर-आधुनिक चिन्तन से न तो कोई परहेज है, न नफरत, फिर भी मैंने अपना काम देशी आलोचना पद्धति से चलाने की कोशिश की है। हाँ, मैं यह ज़रूर मानता हूँ कि कोई भी कला या शब्द-सृष्टि अंततः एक सामाजिक और सांस्कृतिक सृष्टि है, इसलिए कोरा सौन्दर्यवाद उसका धयेय क्यों नहीं होना चाहिए। हम लेखकों और कलाकारों को मिले हुए तमाम माध्यम मात्र हमारी अपनी कमाइयाँ नहीं हैं। इसी तरह शब्द भी। हमारी भूमिका तो अपनी अनुभूतियों और विचारों की तपस्या के अनुसार उन्हें एक ऐसा चेहरा देना है जो ज़माने के चेहरे के साथ-साथ पुरखों और परम्परा के चेहरों की भी थोड़ी-बहुत याद दिलाता चले। शब्द की भी तो कोई अनुवांशिकी होती होगी।

मुझे यह कहने में कोई दुविधा या भय नहीं है कि कथित तौर पर लोकतांत्रिक सरकारें और उनके कारकून जन-समाज के प्रति आज बेहद निर्मम, क्रूर और हिंसक हो उठे हैं। तब भी लोकतंत्र की लीलाएँ जारी हैं। इन लीलाओं पर यों तो प्रेमचन्द की आशंकाएँ, निराला आदि की दुखद वेदनाएँ, यहाँ तक कि हल्के-फुल्के मंचीय कवियों की काव्योक्तियाँ (?) भी खूब हैं किन्तु मुक्तिबोध, परसाई, शरद जोशी, श्रीलाल शुक्ल जैसों का लेखन इस मूल्य-पतन और असूझ अंधकार को रेखांकित करता रहा है। भवानीप्रसाद

मिश्र जैसे भिन्न रचनात्मक मानस और विश्वदृष्टि वाले कवि ने भी इस लीला के विरुद्ध अपने दुख और गुस्से का इजहार किया है। केदारनाथ अग्रवाल, रघुवीर सहाय, सर्वेश्वर, श्रीकान्त वर्मा जैसे कवियों की एक पूरी बिरादरी ही इस त्रास को लेकर क्षोभ और वेदना से ग्रस्त है।

नागार्जुन मुझे इन सबके अगुआ लगते हैं। वे जीवन और कविता में बेहद बेलिहाज और निडर व्यक्तित्व वाले सर्जक रहे हैं। हिन्दी में तो वे संस्कृत पण्डितों और शास्त्रज्ञों की समस्त सम्पदा लेकर आए थे, उनकी शुरुआती नौकरियाँ भी इसी शास्त्र-ज्ञान और दर्शन के बल पर सम्भव हुईं पर हिन्दी के स्वाभाविक प्रवाह को उन्होंने कहीं भी अपनी किसी भी कोशिश से असहज नहीं होने दिया। बल्कि उसे और भी प्रवाहपूर्ण और संगीतमय बनाया। बहुभाषाविद् नागार्जुन तो मातृभाषा मैथिली में 'यात्रीजी' के नाम से सुविख्यात और सुप्रतिष्ठित हैं। मैथिली में एक पूरा मैथिली युग ही चलता है। बँगला और संस्कृत में तो उनकी कविताएँ उत्सुकता और उल्लास से पढ़ी ही जाती हैं। किन्तु नागार्जुन इतने ही नहीं हैं। सच तो यह कि अपनी विराटता छिपाए हुए वे हमारे समय के विलक्षण काव्य-वामन हैं। ज़रूरत पड़ने पर वे चकमा भी दे सकते हैं किन्तु उनका औसत चरित्र फक्कड़ाना है। अपने हित-लाभपूर्ण चाक-चिक्य की तो ऐसी-तैसी वे कर ही लेते हैं पर आसपास रहने और आने-जाने वालों को भी देखते रहते हैं कि कौन किस हद तक 'अपना घर' फूँक सकता है। जीवन-भर उनकी कसौटियाँ कुछ इसी तरह की रही हैं।

उनका बुनियादी व्यक्तित्व कहें तो ग्रामांचलीय रहा है। इसीलिए कोरे पोथी-पंडितों के लिए अरुचिकारक या कहें आकर्षणहीन रहा। विचारधारा के निष्ठावान गुलामों के लिए भी नागार्जुन जब-तब अपचकारी रहे हैं। कोरे और जड़ या फिर हवाई विचारों या विचारधाराओं के वे शायद ही कभी हामीकार या समर्थक रहे। यथार्थ की ज़मीन पर नंगे पाँव पैदल चलने वाले विचारों और समूचे व्यक्तित्व में कांति बन फूट पड़ने वाले आचारों को जीने और मरने वालों पर ही प्रायः उनका नेह-छोह बरसता था। इस मायने में वे बेहद बेमुरौव्वत थे। उनकी कविता यही प्रसाद शब्द-शब्द में बाँटती और सहेजती चली गई है। उनका नेह-छोह कर्मकाण्डी कामरेडों या फिर सुसम्भ्रान्त सफ़ेदपोशों वाला न होकर एकदम घरेलू गँवई और बेपरवाह खुले फैलेपन में लिथड़ा और लिपटा हुआ है। ऐसा जिसकी किसी भी सूरत में नकल नहीं की जा सकती। उनकी बोलती हुई भाषा में इसकी सुवास भरपूर है। कह सकते हैं यह उनका अन्तरंग व्यक्तित्व है जो बाहर भी जब-तब छलक जाता है।

एक और अर्थ में नागार्जुन घनघोर राजनीतिक कवि हैं। यहाँ वे बाहथियार हैं। उनके बोध में विकलता से उपजा क्षोभ, गुस्से से भरी तड़प, आक्रामकता और चारों खाने चित कर डालने वाला कौशल है। व्यंग्य कविता के तो वे सबसे बड़े महारथी हैं। अपने शिकार को वे जिस रणनीति से घेरते हैं, उसको निःशस्त्र करते हैं कि वह अचकचा भर नहीं उठता, बल्कि निर्वस्त्र तक हो उठता है। इस लहूलुहान नजारे पर ध्यान जाने पर कहीं हम भी सचेत हो उठते हैं और एक-ब-एक आईने के सामने पड़ने से बचने लगते हैं। वे किन्तु हमें सचेत ही नहीं करते, अपने मंसूबों के प्रति सुशिक्षित भी करते हैं।

अपने समय के जाने-माने राजनीतिक चरित्रों पर भी उनकी कविताएँ हैं और खूब हैं। वे चाहे नेहरू-इन्दिरा पर हों, चाहे मुरारजी देसाई, राजनारायण या फिर कामराज और निजलिंगप्पा पर, छवियाँ विडम्बनात्मक ही हैं। लालबहादुर शास्त्री ज़रूर एक अपवाद हैं इनमें, जिनको लेकर उन्होंने यह अविस्मरणीय पंक्ति लिखी–'वह बारूदी बदबू पर चंदन मलय-गंध'। कल जब इन सबको इतिहास अपनी निगाह से जगह देने के बारे में सोचना शुरू करेगा, नागार्जुन की कविताएँ उसके लिए स्रोत-सामग्री ही नहीं, सम्बन्धित चरित्रों के बारे में उसके निर्णयों पर भी असर डालेंगी।

नागार्जुन ने निराला, राजकमल चौधरी, कवि शैलेन्द्र पर भी कविताएँ लिखी हैं। इनमें उनकी आत्मीयता, उनका स्नेह और सहृदयता का सौन्दर्य झिलमिला रहा है। यहाँ उनके व्यक्तित्व की अपार तरलता और अथाह गहराइयों की परख की जा सकती है। किन्तु इसके लिए तो वे अपनी प्रत्येक कविता में हाजिर हैं।

सौन्दर्य-बोध के मुरदाघरों में टहलने-घूमने के अभ्यस्त काव्यालोचकों के लिए तो नागार्जुन का सारा पौरुष इसलिए भी बेमानी है कि ज़्यादातर तो यह न धुला है या पुँछा। फिर भी बेहद दमदार, मानीखेज और ज़िन्दा ललकार से भरा हुआ। नागार्जुन जैसे कवि हमारी इस ठहरी हुई दृष्टि और सोच पर जैसे फब्तियाँ सी कसते हुए आते हैं और बताते हैं कि इससे कविता का चेहरा ही उजागर नहीं होता–उसकी साँस भी जीवन की नंगी सच्चाइयों के सफर से पैदा होती है। उनकी कविता इसी जीती-जागती साँस की यात्रा है।

मुझे यह कहने में कोई हिचक नहीं कि वे अख़बार भी हैं, जुलूस भी, चौपाल और चिन्तन-गोष्ठी भी। भीड़-भाड़, मेले-ठेलों से लेकर गाँव-गँवई की पगडण्डियों तक उनकी जो काव्य-यात्रा है, वह आज़ादी से पहले के दिनों से लेकर बीसवीं सदी के समापन बरसों तक की है। इन सारे बरसों का

गीत-संगीत, लय-छन्द, मुहावरे, बतकहियाँ, सबका जायजा उनकी कविता लेती चली है।

सच तो यह कि लोकोन्मुखता और जनपक्षधरता नागार्जुन के सर्जक की पहली प्रतिज्ञा है। नागार्जुन के सन्दर्भ में लोकोन्मुखता का एक अर्थ वह ब्रह्माण्ड है जिसमें धरती, आकाश, नक्षत्र-मण्डल, स्थावर-जंगम सब शामिल हैं। यह भी कि उनके व्यक्तित्व में वैदिकों की सी वैश्विकता, बौद्धों की करुणा, उपनिषद् के ऋषियों सी मेधा और प्रज्ञा है तो भक्तिकाल के कवियों की सी क्रान्तिकारी सोच और संवेदना है। यद्यपि उनकी दृष्टि तत्त्वान्वेषी है तथापि वे रूप की भी अवहेलना नहीं करते। तत्त्व और रूप का यह अभिनियोजन वे जिस दक्षता से करते हैं उसमें उनका परम्परा-बोध और अभिनव जीवन-दृष्टि दोनों न केवल सहयोग करते हैं, बल्कि दो जोड़ीदारों की तरह कदम-कदम पर उनका साथ देते चलते हैं। प्रश्न चाहे काव्यानुभूति की बनावट का हो या फिर भाषा-दृष्टि का, लोक और शास्त्र की दोनों ही कसौटियों पर कस चुकने के उपरान्त ही वे कर्म-प्रवृत्त होते हैं। उनकी 'अकाल' कविता हो या फिर विचार-विरल वाली 'मंत्र कविता' या फिर 'यह तुम थी' सबमें जो वस्तु-संसार है वह हमारा प्रवेश उस विराट लोक में कराता है जहाँ शास्त्र भी अचकचा उठता है। कानी कुतिया, भूखी छिपकलियाँ, अक-गंध से उत्कंठित पंख खुजलाता कौआ, खरगोश के सींग, मूस की लेड़ी, डायन की चीख के साथ कोयला, इस्पात, पेट्रोल या फिर उलंग असगुन-सा खड़ा कचनार, भादों की जवान तलइया पर बाँहें फैला झुका हुआ कोढ़ी गूलर-ये सब हमें जिस जीवन-सौन्दर्य का बोध कराते हैं, वह काव्य-माया नहीं है, हमारे लोकतांत्रिक समय की वे हकीकतें हैं जिन तक केदार, त्रिलोचन और मुक्तिबोध की निगाह भी पहुँच नहीं पाती। इसके लिए जिस ब्रह्माण्डीय-संवेदना की ज़रूरत है, उसकी साधना तभी सम्भव है जब आपकी चेतना उन तमाम ठिकानों की समर्पित यात्रा करे जो अकेले शास्त्र या फिर कोरे लोक के ठिकाने नहीं हैं।

नागार्जुन के पाठकों को यह तो ध्यान रखना ही पड़ेगा कि उनका व्यक्तित्व जितना उन्मुक्त है, उतना ही स्वच्छन्द भी है। इस अर्थ में कोई उन्हें छायावादी या स्वच्छन्दतावादी कहना चाहे तो कहे पर नागार्जुन की स्वच्छन्दता कल्पना प्रधान न होकर प्रत्यक्षतागामी है। दूसरे शब्दों में यथार्थ की खुरदरी ज़मीन पर बेखटके खड़ी। कभी-कभी सोचने में आता है कि अगर नागार्जुन ने इसकी अगुवाई न की होती तो क्या धूमिल जैसे रफ-टफ और आक्रामक गँवई अन्दाज़ के कवि आगे आते। क्या अदम गोंडवी ताल ठोंककर यह कहते

कि–ऐ शहर के बाशिन्दो हम गाँव से आए हैं। कविता में इस तेवर की अगुवाई सचमुच नागार्जुन ही करते हैं।

जहाँ तक उनकी जनपक्षधरता का प्रश्न है–बुद्ध, गाँधी, मार्क्स, लोहिया, स्वामी सहजानन्द सरस्वती और राहुल सांकृत्यायन वे सबसे ज़रूरत भर प्रकाश ग्रहण करते हैं। यह नागार्जुन ही थे जिन्होंने घोषणा की कि पार्टी की इन सर्किल में आएगा तो साहित्यकार नहीं रह जाएगा। आश्चर्य है कि यही बात उनसे दस साल पहले हिन्दी के एक महान आलोचक ने कही–'जो साहित्यिक राजनीति के समीप हैं, वे सच्चे अर्थों में साहित्यिक रह ही नहीं गए हैं।' रामविलास शर्मा और नागार्जुन दोनों ही पार्टी में गए और बाहर भी निकल आए। फिलहाल मैं इस विवाद को छोड़ता हूँ कि ऐसा करना या न करना कहाँ तक उचित या अनुचित है। नागार्जुन के सन्दर्भ में इतना ही कहना न्यायसंगत होगा कि उन्होंने अपनी काव्य-चेतना को बंधक नहीं बनाया। एक कवि के रूप में इसकी कीमतें भी उन्होंने चुकाईं पर आज तो इसका प्रतिदान भी उन्हें मिला कि सच्चे और तेजस्वी जनकवियों में वे सबसे आगे हैं। तब भी इस तथ्य की अनदेखी नहीं की जा सकती कि किसी लेखक-संगठन ने उन्हें अपने लिए भरोसेमंद नहीं पाया और न किसी अहम पद पर बिठाया ही। सत्ताखोर पार्टियों और सत्तासेवी लेखक-संगठनों को अगर किसी सर्जक का लोकानुभूति प्रधान चिन्तन पसन्द नहीं है तो क्यों? सुविधाजनक विचारों की यह गुलामी नागार्जुन ने कभी स्वीकार नहीं की। तभी किसी पार्टी या लेखक संगठन ने उन्हें अपने लिए सुविधाजनक नहीं पाया। नागार्जुन जैसे कवि के लिए यह एक सुअवसर जैसा रहा। एक बार मैंने नागार्जुन के समक्ष ही कवि त्रिलोचन से पूछा था–पार्टी की निगाह में आप और केदार जी (अग्रवाल) उस तरह से कभी विवादास्पद नहीं रहे, जैसे कि नागार्जुन? त्रिलोचन जी ने साफ-सुथरे शब्दों में कहा–हमने कभी पार्टी की आलोचना नहीं की, न कोई विवादित बयान दिया। नागार्जुन ने ऐसे बयान भी दिए, आलोचनाएँ भी कीं तब पार्टी ही क्यों उन्हें छोड़ती।

एक कवि के रूप में स्वतंत्र निर्णय लेना और उसे अभिव्यक्ति देना नागार्जुन के स्वभाव का अहम हिस्सा है। उनकी जनपक्षधरता का अर्थ केवल लोकहित में खड़े होना नहीं बल्कि उस लोकसत्य और लोकदृष्टि से जुड़ना भी है जो तमाम सामाजिक और राजनीतिक संस्थाओं की रचना अपने हित-लाभ के लिए करती है। अगर ये संस्थाएँ कर्म पतित हो लोक के प्रति विश्वासघात करती हैं तब चाहे बुद्ध और गाँधी हों या फिर मार्क्स, लेनिन

और माओ–नागार्जुन किसी को भी एक ब्राण्ड के रूप में मंजूर नहीं करते। यह नागार्जुन ही तो हैं जिन्होंने 'मंत्र कविता' में ऐसी पंक्तियाँ लिखीं–'ओ हम चबाएँगे तिलक और गाँधी की टाँग' xxx ओं अष्ट–धातुओं के ईंटों के भट्ठे/ओ महामहिम, महामहो उल्लू के पट्ठे।'

धर्म, राजनीति, समाज और व्यक्ति–कोई भी इस कवि की तीखी सर्चलाइट की जद से बाहर नहीं है। उसका अन्तिम पक्ष वही है जिसे गाँधी पाँत का आखिरी आदमी और कार्ल मार्क्स सर्वहारा कहते हैं। उसी को सामाजिक करुणा की ज़रूरत है और नागार्जुन की कविता उसी के पक्ष में आँख मूँद कर नहीं, खोलकर खड़ी है। यह चौकसी सचमुच विस्मयकारी है।

काव्यात्मक सूझों अथवा ख़यालों, उन्हें साकार करने वाली ठोस कल्पनाएँ, रूपाकारों की ऐसी सजग संरचना यदि नागार्जुन से सम्भव हो सकी है तो इसलिए कि उनकी समृद्ध संवेदना, उनका जगत–बोध, उनका शास्त्र अधीत होना इस काम में मदद करता है। निराला की तरह वे ब्राह्मण समाज में अछूत जैसे तो कदापि नहीं रहे पर चिकने–चुपड़े राष्ट्रवादी कवियों की निगाह में तो अपने कवि–कर्म के चलते खटकते ही रहे। जैसे कि नागार्जुन का राष्ट्र–वाद या राष्ट्र–भक्ति विश्वास के योग्य ही न हो, जबकि वे बार–बार अपनी कविता में अपने इस भाव को दुहराते रहे हैं। राष्ट्र कतिपय राष्ट्रीय प्रतीकों में है या फिर प्रत्येक नागरिक की आशाओं, सपनों और उसके जीवन में? इस जीवन को निर्विघ्न, निरांतक कर एक उदात्त मानव–समाज बनाना ही नागार्जुन के कवि का सपना है।

अंत में यह सवाल भी उठाना ज़रूरी है कि नागार्जुन जैसे अधीत शास्त्री और बहुभाषाविद् कवि ने क्यों जनता के पक्ष में ही नहीं, उसके लिए भी लिखा। मुक्तिबोध जैसे कवि मानते हैं कि जनता के पक्ष में तो लिखा ही जाना चाहिए पर ज़रूरी नहीं कि हम उसके लिए भी लिखें। शायद उन्हें यह भी लगता है कि सांस्कृतिक प्रश्नों की गम्भीरता जनपक्षधर कवि को ऐसी राहों पर चलने को मजबूर करती है कि जनता के हित में लिखने की मंशा लिए हुए भी गम्भीर कवि ऐसा नहीं कर पाता। उनके इस कथन का प्रत्याख्यान तो सूर–तुलसी–जायसी जैसे कवि करते ही रहे हैं। वे अभिजात कला–बोध को अपनी समर्पित कवि–प्रतिभा के बल पर एक ऐसे काव्य–शिल्प और शैली तक ले आए कि उनकी कविता श्रव्य तो बनी ही, पाठ्य कविता के गुणों से भी हीन नहीं हुई। ग़ालिब तो फ़ारसी के बेहतर शायर थे पर रेख़्ता (उर्दू) को चुनकर उन्होंने उस अवाम तक अपनी आवाज़ पहुँचाई जिसमें गम्भीर विचारों

को भी कला की मदद से समझने की आधारभूमि तैयार हुई। यह जिम्मा तो वस्तुतः लेखक और कवि का ही है वह अपनी अनुभूतियों को लोक तक सम्प्रेषित करने की समुचित राह ढूँढ़ें।

आज 'मीर' जैसे महान शायरों की यह बात याद रखनी होगी कि कैसे वे अर्थ-गम्भीरता को सुरक्षित रखते हुए सहजता को साधते हैं। कहते हैं वे अपने अनुभव में जितने सहज और पारदर्शी हैं, उतने ही अपनी अभिव्यक्ति में भी। तभी तो वे कह सके-

शे'र मेरे हैं गो ख़्वास पसंद
पर मुझे गुफ्तगू अवाम से है।

'खवास' तो अभिजन हैं, मीर की सादगी और सहजता के चलते पर मीर का संवाद तो अवाम से है। निश्चय ही मुक्तिबोध का स्वभाव ऐसा नहीं था, सोच भी किंचित अलग ही थी। कविता तो उनकी विरल है ही, फिर भी भारत के समाज को जैसी गम्भीर काव्य-कला और काव्य-सम्प्रेषण चाहिए नागार्जुन ने उसी रास्ते को अपनाते हुए उस विशाल लोक और नागर समाज से अपना काव्य-संवाद रचा जो राष्ट्रीय-सांस्कृतिक इस अर्थ में है कि अभिजन संस्कृति की चुनिंदा मीनारों के समानान्तर व्यापक समाज की रंगारंग चौपालें महसूस की जा सकें। उनकी प्रतिबद्धता इन्हीं चौपालों को समर्पित है। ये ही वे चौपालें हैं जहाँ रामायण-महाभारत, आल्हा-कजरी, कबीर-तुलसी-मीरा सब सुने और गाए जाते हैं।

नागार्जुन इसी परम्परा के वारिस और इन्हीं चौपालों के नागरिक हैं। 'घिन तो नहीं आती' कविता में वे अपनी बिरादरी रेखांकित करते हुए दर्ज़ करते हैं-

कुली-मजदूर हैं
बोझा ढोते हैं, खींचते हैं ठेला
धूल-धुआँ-भाप से पड़ता है साबका
थके-माँदे जहाँ-तहाँ हो जाते हैं ढेर

किन्तु-

सपने में भी सुनते हैं धरती की धड़कन
आकर ट्राम के अन्दर पिछले डब्बे में
बैठ गये हैं इधर-उधर तुमसे सटकर
... ...
ये तो बस इसी तरह
लगाएँगे ठहाके, सुरती फाँकेंगे

... ...

सच-सच बतलाओ
अखरती तो नहीं इनकी सोहबत?
जी तो नहीं कुढ़ता है?
घिन तो नहीं आती?

नागार्जुन यह सब जितना सफ़ेदपोश अभिजनों के लिए कह रहे हैं उतना ही उन अभिजनोचित सौन्दर्यप्रेमी आलोचकों के लिए भी जिन्हें नागार्जुन जैसे कवियों की सोहबत इसलिए पसन्द नहीं आती कि यहाँ श्रमपरायण मस्त मौला जीवन है तो ठहाके और अकुंठित जीवन की बेपरवाह खिलखिलाहटें भी।

25 अप्रैल, 2017

विजय बहादुर सिंह
29, निराला नगर,
दुष्यन्त कुमार मार्ग, भोपाल-462003
मो.-094250-30392

अनुक्रम

त्रिलोचन की कविता में नागार्जुन	15
लोक कवि नागार्जुन	24
स्मृति-छायाएँ	32
वह मिलिटरी का बूढ़ा घोड़ा	41
नागार्जुन की प्रतिभा का सौन्दर्य	51
नागार्जुन का रचना-मानस	71
एक अन्यतम लोकहृदय : नागार्जुन	83
सामान्यजन का महाकवि : नागार्जुन	95
बादल को घिरते देखा है	109
अकाल और उसके बाद	120
हरिजन गाथा से पहले, हरिजन गाथा के बाद	125
मंत्र कविता : एक और पाठ	144
नागार्जुन का सौन्दर्यबोध	160
नागार्जुन के बाद के नागार्जुन	174
आधुनिक हिन्दी कविता का नव दुर्वासा कवि : नागार्जुन	180
अनभिजात का क्लासिक	183

त्रिलोचन की कविता में नागार्जुन

'काल तुझसे होड़ है मेरी' में कवि शमशेर ने लिखा—'आँखों को चमकाने वाले/ दिलों को गरमाने वाले/आज के इतिहास को छन्द में समझने वाले/ कभी धीमी गुनगुनाहटों में/ कभी थिरकते व्यंग्य में/ कभी करुण सन्नाटे में/ तो कभी बिगुल बजाते/ और कभी चिमटा/ कभी बच्चों को हँसाते/ तो कभी जवानों को रिझाते/ और बूढ़ों की आँखों में मस्ती लाते—ऐसे खजाने की कविता/ झोली में बरसाते/ हमारे बाबा अली बाबा, नागार्जुन बाबा। चुटकी बजा-बजाकर/ मौज से भूख और अभाव को/ बहलाते हुए/ मेरे अली बाबा...कविता की समापन पंक्तियाँ हैं 'युग की गंगा में गोते लगाते/ अद्‌भुत स्वाँग बनाए/ आए मेरे बाबा अली बाबा/नागार्जुन।'

साथी और समकालीन कवि नागार्जुन को याद करने का यह शमशेर का अपना अंदाज़ है। भावोत्फुल्ल, किन्तु विचार-केन्द्रीयता। शमशेर ने नागार्जुन को अली बाबा कह कर कविता के जिस खजाने का जिक्र किया है, उसमें नागार्जुन की तमाम खूबियाँ आ गई हैं। कविता, एक उम्मीद है, चमक भी, भाषा—छन्द संगीत भी है और करुणा का प्रवाह भी। वह बिगुल भी है और चिमटा भी/ और बाबा के खजाने में यह सब है। यानी एक समूचा जीवन-राग।

पर 'अद्‌भुत स्वाँग बनाए' लिखकर शमशेर ने क्या यह भी कहना चाहा कि कविता भाषा का अद्‌भुत स्वाँग है और नागार्जुन इस स्वाँग के सिद्ध कलाकार हैं?

स्वाँगी लेकिन करता क्या है? क्या वह हजार तरह के रूप धारण कर लोगों का रंजन करता है? जवाब तो शमशेर का, कविता में ही है—'कभी थिरकते व्यंग्य में/ कभी करुण सन्नाटे में।' नागार्जुन की कविता या तो करुणा का असीम विस्तार लिये हुए है या फिर व्यंग्य की आक्रामक थिरकन; और उसमें सबकी समाई है—बच्चों से लेकर बूढ़ों तक की। उसमें क्रीड़ा भी है, उत्साहधर्मिता और गम्भीरता भी, लेकिन तब क्यों एक कविनुमा अफसर ने यह कहने की हिमाकत की कि नागार्जुन तो दोयम श्रेणी के कवि हैं? कहीं इसलिए तो नहीं कि नागार्जुन

ने अपनी कविता को नए और आधुनिक के पचड़े से दूर रखा? क्लासिक और ऐन्टीक्लासिक, परम्परा और आधुनिकता को उन्होंने यहाँ पूर्व पक्ष और उत्तर पक्ष के रूप में देखा। इसलिए उनकी कविता में वैसा नयापन नहीं मिलता, जैसा कि अज्ञेय, शमशेर या फिर मुक्तिबोध और भारती में दिखाई देता है, किन्तु कालिदास और तुलसी जैसी पुनर्नवता और मौलिकता तो उनमें खूब ही है।

ग़ालिब जब कहते हैं कि 'हैं और भी दुनिया में सुख़नवर कई अच्छे', तब वे परम्परा को ही तो याद करते हैं। परम्परा से आँखें चार किए बिना मौलिकता को परखा नहीं जा सकता है। अज्ञेय कहते हैं कि नया तो सिर्फ विषय होता है, वस्तु तो मौलिक ही होती है। नागार्जुन की काव्य-वस्तु भी इसी अर्थ में बेहद मौलिक है। अपने समय और उसमें होने वाले अनुभवों को देखने का एक नया अंदाज, नव लेखनवादियों जैसी नवीनता नागा बाबा में है। न भी हो तो क्या? शमशेर का यह कहना कि वे युग की गंगा में गोता लगाने वाले कवि हैं, कई मायनों में ज़रूरत से ज्यादा सही है।

वो कविनुमा अफसर, जिसकी कोई भी एक कविता अब तक लोकचित्त पर ठहर नहीं पायी, कभी अपने इस प्रथम श्रेणी के कवि शमशेर से पूछ नहीं पाया कि नागार्जुन के प्रति वे इतने भावाविष्ट क्यों हैं, क्यों इतना बखान कर रहे हैं; जबकि खुद तो वे ऐसा लिखते नहीं, जैसे उनके अली बाबा नागार्जुन लिखते हैं।

पर किस-किस से वह पूछेगा? यहाँ तो केदारनाथ अग्रवाल और त्रिलोचन सबके सब नागार्जुन को लेकर भाव-विह्वल हैं। नागार्जुन के बाँदा आने पर केदार की जो कविता है, उसकी कुछेक पंक्तियाँ हैं—

और वहाँ फूलों में खिलता
बागों को सौरभ से भरता
जो गोली से मारा जाकर कभी न मरता
जो ज्वाला में डाला जाकर कभी न जलता
अहोभाग्य है दो जन कवियों के हृदयों का
जिनकी धड़कन गरज रही है घन-गर्जन-सी...

यह बुंदेलखण्ड के केदारनाथ अग्रवाल ही हैं, जिनकी कविता में आल्हा-जैसा जोश और बादलों—जैसा गर्जन-तर्जन है, लेकिन सन्दर्भ तो नागार्जुन का है।

नागार्जुन के महत्त्व को सतर्क और सगौरव याद करने वाले साथी कवि त्रिलोचन भी हैं। 'फूल नाम है एक' संग्रह में नागार्जुन को लेकर उनके कुल पाँच सॉनेट हैं—बावन से लेकर छप्पन तक।

याद पड़ता है, त्रिलोचन का ज़िक्र आते ही नागार्जुन कह उठते थे—वो तो पानी का बम्बा हैं। खुल गए, तो फिर खुल ही गए। फिर तो बस, पानी ही पानी। ज़रूरत से ज्यादा। अबाध और अनथक बहना। इसी सन्दर्भ में कभी वे अपने बारे में भी कहा करते—बुढ़ापे की ठेंपी खुली, तो फिर मुश्किल से ही बंद होगी। त्रिलोचन के लिए बम्बा और खुद के लिए ठेंपी का प्रयोग कर नागार्जुन जिन अलग–अलग बिम्बों की रचना करते, उससे बनता तो प्रवाह–बिम्ब ही था, पर ठेंपी के खुलने में कार्य–व्यापार की जो लघुता और कोमलता थी, विपरीत उसके बम्बा में मर्दानगी और विरल वेग का तत्त्व–दर्शन काम किया करता। कौन नहीं जानता कि त्रिलोचन में यह पुरुष तत्त्व काफी है। 'मिलकर वे दोनों प्राणी, देते खेतों में पानी' वाला बिम्ब भी तो उसी जीवन पौरुष का है।

समूची प्रगतिशील कविता में यह पौरुष–बोध एक प्रधान काव्य–बोध है। याद करें, तो केदार की कविता 'गर्रानाला' या फिर 'एक हथौड़ेवाला घर में और हुआ' में भी यह बोध सक्रिय है। यहाँ करुणा तो है, पर कातर रुदन नहीं।

जरा त्रिलोचन को देखिए, वे नागार्जुन को लेकर क्या कहते हैं—'कीड़ा है वह कविता का, कहीं किसी ने जान-बूझकर अनभल ताका, अगर किसी का तो कवि ने कब उसको छोड़ा।' नागार्जुन का यह कोड़ा कभी चूका नहीं। वह चाहे नेहरू हों, गाँधी-मार्क्स-लेनिन–माओ हों या फिर तथागत बुद्ध। लाग–लिहाज, भय और स्वार्थ नागार्जुन को कभी नहीं बाँध पाये। खुद से कभी चूक हुई, तो यह कोड़ा स्वयं नागार्जुन के हाथों उनकी अपनी भी पीठ पर बरसा। अपने को बचाकर सबको कटघरे में खड़े करने वाले चतुर सुजानों की भीड़ में नागार्जुन सचमुच विरल थे। परम दुस्साहसी और निर्भयी।

नागार्जुन पर अपने सॉनेट रचते हुए त्रिलोचन पहले उस लोक के पास जाते हैं, जिसके कि वे और नागा बाबा सदस्य हैं। यहाँ लोक का प्रतिनिधित्व करने वाले दोनों ही व्यापक अर्थ में दलित हैं—एक महिला, दूसरा मजदूर। महिला, किन्तु पढ़ी–लिखी और कवियों–लेखकों को जानने वाली। न जानती, तो नागार्जुन के साथ उन कवियों/लेखकों का उल्लेख कैसे करती, जिनके बाबत उसने कहा —'ढंग ऐसे कब पाए थे हमने कवियों के मुँह खोला तो रवि से नीचे उतरे नहीं और मिट्टी की छवि से निपट अपरिचित मिले। हवाई महल बनाए अपने सुख–स्वप्नों के दल पर जमे जमाए रहे।'

त्रिलोचन यहाँ जिस हवाई यथार्थ की ओर संकेत कर रहे हैं, उसे समझाने की ज़रूरत नहीं। फिर उस बिरादरी का चरित्र, जो कविता को भी अपने सुख–

स्वप्नों के बिस्तर के तौर पर प्रयुक्त करती है। मिट्‌टी की छवियों से सर्वथा लापरवाह और अपरिचित रहकर जो आसमानी ख़्यालों में विचरण करती है। विचार को कभी आचरण के पास फटकने तक नहीं देती। विपरीत उसके, नागार्जुन की कविता के विचार उनके जीवन के आचरणों से फूटते हैं। सुनिए त्रिलोचन के ही मुँह से–'एक मजूर ने कहा, नागार्जुन ने मेरे बच्चे को बहलाया फिर रोटियाँ बनाईं खाईं और खिलाईं। खुशियाँ साथ मनाई, ग़म आया तो आए। टीह टाह की घेरे खड़े रहे असीस बनकर। हठ हारा फेरे फिरे नहीं...।' महिला का बयान तो पहले से दर्ज है–'नागार्जुन तो कवि–से नहीं जान पड़ते। आए तो ज्यों ही आए, त्यों ही घुलमिल गए।'

घुलना–मिलना, सुख–दुःख में शामिल रहना, आशीष बनकर घेरे रहना और जिद्दी अभावों और हठीले दुखों को हरा देना, यही तो नागार्जुन का काव्य-पौरुष है।

याद कीजिए, वो भीत पर गश्त लगाती छिपकली, जाँते और चूल्हे के पास भूख से कातर होकर लेटी कानी कुतिया और घर में दानों (अनाज) के आ जाने की खुशी में कौअे का अपनी चोंच से पंख खुजलाना। त्रिलोचन ठीक ही तो लिखते हैं– 'कवि नागार्जुन सर्वमंगला का ध्यानी है...शासक-शासित दोनों का सतर्क ज्ञानी है, कठिन शाप भी देता है, यों वरदानी।'

उसकी कविता सर्वमंगला की साधना है। ब्रह्म वैवर्त पुराण में सर्वमंगला की व्युत्पत्ति इस प्रकार दी गई है—

हर्ष सम्दि कल्याणे मंगल पीर कीर्तनम्।
तान ददाति च या देवी साए एवं सर्वमंगला।।

देवी पुराण में भी यह सन्दर्भ आया है—

सर्वाणि हृदयस्थानि मंगलानि शुभानि च।
ददाति चेप्सितानि तेन सा सर्वमंगला।।

त्रिलोचन का इशारा साफ है, वह, जो किसी का बुरा नहीं सोचता, सबके मंगल के सपने देखता है, पर जो बुरा सोचता है, बकौल त्रिलोचन किसी का भी अनभल ताकता है, नागार्जुन की कविता का कोड़ा उस पर कुछ वैसे बरसने लगता है, जैसे महिषासुरमर्दिनी का कोप—'हमने तो रगड़ा है इनको भी उनको भी' सिवाय नागार्जुन के और कौन कह सका। त्रिलोचन इसीलिए तो उन्हें दुर्गा और काली वाली परम्परा में देखते हैं। जिन्होंने नागार्जुन की 'काली माई' वाली

कविता पढ़ी है उन्हें ध्यान होगा कि नागार्जुन किस मुद्रा में 'काली माई' से बात करते हैं। यही नहीं, वे उनके (काली माई) पागलपन पर भी खूब बरसे हैं। उनके लिए क्या देवता और क्या मनुष्य, अमंगल की ओर बढ़ता कोई भी चरण नागार्जुन की निगाह में भर्त्सना और दण्ड का अधिकारी है, ऐसा नागार्जुन के बहाने त्रिलोचन कहते हैं। प्रश्न यह कि त्रिलोचन को अगर ये मूल्य नहीं जँचते तो क्या वे कभी कहते?

कवि का काम सिवाय इसके क्या है कि वह जीवन के आदर्शों या मूल्यों की रक्षा करे। निष्प्राण होते जाते सामाजिक और राष्ट्रीय जीवन में प्राण-संचार करे। मैथिलीशरण गुप्त, माखनलाल चतुर्वेदी, सुभद्राकुमारी चौहान की तरह करे या फिर प्रसाद-निराला और प्रेमचन्द की तरह। कोई भी सृजन-कर्म इसके बिना अधूरा है।

कविता के ये मूल्य तब तक भरोसेमंद नहीं बन पाते जब तक इनका संदेशवाहक अपनी साधना से इन्हें और पुनर्संस्कारित न करे। ऊँची बातें और उपदेश देने वालों की कहीं कोई कमी नहीं रही। नीति-वक्तव्यों से धर्मग्रन्थ भरे पड़े हैं, पर असर तो उन्हीं चरित्रों का पड़ता है जिन्होंने जीवन के स्तर पर इन्हें जिया है। गाँधी हमारे युग में इसके सबसे बड़े उदाहरण हैं। भक्तिकाल के कविगण—कबीर, तुलसी, मीरा-तो हैं ही, नागार्जुन की काव्य-तपस्या भी इसी परम्परा की अगली कड़ी है। भारत की दलित-पीड़ित जनबिरादरी की चिन्ता करना और उसके संघर्षों को अपनी विचार-अग्नि से निरन्तर तीव्रतर करना उनके जीवन का सबसे बड़ा ध्येय रहा।

अपने सॉनेट में त्रिलोचन इस संघर्ष को भी उठाते हैं—'जमकर लड़ना विषम परिस्थितियों से उसने सीख लिया है। पथ कंटकाकीर्ण था पर काँटों का गड़ना उसको रोक न सका। युद्ध में डटकर अड़ना और उलझना जान चुका है। यही किया है...और जिया है।'

एक अभावग्रस्त समाज में कवि होकर जीना आसान नहीं। अगर वह समाज तरह-तरह के पाखण्डों और अंधविश्वासों को भी जीवन की मर्यादाएँ मानकर जी रहा हो तब तो और भी। धर्म, राजनीति यहाँ तक कि कला और विज्ञान के क्षेत्र में काम करने वाले लोग भी जहाँ बेहद चतुर, चालाक और दुनियादारी में अव्वल हों तब संघर्षों के मोर्चे पर ही उनकी जटिलताएँ भी बढ़ जाती हैं। इन जटिलताओं का एक चित्र मुक्तिबोध ने अपनी कविता 'अँधेरे में' दिया है, लेकिन जो कविता का नायक है, वह फिर भी घुटने नहीं टेकता। यहाँ भी 'युद्ध

में डटकर अड़ना' नागार्जुन की पहचान है। समझौता और पलायन ये कवि के जीवन के शब्द नहीं हैं। न दैन्य, न पलायन। परम्परा से नायकों की पहचान कराने वाले यही शब्द रहे हैं। त्रिलोचन खुद कहाँ किस डर से भागे, वे खुद भी तो डटे रहे। तार सप्तक और प्रयोगवाद, नई कविता के आधुनिकतावाद आदि आन्दोलन आए, कविता वैश्विक होने की राह पर आ खड़ी हुई, वह शब्दों की लय को छोड़ती हुई सिर्फ अर्थ की लय में डूब गई, पर वह अर्थ बेचारा भी कहाँ स्वीकार किया गया। विपरीत इसके यहाँ तो हमेशा से शब्द और अर्थ कहियत 'भिन्न न भिन्न' रहे आए, उसका वह लघुमानववाद भी त्रिलोचन को अपनी देशी जमीनों से उखाड़ नहीं सका, उनकी निगाह निरन्तर और अविचलित ढंग से अपने उस जनपद पर टिकी रही, उन्होंने जिसकी कमाई से उपजा अन्न खाया और जिसकी धरती से फूटे सोते का पानी पिया था। इस डटने और अडिगता में वह कृतज्ञता–बोध भी था जिसमें कवि–कर्म अहंकार नहीं, लोक–समर्पण की साधना माना जाता है। अकेले अगर तुलसी जैसे कवि यह बात कहते कि सारी सृष्टि उनके लिए सियाराममय है तो मैं कभी नहीं मानता, प्र रवीन्द्रनाथ भी कहते हैं—'आमार माथा नत करे दाउ हे तोमार चरण धूलार तले।'

आज भी भारतीय कविता की पहचान यही अनन्य लोकसमर्पण है। वह जन–आस्था, जिसके बगैर न शब्द सधते हैं और न अर्थ सिद्ध होता है; त्रिलोचन और नागार्जुन हमेशा इसी जनजीवन को अपनी काव्य–साधना का परम विग्रह मानते रहे। उसका शुभ ही उनकी कविता का वस्तु तत्त्व है और उसकी बोली–बानी ही उसका शिल्प–विन्यास। त्रिलोचन लिखते हैं—'वह बोला जब कविता के बोल तब लगा सत्य सुनाया था, उस जन का यश जिसने जीवन–तत्त्व चुना था, खुली बात में बात-बात में जीवन खोला।'

तुलसी 'मानस' के मंगलाचरण में कहते हैं—'सत्य कहउँ लिखि कागद कोरे'। त्रिलोचन इसे ही यहाँ 'जीवन-तत्त्व' कह रहे हैं। यह जीवन-तत्त्व क्या है, हिन्दुस्तान के लोगों की निगाह से देखें, तो करुणा और प्रेम। विपदा में पड़े लोगों के प्रति अपार सहानुभूति और करुणा—यह कविता की प्राथमिक भूति है और उन्हें खुलकर प्यार करना। सिर्फ सहानुभूति नहीं। करुणा तो तभी साकार होती है ,जब इस प्यार की कीमत चुकायी जाय। नागार्जुन और त्रिलोचन जीवन भर अगर नहीं करते रहे, तो और किया क्या?

कवि को अपने इन संवेदनों के साथ हरसिंगार की तरह खिलना चाहिए। जिसे रोम–रोम खिलना कहते हैं; और फिर उसी की तरह खुल कर मुड़ भी

जाना चाहिए। पंडित हजारी प्रसाद द्विवेदी दूसरा बिम्ब लेकर कहते हैं—'दलित द्राक्षा' की तरह स्वयं को निचोड़ देना चाहिए। वे जो सब-कुछ चतुराई और सुविधा के हिसाब से करते हैं, वे कुछ और होते होंगे, कवि और लेखक तो कदापि नहीं। सोचकर अचरज होता है कि इलियट की वस्तून्मुखता में यकीन रखने वाले त्रिलोचन में यह वर्ड्सवर्थ, कॉलरिज और शेली-जैसी सोच कैसे आ गई? इलियट तो व्यक्तित्व से पलायन को ही कविता मानता है, पर व्यक्तित्व इतनी साधारण सच्चाई नहीं है। उसकी रचना सिर्फ विचारों की ताकत या फिर कला की यांत्रिक साधना या कर्मकाण्डों से नहीं होती। वह तो तभी स्वरूप-ग्रहण करता है जब मन—प्राण और आत्मा सब एकमेक हो उठें। कवि के शब्द तभी तो मंत्र बन पाते हैं, अन्यथा वे कवि के ही शब्द बने रहे पाते हैं। कविता की नहीं, व्यक्तित्व की यह साधना व्यक्तित्व से मुक्ति की ही साधना है। यह इन दोनों ने किया, जीवन-भर और कभी भी अपने पाठकों के लिए अश्रद्धा के पात्र नहीं बने।

कवि की कृतज्ञता और कृतघ्नता का प्रश्न आज बेमानी-सा हो उठा है। जो लोग प्रतिबद्धता का दावा करते हैं, उनकी आबद्धता भी जग जाहिर है। कविता और विचार-लीला ही कवि-कर्म के पर्याय हो चुके हैं, लेकिन कौन है, जो अपने आपसे मुक्तिबोध की तरह सरेआम पूछने को तैयार है—'अब तक क्या किया जीवन क्या जिया?' इन पंक्तियों जैसी आत्मवेदना और विह्वलता कहाँ? मुझे तो ये पंक्तियाँ 'हो तो सब पति तन को शंका' या फिर 'मो सम कौन कुटिल खल कामी' जैसी पंक्तियों के समकक्ष लगती हैं। लोक के प्रति गहरी कृतज्ञता के बगैर ये पंक्तियाँ असम्भव होतीं। त्रिलोचन अपनी एक कविता में कृतधनता को किस अंदाज में फटकार, दुत्कार और लताड़ रहे हैं, जरा देखें—'कृतधनते, हट जा, आँखों की ओट चली जा, जा, जा, जा। मैं क्या तुम पर ये हाथ चलाऊँ... पली धृष्टता और नीचता जहाँ पली, जा।'

कवि केदारनाथ सिंह अपनी कविता 'सड़क पर दिख गए त्रिलोचन' में जो कथा चित्रित करते हैं, उसमें एक बच्चा है, जो अपने मिट्टी के टूट गए बाघ के लिए रो रहा है और कवि केदारनाथ सिंह त्रिलोचन से कहते हैं कि उसे तो दूसरा नहीं, वही बाघ चाहिए और तब त्रिलोचन की आँखों में अद्‌भुत चमक आ जाती है। बोल—'चलो, वही लाते हैं', मैंने पूछा—'वही, वही कहाँ मिलेगा?' 'मिलेगा'—उन्होंने कहा—'कहीं न कहीं किसी कुम्हार की आँखों में वह होगा जरूर जस का तस'...।

त्रिलोचन की यह जो अटूट और अखण्ड आस्था है, वह कभी भी बच नहीं

पाती; अगर उनकी कविता जीवन की सहज और गहरी सच्चाइयों से अपरिचित होती। अब तो प्राय: सभी मानने लगे हैं कि अपने सपनों की तलाश में हमें फिर उसी श्रमिक बिरादरी के पास जाना होगा। वह दुख से भी व्यवहार करना जानता है और उसे पराजित करके हँसना भी। त्रिलोचन नागार्जुन को लक्ष्य कर लिखते हैं—'आह पी गया, हँसी व्यंग्य की ऊपर आई।' यही तो संघर्षपूर्ण जीवन का रहस्य है। फिर त्रिलोचन की ही पंक्ति याद आती है, समकालीनों के कवि-कर्म के सन्दर्भ में—'संवाद कब उन्हें मिला जीवन की छवि से', वे तो 'अपने सुख–स्वप्नों के दल पर जमे–जमाए मिले।' यह टिप्पणी कितनी तीखी और विडम्बनापूर्ण है। समकालीन कविता आज जहाँ चूक रही है, वह जगह यही है। उसके पास विचार तो बेहद क्रांतिकारी हैं, किन्तु आचार?

कविवर भवानी प्रसाद मिश्र ने अपने एक साम्यवादी मित्र को काव्य–पत्र लिखते हुए यह आरोप लगाया था कि जिसका दुःख लिखना हो उसका दुःख जानो तो। नागार्जुन ने भी ऐसे ही कविमित्रों पर कुपित होकर लिखा—'उनको दुःख है, मंजरियों को पाला मार गया है, तुमको दुःख है काव्य संकलन दीमक चाट गए हैं।'

बीसवीं सदी में इसी देश में गाँधी हुए। उन्होंने भारत के मुक्ति–संघर्षी सैनिकों को बताया कि जनता का विश्वास अर्जित करने के लिए जनता की तरह जीना और रहना चाहिए। स्वयं को जाति और वर्गच्युत करने का आत्मबल–यह नागार्जुन में खूब था बकौल त्रिलोचन—

'नागार्जुन—काया दुबली, आकार मझोला,
आँखें फँसी हुईं घन भौंहें, चौड़ा माथा,
तीखी दृष्टि, बड़ा सिर। इसमें ऐसा क्या था
जिससे यह जन असामान्य है। पूरा चोला
कुछ विचित्र है पतले हाथ पैर...।'

यही तो सामान्य भारतीय जन का व्यक्तित्व- बिम्ब है। क्या कोई महँगा तकनीकी कैमरा भी इसका दृश्यांकन कर पाएगा, जो इन शब्दों में कर दिया गया है? ये सिर्फ आँख से देखकर लिखे गए शब्द कहाँ हैं? 'पूरा चोला कुछ विचित्र है'। तभी तो महिला बोली—'नागार्जुन तो कवि-से नहीं जान पड़ते। आए तो ज्यों ही आए त्यों ही घुल मिल गए। ढंग ऐसे कब पाए थे हमने कवियों के।'

त्रिलोचन ने अपने समकालीन साथी कवि को लेकर जो भावमर्मी कथन यहाँ किया है, उसका अध्ययन इस निगाह से भी ज़रूरी है कि कवि का व्यक्तित्व

कैसा होना चाहिए। इसे अर्जित करने के लिए उसे कैसी कठिन साधना से गुजरना होगा और उसका यह साधना–मार्ग किन लोगों के बीच से होकर जाएगा। वह किन्हीं आलोचकों के बीच का मार्ग होगा या फिर उस विशाल जन–बिरादरी के तमाम दुखों, आपदाओं के बीच से होकर गुजरने वाला मार्ग, जिसे कोई-कोई ही साध पाता है। त्रिलोचन की मानें, तो नागार्जुन ने उसे साध लिया था। तभी तो वे 'अकाल' जैसी कविता भी लिख सके और 'मंत्र' कविता भी।

लोक कवि नागार्जुन

कवि नागार्जुन की याद करता हूँ, तो बीसवीं सदी के वरिष्ठों में केवल निराला याद आते हैं। दोनों ही कवि काव्य-शैली की सिद्धता प्रदर्शित करने के बजाय अपनी विशिष्टता काव्य-शैली की विविधता में प्रदर्शित करते हैं। अनेकानेक काव्य-विषयों, भाव-स्तरों और भावानुभवों के साथ-साथ अनेक छन्द-प्रकारों, लयों और तुकों की योजना करने वाले ये दोनों ही कवि एक खास अर्थ में क्रांतिदर्शी और परम्परा प्रेमी हैं।

आज से करीब चौंतीस-पैंतीस साल पहले मैंने एक दिन उनका अच्छा मूड देखकर पूछा था—'आपकी कविता पर संस्कृत के, खास तौर से कालिदास आदि कवियों का इतना प्रभाव क्यों है?' तो नागार्जुन का चेहरा गम्भीर हो आया था। कुछ देर की खामोशी के बाद उन्होंने जो जवाब दिया था, वह मुझे अब तक भूला नहीं है—'जो आदमी चौबीसों घंटे संस्कृत पढ़ेगा, उस पर असर तो आएगा ही'। नागार्जुन संस्कृत भी जानते होंगे, जानते ही नहीं होंगे, उसके विशिष्ट विद्वान भी हैं, यह बात तो मेरे साथ सागर विश्वविद्यालय के हिन्दी विभाग के आचार्यों को भी तभी मालूम पड़ी जब कवि नागार्जुन 'मुक्तछन्द और कवि निराला' पर एक व्याख्यान देने विभाग में आए। निराला के अंतरंग मित्र और उनके विदग्ध आलोचक आचार्य नंददुलारे वाजपेयी की अध्यक्षता में अपना व्याख्यान देते हुए नागार्जुन ने कहा था—'ठीक मुक्तछन्द वही कवि लिख सकता है' जिसे छन्द की परम्पराओं का ज्ञान हो। निराला को अगर इस जातीय छन्द परम्परा का ज्ञान न होता, तो वे मुक्त छन्द के सन्दर्भ में गायत्री छन्द के साथ-साथ पद्माकर द्वारा प्रयुक्त हिन्दी के जातीय छन्द कवित्त का उल्लेख 'पन्त और पल्लव' शीर्षक अपनी काव्यालोचन वाली पुस्तिका में क्यों करते।"

बीसवीं सदी के पश्चिमी आधुनिक कवियों के अगुवा कवि-चिन्तक टी.एस. इलियट जब यह कहते हैं कि परम्परा प्रतिभा की नसों में रक्त की तरह धड़कती रहती है, तब उसका जो अर्थ समझ में आता है वह यही कि सच्ची प्रतिभा की

एक खास पहचान उसकी परम्परा–सजगता भी है। निराला और नागार्जुन इस दृष्टि से असाधारण कवि ठहरते हैं। शास्त्र काव्य–परम्परा और लोक समाज से इनके रचनात्मक रिश्ते सचमुच संवर्द्धनकारी हैं। अपने वर्तमान के प्रति बेहद संवेदनशील और सजग रहकर भी ये केवल तात्कालिक वर्तमान के कवि नहीं हैं। इन्हें पढ़ते हुए हमारी विदग्धता की ढेर सारी सतहें एक साथ संवाद आतुर हो उठती हैं। हम काल के उस लोक में जा पहुँचते हैं जहाँ वह खण्डित या विभाजित नहीं रहता। एक ऐसे जीवन–बोध में भी, जो केवल हमारा नहीं, समूची मानव जाति का भी है।

'तीसरा सप्तक' में कवि अज्ञेय ने यह सवाल उठाया कि राष्ट्रीय कविता आन्दोलन के शलाका–पुरुष मैथिलीशरण गुप्त और छायावाद के काव्य–युग में निराला जैसे व्यक्तित्व हैं। उसी दौरान नयी कविता के सम्पादक कवि जगदीश गुप्त ने लिखा कि अज्ञेय ही नयी कविता के शलाका-पुरुष हैं। आज मुझे यह कहने में कोई अतार्किकता नजर नहीं आती कि प्रगतिशील और जनवादी कही जाने वाली कविता के शलाका-पुरुष अगर हो सकते हैं, तो केवल नागार्जुन। इसका सबसे बड़ा आधार नागार्जुन की वह असाधारण प्रतिभा तो है ही, उनका वह बहुमुखी, बहुधर्मी रचना लोक भी है, जो आजादी से पहले और बाद के लोकतांत्रिक राष्ट्रीय जीवन के यथार्थानुभवों और भाव गतियों की आवाजाही और उठान–गिरान के सुख–दुख और विषाद-विक्षोभ आदि का लेखा-जोखा कभी अखबार, कभी इतिहास, कभी काव्य तो कभी–कभी मिथकीय शैली में करता है। परिणामतः नागार्जुन की कविता एक तरफ यदि कविता के सामान्य जाने–अनजाने पाठकों को रिझाती और सचेत करती है, तो दूसरी तरफ लोक–विशारदों और काव्य–मर्मज्ञों को अपनी गहरी वैचारिक मुद्रा और भाव–प्रखरता से चकित और विस्मित भी करती है। प्रगतिशील कवि बिरादरी में नागार्जुन अकेले कवि हैं, जिनमें अप्रत्याशित कवि–दृष्टि और आस–पास के जीते–'जागते तुच्छ तथापि अछूते' से समझे जाने वाले काव्य–विषयों और काव्यानुभवों का बेढब और तरोताजा, अनगढ़, खुरदरा किन्तु मोहक काव्य—संसार फैला हुआ है।

नागार्जुन को पढ़ते हुए प्रगतिशील कविता के प्रति हमारी आस्थाएँ पहले से और अधिक दृढ़ और बलवती होती हैं और हम महसूस कर पाते हैं कि जीवन का वैविध्यपूर्ण विस्तार और उसमें उछाल मारती जिजीविषा ही किसी जातीय प्रतिभा और मनीषा की रचनात्मकता का प्रमाण है। ऐसे कवियों को पढ़ते हुए हम यह भी समझने की सुविधा में आ जाते हैं कि सच्ची कविता विचारधारा और

शास्त्र की बैसाखी पर नहीं, कवि की हद दरजे की भावुकता और संवेदनात्मक तरलता में निवास करती है।

इसे मैंने तब महसूस किया जब कवि श्री नागार्जुन ने नामवर सिंह द्वारा सम्पादित और राजकमल प्रकाशन से छपी अपनी प्रतिनिधि कविताओं वाली पुस्तिका देते हुए यह फब्ती कसी—'नामवर सिंह ने इसमें वह कविता भी शामिल कर ली है, जिसे तुमने जनकवि में प्रगतिशीलों के डर से छोड़ दिया था—पछाड़ दिया मेरे नास्तिक को मेरे नास्तिक ने।' नागार्जुन की यह विरल और विस्मयकारी स्वच्छन्दता जीवन-संबंधों के धरातल पर भी देखने को मिलती है, जब वे यह कहते हैं—'आधुनिकता और प्रगतिशीलता की असली पहचान हमारे सामाजिक संघर्षों से होगी। कोई चुटिया रखता है या कोई सिन्दूर लगाती है इससे निपटारा नहीं होगा...चन्दन लगाने वाला भी हमारे लिए प्रगतिशील हो सकता है, अगर वह संघर्ष का समर्थन करता है तो और कोई कॉमरेड घर का मालिक हो और छोटे भाई या बेटे के लिए दहेज माँगे, तो हम वहाँ उसके नंबर काट लेंगे।' नागार्जुन यहाँ मुझे इसी अर्थ में स्वच्छन्द कवि लगते हैं।

हुआ यह था कि प्रगतिशील काव्यान्दोलन के पाँच सिरमौर कवियों को सम्पादित करते हुए नागार्जुन की इस कविता को सचमुच मैंने विवादपूर्ण मानते हुए छोड़ दिया था। नामवर सिंह को सुविधा यह थी कि वे आन्दोलन नहीं, कवि-विशेष का प्रतिनिधि चयन तैयार कर रहे थे और उन्हें ज्यादा कविताएँ ले सकने की गुंजाइश थी। तब भी उनकी प्रतिक्रिया से यह सीख मिलती है कि प्रतिभाशाली कवि का पहचान किसी विचारधारा या दावे की सीमाओं के अन्तर्गत नहीं की जा सकती। वह किसी पूर्व निर्धारित तयशुदा नियम या किन्हीं भी काव्य-निर्देशों का अतिक्रमण कर सकने में हमेशा समर्थ होता है। यहाँ तक कि जो नियम कायदे उसने खुद रचे और तय किए हैं, जैसी काव्य मर्यादाएँ उसने स्वयं बनाई हैं उन्हें भी वह एक झटके में तोड़-ताड़ डाल सकता है और अपने जाने-पहचाने निष्ठावान पाठकों को भी असमंजस में डाल दिया करता है कि वे अपने प्रिय और आदरणीय कवि के प्रति कौन सा रवैया अब अख्तियार करें।

'सरोज-स्मृति' और 'राम की शक्ति पूजा' यहाँ तक कि क्लासिकोन्मुख काव्य 'तुलसीदास' लिख चुकने के बाद निराला ने यह 'राह' छोड़ दी और व्यंग्य-विद्रूप वाली कुकुरमुत्ता जैसी काव्यशैली पर उतर आए और अपने अभिजात मानस वाले पाठकों के लिए परेशानी-सी खड़ी कर दी। निराला शायद यह भी कहना ही चाहते थे कि अभिजात की गरिमा का सौन्दर्य अपनी जगह है, किन्तु उसे

यह नहीं भूलना चाहिए कि जो इससे बाहर है, वह कुरूप और घिनौना नहीं है, तिरस्कार के योग्य भी नहीं है। गुलाब सुन्दर है, पर जब वह अपने दम से भर कर हेठी पर उतर आए तब कुकुरमुत्ता को 'अबे सुन बे गुलाब' के फूल कहने का हक अपने आप मिल जाता है। एक दूसरे को काटती–सी ऐसी प्रतिस्पर्धी द्वन्द्व–दृष्टि या तो निराला में मिलती है या फिर नागार्जुन में। हिन्दी के ये दो ही ऐसे कवि हैं, जो कोमल और कठोर की परस्पर विरोधी चारुता का गम्भीर और भावपूर्ण नियोजन करते हैं। नागार्जुन का काव्य–विस्तार मेरे इस कथन की गवाही में जगह–जगह खड़ा है।

अकेले, अगर प्रकृति–काव्य को लें तो उनकी अति प्रसिद्ध कविता 'बादल को घिरते देखा है' में हिमालय, अलकापुरी, किन्नर लोक, मानसरोवर जैसे दिव्य दृश्य बिम्ब हैं, तो कई एक गीतों/कविताओं में कोढ़ी गूलर और बच्चा चिनार के बिम्ब भी। जीव–जंतुओं में कानी कुतिया, कौआ, छिपकली, मादा सूअर भी। राजनेताओं में गाँधी, नेहरू, लाल बहादुर शास्त्री तो हैं ही, विद्रूप समाजवादी राजनारायण और लालू यादव भी। नागार्जुन अकेले कवि हैं जिनमें इतना विपुल भाव–समारोह, विषय–वैविध्य और अनुभव–विस्तार है। अभिजात और अनभिजात, सुन्दर और सामान्य, ब्राह्मण और अछूत से लेकर, मिथिला और अवध तक के लोकांचलों में गन्ना, धान, तालमखानों के बिम्बों के साथ–साथ गंवई पगडंडी की चन्दनवर्णी धूल और धान कूटतीं किशोरियों के गीतों की तान का जादू वहाँ एक साथ फैला हुआ है। नागार्जुन ही ऐसे अनूठे कवि हैं जिनके यहाँ अन्न देख अकाल पीड़ित क्षेत्र के कौओे अपनी पाँखें खुजलाते नजर आते हैं और काले मेघों की प्रतीक्षा में बिजना की मूठ से अपनी पीठ खुजलाती पुजारिन भाभी भी।

इस कवि को पढ़ते हुए हिन्दी का पाठक पहली बार यह अनुभव कर पाता है कि समूचा जीवन और उसके चतुर्दिक का वास्तविक संसार एक चुनौतीपूर्ण महाकाव्य है, किन्तु इसका सामना सिर्फ वही कवि कर सकता है जिसकी प्रतिभा अजस्र और कल्पना–शक्ति अनथक और अछोर है। और नागार्जुन की काव्य–दृष्टि तो ऐसी अतिक्रामक और विस्मयकारी है कि स्वयं को अति नूतन और तरोताजा कहने और नया मानने वालों के छक्के ही छूट जाएँ।

मृत्यु के कुछेक दिनों पहले ही नागार्जुन की एक ताजी कविता मुझे 'इण्डिया टुडे' के साहित्य वार्षिकी (95–96) में पढ़ने को मिली तो मैं उनकी क्रांतिकारी सौन्दर्य–दृष्टि को देख चकित और विमुग्ध हो उठा। कविता का शीर्षक है–

'अन्त-श्रावण का यह मेघ'। अगर केवल शीर्षक पर गौर करें, तो तत्सम प्रधान पदावली वाला यह शीर्षक कवि के काव्य-बिम्ब लोक की मनमौज, मस्ती, कर्म-तत्परता और जीवन-रंगीनियों का आलम एक साथ लिए हुए है–

अन्त-श्रावण का यह मेघ
सुनता रहे इसी तरह
रिक्शावाले दिलफेंक छोकरे की गाली
अन्त-श्रावण का यह मेघ
लोको के आस-पास
अर्द्धदग्ध छिटके-फिंके कोयले चुनती
बड़ी आँखों वाली छोकरी का उलाहना भी
सुनता रहे इसी तरह
अन्त-श्रावण का यह मेघ
तर-ब-तर करता रहे इसी तरह
अलसी के तेल से चिकनाया उसका जूड़ा
अन्त-श्रावण का यह मेघ...

काव्य-कल्पना की ऐसी अनूठी जीवंतता, काव्य-भाषा की ऐसी सटीक वस्तुधर्मिता और बहुकोणीय अद्यतनता अन्य किसी समकालीन जनकवि कहे जाने वाले में है या नहीं, यह खोज का विषय है। इस दृष्टि से भी नागार्जुन मुझे अपने साथी कवियों की रहनुमाई करते दिखाई देते हैं।

मेरे पढ़ने में कहीं यह आया है कि जीवन-यथार्थ के बदलने पर भाषा का यथार्थ भी बदलता है और जीवन-दृष्टि बदलती है, तो भाषा-दृष्टि भी अपने आप बदल जाया करती है। नागार्जुन के यहाँ यह बदलाव उस गतिशीलता की गवाही देता है, जो मानती है कि यह प्रक्रिया सनातन है। भौतिक यथार्थ निरन्तर गतिशील होने के कारण सूक्ष्मतम स्तर पर चेतना में भी कई अनुकूल-प्रतिकूल परिवर्तनों को जन्म देता है। शक्ति सम्पन्न दृष्टि और समर्थ प्रतिभावाला कवि अपने काव्य-विवेक के बल पर इन परिवर्तनों का बिम्बांकन जिस तरह से करता है, वे परिवर्तन ही यह सूचित करते हैं कि कवि की संवेदनशीलता स्थितिशील (जड़बद्ध) है या गतिशील। सावन मास के आखिरी दिनों में (सच तो यह है कि सावन यहाँ एक मास नहीं, ऋतु के रूप में आया हुआ शब्द है) जबकि वर्षाकारी मेघ को कुछ थम-सा जाना चाहिए, यह बरस-बरस कर सवारियों को ढोने वाले रिक्शा चालकों और लोकोशेड से अधजले कोयले चुनने वाली किशोरी के काम

में बाधा डाल रहा है। इसीलिए तो वे दोनों इसे गाली और उलाहना दे रहे हैं। कवि का लोक-बोध यहाँ गौर करने लायक है। रिक्शेवाला छोकरा तो गाली दे रहा है बादलों को, पर बड़ी–बड़ी आँखोंवाली, अलसी के तेल से अपना जूड़ा चिकना किए कोयला बीनने वाली गरीब छोकरी फिर भी शालीनता से भरी हुई है और मेघों को सिर्फ उलाहना भर दे रही है, गाली नहीं।

कवि की रीझ तो अन्त–श्रावण के मेघ पर है ही कि वह अपनी सक्रियता से सबको प्रभावित और परेशान कर रहा है, पर हम पाठकों की रीझ तो रिक्शेवाले छोकरे और कोयला बीनने वाली छोकरी की प्रतिक्रियाओं से जुड़ी है। परम्परा की ओर अगर देखें, तो कालिदास के मेघदूत से लेकर रीति स्वच्छन्द कवि घनानंद तक की बातें यहाँ याद हो आती हैं। परम्परा को सर्वथा नया सन्दर्भ और परिप्रेक्ष्य दे सकना कभी भी आसान नहीं रहा है, किन्तु कवि नागार्जुन ने इसे यहाँ कर दिखाया है।

जीवन के आखिरी दिनों तक भी उनकी काव्य–प्रतिभा चुकी नहीं, न ही उनकी दृष्टि रंचमात्र को धूमिल हुई। उनकी आँखें तब भी चारों ओर खुली थीं। उनकी सोच में अतिक्रामक सजगता बरकरार थी और चिन्ताएँ ऐसी बुनियादी और विश्वान्तरगामी कि इसे सिर्फ उनकी एक ही कविता 'लिट्टी इन्टरनेशनल' से उदाहृत किया जा सकता है।

कविता में एक अमेरिकी डेलीगेशन आया हुआ है, जिसे बिहार के मुख्यमंत्री लालू यादव लिट्टी की दावत देते हैं। लिट्टी खाकर डेलीगेशन के लोग उसके स्वाद के प्रति इतने मुरीद हो उठते हैं कि वे उसके निर्माण की कला की जानकारी की मांग मुख्यमंत्री लालू यादव के आगे रखते हैं। प्रत्युत्पन्न मतिवाले लालू इस कविता में जो जवाब देते हैं, उससे कवि नागार्जुन की अचकचा डालने वाली व्यवहार–बुद्धि और विश्व–समझ का प्रमाण मिलता है। लालू कहते हैं कि आप सब वहाँ पहुँचकर प्रस्ताव भेजें तब यहाँ से लिट्टी के विशेषज्ञ वहाँ निर्माण–तकनीक सिखाने जाएँगे और बताएँगे (सिखाएँगे) कि यह बनाई कैसे जाती है। यह सब हम यों नहीं बता देंगे आपको।

हम जानते हैं कि नेहरू काल से ही विदेशी विशेषज्ञ अपनी प्रौद्योगिकी की विशेषज्ञता की शिक्षा और व्यावहारिक ज्ञान देने के लिए भारत से अरबों–खरबों की मुद्रा डकारते रहे हैं। नागार्जुन ने इस कविता के बहाने यह बहस छेड़ी है कि जिन चीजों की महारत और विशेषज्ञता हममें है, उनको लेकर विश्व–बाजार में हमारा व्यवहार क्या होना चाहिए। हम चाहें तो इसे कवि की समय–समझ कहें या

फिर उसकी राष्ट्रीयता। यह भी कि विश्व-बाजारवाद के सन्दर्भ में हमारा रवैया क्या हो। नागार्जुन यहाँ हमें एक मार्गदर्शी कवि के रूप में खड़े दिखाई देते हैं। एक अर्थ में यह उनकी कविता की राजनीति का भी उदाहरण कहा जा सकता है।

नागार्जुन जैसे कवियों को पढ़ते हुए ही हम यह अनुभव कर पाते हैं कि कविता विकट और भयावह परिस्थितियों के बीच कातर पुकार या चीख नहीं, अविचल पौरुष और दुर्दम जिजीविषाओं का उल्लसित गान भी है। दैवी और सामाजिक विपत्तियों के बीच कभी भी हार न मानने वाले मानव-मन की एक ऐसी आत्मसाधना, जो तूफानों के बीच दीये की निष्कंप लौ की तरह जल रही होती है। कोई यह तर्क भी दे सकता है कि यह तो मात्र एक वैचारिक उद्यम है, जो मानव-चेतना के बौद्धिक स्रोतों से फूटा है, किन्तु ऐसा है नहीं। मानव-मन स्वभावतः हार न मानने वाला रहा है। राम की शक्ति पूजा में निराला इस मन का संकेत देते हुए पंक्ति लिखते हैं—'असमर्थ मानता मन उद्यत हो हार, हार।' इसके पहले की पंक्ति है—'कल लड़ने को हो रहा विकल वह बार-बार।' एकाध शास्त्रवादी टीकाकारों ने यद्यपि इस पंक्ति की व्याख्या करते हुए 'विकल' शब्द का अर्थ व्याकुलता से नहीं, अंगहीनता से लिया है। उन्हें लोकार्थ निरूपण से कहीं अधिक चिन्ता अपने पाण्डित्य-प्रदर्शन की है। इन काव्य-पण्डितों (?) को कौन बताए कि सृजनशील मानस शब्दों को कहाँ से ग्रहण करता है। यह वही लोग हैं, जो लोक प्रचलित उच्चारणों को दरकिनार कर शास्त्रविहित उच्चारणों की उल्टी गंगा बहाना चाहते हैं। सब जानते हैं यह गंगा बहती नहीं। 'बेहतर' को 'बिहतर' लिख देने से लोक 'बिहतर' को स्वीकार नहीं कर लेगा। यह लोग शायद यह भी भूल जाते हैं कि वही शास्त्र जीवित बचता है, जिसे लोक का समर्थन प्राप्त हो। नागार्जुन सि लोक को शास्त्र से कहीं अधिक वरीयता देते हैं। अन्ततः लोक ही तो शास्त्र का गर्भ-स्थान है। लोक के गर्भ में पलते अनुभवों और सपनों को जो सर्जक महत्त्व नहीं दे पाते, उनकी दशा केशव आदि शास्त्रवादी (रीतिवादी) कवियों जैसी होती है। शास्त्र यद्यपि इनके लिए एक बना-बनाया रास्ता जरूर होता है, किन्तु वह लोक की अनंत विविधता और असंख्य गतियों का प्रमाण कभी नहीं बन पाता। अगर बन पाता, तो कबीर, जायसी, सूर, तुलसी और मीरा केशव और बिहारी से बड़े कवि कभी नहीं होते।

हमारे जमाने में यह रहस्य नागार्जुन से बढ़कर और कौन जान पाया है? लोकनिष्ठ त्रिलोचन और केदारनाथ अग्रवाल जैसे कवि भी इस लोक को समझने और महसूस करने में अपनी वैचारिक सीमाओं का अतिक्रमण नहीं कर पाते।

आजादी के बाद का लोक–जीवन और उसका मानस यदि किसी एक कवि में अपने सहज स्वभाविक रूप में सविस्तार और विपुल वैविध्य में आ सका है, तो वह कवि नागार्जुन ही हैं। उल्लास, उदासी, चिन्ताएँ और विक्षोभ, क्रोध और आक्रामकता, चूकें; यहाँ तक कि गलतियाँ और पछतावे तक इस कवि की कविता में अपनी स्वाभाविक अभिव्यक्ति पा सके हैं। यह कथन और भी अधिक भरोसेमन्द साबित होगा जब कोई इसे नागार्जुन और उनके समकालीन साथी कवियों की कसौटी पर कसकर परखने के लिए आगे आएगा। मुझे लगता है वह समय अब हमारे काफी पास है। नागार्जुन तब हमारे सबसे भरोसेमंद कवि साबित होंगे।

स्मृति-छायाएँ

कवि श्री नागार्जुन को पहली बार 1959 में देखा था। तब मैं कोलकाता के विद्यासागर कॉलेज में तीसरे वर्ष का छात्र था और हिन्दी साहित्य परिषद् का सचिव भी। हमारे साहित्य-अध्यापक श्री रघुनंदन मिश्र की रुचि इन सब बातों में बहुत गहरी थी। उन्हीं के आग्रह और अनुरोध पर दिनकर जी अगस्त उनसठ की तुलसी जयंती पर व्याख्यान देने आए थे। गलती से उनके साथ कवि गोपालदास नीरज को भी काव्य-पाठ के लिए आमंत्रित कर लिया गया था। दिनकर जी को यह संयोग खल गया। व्याख्यान देने खड़े हुए, तो मुँहफट ढंग से कह उठे—'कुछ लोग केशर के खेत में लहसुन बोने लगते हैं।' कुछ लोगों से उनका मतलब हमारे प्राध्यापक मिश्र जी और हम आयोजकों से था और लहसुन से वे कवि नीरज को लक्षित कर रहे थे। स्वयं को तो वे केशर मान ही रहे थे। दिनकर जी के इस कथन से कवि नीरज बुझ- से गए थे। उस दिन वे कविता नहीं ही पढ़ सके। तभी किसी मित्र ने सुझाया क्यों न नागार्जुन को बुला कर कविता पढ़वा ली जाय। वे बाहर सड़क पर पान की दुकान पर खड़े कलकतिया साथी लेखकों से गप्पे मार रहे हैं। थोड़ी ही देर में अपने कलकतिया प्रेमियों के आग्रह पर नागार्जुन स्टेज पर आए। 'अकाल' कविता का पाठ किया और चुपचाप खिसक गए। ढूँढ़ा तो उन्हें बहुत गया पर 'यात्री जी' कब किस ओर निकल गए, पता तक नहीं चला।

बाद में उनकी एक कविता 'प्राची' पत्रिका में छपी थी 'धाक्यो खोकोन ओइ जे गाँधी महात्ता', 1960 में। बालीगंज वाली ट्राम में बैठी एक भद्र बंगाली महिला अपने बच्चे को पार्क स्ट्रीट के चौराहे पर खड़ी गाँधी की प्रतिमा को दिखाती हुई कहती है- ये देखो गाँधी महात्मा और उसका कथन सुन उसी ट्राम में बैठे सोचने लगते हैं नागार्जुन—

स्थापित नहीं होगी क्या
नई दिल्ली में चितरंजन दास की प्रतिमा?....

दिखाई नहीं पड़ेंगे लखनऊ में सत्यमूर्ति?
सुभाष और जे.एम.सेनगुप्त क्या सीमित रहेंगे
भवानीपुर और शाम बाजार की दुकानों तक?
तिलक नहीं निकलेंगे पूना से बाहर?
खुदीराम बोस, भगत सिंह, चन्द्रशेखर आजाद
पाएँगे स्थान नहीं लोक-सभा कक्ष में?

कवि यह सब सोच-सोच कर उदास और कुण्ठित-सा हो रहा है कि तभी उसका मन विक्टोरिया मेमोरियल के कैंपस में टहलने का हो जाता है और वह ट्राम से उतरकर मेमोरियल के विशाल प्रांगण में चला जाता है। कविता आगे बढ़ती है—

सामने खड़ा था विक्टोरिया मेमोरियल
अति भव्य, महाविशाल...
कारों के जमघट के भला क्या कहने!
सान्ध्य-अभिसार की ख्वाहिशों के भला क्या कहने!
खोंमचों वालों की भीड़ के भला क्या कहने!
हाते के बाहर में भकुआ-सा खड़ा रहा
'छिछली भावुकता' में गर्क-सा अड़ा रहा
बढ़ गए थे हाथ सहज ही मूँगफलीवाले की ओर।
अन्दर का मनसाराम हँसकर लगा कहने;
मेरे कवि, नाहक ही कुढ़ते हो!
आज भी ब्रिटेन की मलका ही बड़ी है
वो हमारे दिल की वेदी पर खड़ी है
चौरंगी का गाँधी?
वो तो बस तमाशा बन के खड़ा है!
भाई मेरे कवि, नाहक ही कुढ़ते हो!...
क्या हुआ हिन्द में आज भी गाँधी नहीं बड़ा है!
क्या हुआ आज भी हिन्द में ब्रिटेन की मलका ही बड़ी है!

मैंने यह कविता पढ़ी, तो बंगला वाक्य का हिन्दी में यह हू-ब-हू प्रयोग, मेरे किशोर काव्य-विवेक को खटका-सा था, पर कविता ज्यों-ज्यों आगे बढ़ती गई, राष्ट्रीयता, आजादी, स्वेदशाभिमान का अभाव, पैसे वालों की धींगामस्ती और संस्कारों में घुसकर बैठी हमारी जहालत और चेतना पर इन

सबसे ऊपर अटल बैठे ब्रिटिश साम्राज्यवाद का तीखा यथार्थ मन में चुभता रहा। तब पं. नेहरू जैसे जनप्रिय नेता हमारे प्रधानमंत्री थे, किन्तु कवि की आँखें तब भी खुली हुई थीं और वह स्वदेशी आन्दोलन की ऐसी परिणतियों और आजादी के बाद के दुखी कर देने वाले विडम्बनापूर्ण तमाशे को लेकर चिन्तित था। इस कविता को तभी से भूल नहीं सका और यह मुझे मेरे छायावादी अवचेतन से खींचकर बार–बार नागार्जुन तक लाती रही। नागार्जुन तभी से मेरे प्रिय कवि बनते गए।

उन से तीसरा साक्षात्कार सागर विश्वविद्यालय में हुआ। तब मैं एम.ए. हिन्दी उत्तरार्द्ध का छात्र था और वे घूमते–घामते गुरुदेव आचार्य वाजपेयी के यहाँ अकस्मात् आकर ठहर गए थे। बाद में मेरे आदरणीय शिक्षक डॉ. शिव कुमार मिश्र के यहाँ उन्होंने कई बार अपना डेरा डाला।

एक दिन वे विभाग में काव्य–पाठ करने भी आए। दुबारा फिर आए निराला जी और मुक्तछन्द पर बोलने। उनका व्याख्यान निरा अनाकादमिक था, किन्तु वह मेरे मन में कई ढंग से जमे–जमाए विश्वविद्यालयीन ज्ञान और विचारों को उखाड़ कर नए साहित्यिक विचारों को रोप गया था।

सन् ,67 में जब आजीविका के सिलसिले में मुझे विदिशा के जैन महाविद्यालय में पाँव टिकाने की जगह मिली, तो कवि नागार्जुन फिर याद आए। मेरे यहाँ आने से पहले कविश्री बच्चन और नीरज जैसे प्रतिभाधर आकर अपना प्रभाव क्षेत्र तैयार कर चुके थे, पर नागार्जुन की ओर स्थानीय कविता–प्रेमियों का ध्यान तब तक नहीं जा सका था। नागार्जुन यों भी सरस-सस्वर पाठवाले कवि-सम्मेलनी कवि नहीं थे।

1967 के दिसम्बर में पहली बार नागार्जुन मेरे निमन्त्रण पर विदिशा आए, तो आते ही चले गए। इस क्रम को गिनूँ तो कुल पच्चीस–छब्बीस सालों का एक लम्बा कालखण्ड है, जिसमें प्रायः प्रत्येक वर्ष उन्होंने कम से कम दस या पन्द्रह दिन इस शहर को और मुझे दिये। कभी–कभी यह प्रवास महीने–भर और इससे भी ऊपर का रहा। रायपुर, भोपाल, उज्जैन, हरदा, नागपुर, ग्वालियर और आस–पास के कस्बों/ नगरों में जब भी उन्हें जाना हुआ, वे सबसे पहले विदिशा आकर अपना पड़ाव डालते, फिर मुझे या किसी और को साथ ले अगली यात्रा के लिए निकल पड़ते। 1992 में तो वे लगातार दो बार आए। उनका यह क्रम लगभग ढाई दशकों तक अविच्छिन्न रहा। लगभग ढाई दशकों के इस दीर्घ साहचर्य और सान्निध्य ने मुझे इतना कुछ दे दिया है कि उसकी गिनती मुश्किल है।

आचार्य वाजपेयी से मैंने साहित्य समझना सीखा। कवि नागार्जुन ने मेरा साक्षात्कार उस विशाल वाङ्मय से कराया, जो अन्य ज्ञान सरणियों को भी समेटे रहता है। मैंने अनुभव किया कि जीवन, समाज, इतिहास, धर्म-संस्कृति और सभ्यता को ठीक-ठीक पहचाने बगैर कोई भी लेखन शब्द-क्रीड़ा मात्र है। प्रत्येक शब्द का एक इतिहास तो होता ही है, उसका अपना भूगोल भी होता है। इस भूगोल से निरपेक्ष रहकर जो शब्द लिखा जाता है, वह चाहे जितना सटीक और सुन्दर लगे, गम्भीर रूप से सार्थक तो कदापि नहीं होता। सामाजिक जीवन का भूगोल ही रचना के सन्दर्भों को महत्त्वपूर्ण और लोकोपयोगी बनाता है। आन्दोलन, असरकारी घटनाएँ, चुनाव, बाढ़, अकाल, युद्ध और महामारी, अन्तर्राष्ट्रीय घटना-चक्र कवि और लेखक की संवेदना को झकझोरते रहते हैं, पर समाज का क्रमिक, किन्तु धीमा विकास और सभ्यता के बुनियादी चरित्र में होते परिवर्तन पर यदि लेखक की सजग विवेकी दृष्टि नहीं है, तो वह अनुभवों की सतह को कुरेद कर ही रह जाएगा। जीवन-सन्दर्भों की जटिल गुम्फित प्रतिच्छायाएँ और वैचारिक संश्लेष उसके हाथ नहीं ही आएँगे।

नागार्जुन जैसे बड़े लेखक के सम्पर्क और सान्निध्य ने मुझे एक ऐसा विद्या-संस्कार दिया, जो उपाधि की औपचारिकताओं से मुक्त होकर उस सारग्राहिता की ओर उन्मुख रहा, जहाँ शास्त्रीय पाण्डित्य का आतंक और लीक पीटता जीवन-मर्यादाएँ किसी का कुछ भी बिगाड़ नहीं पातीं। जीवन अपने सहज निरावृत्त रूप में हमारे कर्म और विचार पद्धति के लिए दिग्दर्शक बना रहता है।

एक बार वे जैन महाविद्यालय, विदिशा के हिन्दी साहित्य के छात्रों के बीच काव्य-पाठ के लिए आए। इन्दिरा गाँधी तब भारत की प्रधानमंत्री थीं। अपने व्याख्यान के दौरान कवि नागार्जुन छात्रों को सन् ,65-66 के भारत-पाक युद्ध की याद दिलाते हुए कहते हैं-"मुझे भारत के उन नौजवानों की याद परेशान करती है, जो उस युद्ध में शहीद हो गए।" उनका इशारा अमेरिकी पैटन टैंक ध्वस्त करने वाले परमवीर अब्दुल हमीद की ओर था। आगे वे इसका खुलासा करते हुए बोले, "आजादी के बाद हिन्दुस्तान का जो विकास हुआ, उसे चितकबरा ही कहना होगा। कहीं खूब अँधेरा है, तो कहीं-कहीं ढेर-ढेर उजाला। (यह कहते हुए उन्होंने अपने दोनों हाथ चौड़ाई में फैलाए) गाँव तो आज भी अविकास और अँधेरे में हैं। दिल्ली-बम्बई में उजाला हुआ भी तो क्या?"

छात्रों को सम्बोधित करते हुए वे आगे बढ़े, "आप में से अब कुछ नौजवानों

को इस अँधेरे की खाई पाटने के लिए कक्षाओं से निकल कर बाहर आना होगा। अपने यहाँ अब महँगाई–भ्रष्टाचार का बोलबाला है। किसी को इन बातों से शरम नहीं आती। आपको आती हो, तो आगे आओ और इसको खत्म करो, फिर वे अपनी एक कविता सुनाते हैं जिसमें ये सवालात हैं—

पैटन टैंक उन्होंने तोड़े
महँगाई के टैंक कौन तोड़ेगा?
सैबर–जे़ट विमान गिराए उन हाथों ने
जातिवाद के सम्पाती की चोंच कौन झाड़ेगा?
डटे हुए हैं वे भौगोलिक सीमाओं पर
आर्थिक हित के छोरों की निगरानी कौन करेगा?

कविता में आगे वे फिर नये प्रश्न खड़े करते हैं—

सिंहवाहिनी तो दनुजों का रक्त पिएगी
धरती की प्यासी फ़सलों को पानी देगा कौन?
समर–भूमि में सबके शोणित साथ बहे हैं
सुख की सर-गम की थिरकन क्या
महलों को ही होगी सदा नसीब?
माँग रही तरुणाई वो हथियार
क्षुधा–अशिक्षा–रोग–रूढ़ि की पलटन का
जो कर डाले संहार...

कविता सुनाते–सुनाते बीच–बीच में वे पूछते और समझाते गए—"अब वो सैनिक तो हिमालय की बर्फीली घाटियों में पहरा दे रहा है, पर इधर जो कालाबाजारी, भ्रष्टाचार चल रहा है, उसके लिए भी नौजवानों की पलटन चाहिए कि नहीं? अब आप लोगों को इस पलटन में आना होगा। नहीं तो सीमाएँ, मान लीजिए सुरक्षित भी रहीं, पर घर तो अन्दर से लुट जाएगा।" छात्रों को उनकी इन बातों से कविता और भी अधिक समझ में आती है। कुछ तो सुनते–सुनते आवेश में भी आ चुके हैं। एक कविता वे हम चिकने–चुपड़े अध्यापकों के बारे में भी सुनाते हैं। हम जो अपने को लेखक और बुद्धिजीवी मानते हैं। कविता में वे पूछते हैं, क्या हमारा दुःख वही है, जो भारत के आम गरीब किसान और मजदूर का है? क्या हमारी चिन्ताएँ भारत के आम आदमी की चिन्ताओं से

कहीं कोई मेल रखती हैं? नसीहत–सी देते हुए वे अपना आक्रामक काव्य–पाठ फिर शुरू करते हैं—

वे लोहा पीट रहे हैं
तुम मन को पीट रहे हो
वे पत्तर जोड़ रहे हैं
तुम सपने जोड़ रहे हो
उनकी घुटन ठहाकों में घुलती है
और तुम्हारी घुटन?
उनींदी घड़ियों में चुरती है
वे हुलसित हैं
अपनी ही फसलों में डूब गए हैं
तुम हुलसित हो
चितकबरी चाँदनियों में खोए हो
उनको दुख है
नये आम की मंजरियों को पाला मार गया है
तुमको दुख है
काव्य–संकलन दीमक चाट गए हैं।

छात्र उनकी इस कविता को पूरी तो समझ नहीं पाते, पर मन को पीटने वाले मुहावरे की व्यंजना पर खूब रस लेते और हँसते हैं। व्यंग्य और क्षोभ का यह मिला-जुला रूप उन्हें आनंदित करता है। हम अध्यापक लोग इस कविता को सुनकर सकते में आ जाते हैं। सोचते हैं कि उनकी बात कितनी सही है। हमारे दुःखों से पैदा होने वाले गुस्से को कतिपय लोकप्रिय माने जाने वाले कवियों ने अपनी कविताएँ सुना–सुनाकर कितना सीमित और सँकरा कर दिया है। हम मध्यमवर्ग के लोग अपने इन्हीं दुःखों के स्वार्थपूर्ण अँधेरों में कैद होकर रह गए हैं। अवाम से अब हमारा शायद ही कोई जीवित सम्बन्ध बचा हो।

अन्त में 'अकाल और उसके बाद' कविता सुना कर वे अपना काव्य-पाठ समाप्त करते हैं। यह जन–क्लासिक कविता उन्हें कविता के अन्तर्राष्ट्रीय विश्व में उल्लेखनीय बनाती है। जनता के सुख–दुःख का इससे बड़ा क्लासिक काव्य और क्या होगा?

नागार्जुन की इस कविता में भूख और अकाल की चपेट में मनुष्य ही नहीं, पशु-पक्षी भी आए हुए हैं। दाने की कठिन उपलब्धता उन्हें भी उदास कर

देती है और उसका होना उनकी आँखों में भी चमक पैदा कर देता है। आदमी केवल अपने घर-परिवार तक आदमी नहीं है। सबका हिस्सा उसके हिस्से में हमेशा से रहा है। इसलिए इस कविता में चूल्हे का रोना, चक्की का उदास हो उठना, कानी कुतिया की विवश प्रतीक्षा, भूखी मरघिल्ली छिपकलियों का भीत पर इधर से उधर कीड़ों–मकोड़ों के लिए गश्त लगाना और चूहों के खस्ताहाल का मार्मिक बयान यहाँ है। अकाल के बाद अनाज के घर में आते ही कौओं का खुशी से पंख खुजलाना, फिर घर–भर की आँखों का पेट भरने की उम्मीद से चमक उठना, हमें उस महान सूत्रवाक्य में अन्तर्निहित यथार्थ की याद दिलाता है, जिसमें पुरखों ने कहा है—अन्न ही ब्रह्म है। नागार्जुन इसी अन्न ब्रह्म के अभाव और उसकी महत्तम सत्ता की अनुभूति के कवि हैं। उनकी कविता इसी अन्न ब्रह्म की साधना की कविता है। यही उनकी लोकानुभूति है। कविता में यही लोक मंगल की साधना है उनकी।

लक्ष्य करता हूँ कि काव्य–पाठ करके वे खासे गम्भीर हो गए हैं। लगता है, उनकी सारी की सारी अनुभूतियाँ पुनर्जीवित हो उठी हैं और उन्हें घेर कर नए सिरे से सवाल–जवाब करने लगी हैं। उस वक्त उन्हें देखकर समझ में आता है कि कविता की अनुभूति अभिव्यक्ति पा लेने पर भी मर नहीं जाया करती; बल्कि वह और अधिक सघन और कालजयी सत्ता ग्रहण कर लेती है। कवि उससे जितनी बार गुजरता है, उक्त अनुभूति उसे पहले से और भी अधिक कई गुना व्यथित और व्याकुल करती रहती है। अपनी कविता सुनाकर नागार्जुन उस दिन सचमुच नए सिरे से व्यथित और व्याकुल हो उठे थे। उनका चेहरा वेदना से भर उठा था।

मैं समझने की कोशिश में था कि नागार्जुन अपनी इन कविताओं को पढ़ने के बाद इतने उदास क्यों हो जाते हैं? क्या उनकी कविता उन्हें स्वयं भी सचमुच बहुत आहत कर देती है? क्या सुनने वालों तक उनका यह आहत होना भी सम्प्रेषित हो पाता है? इससे आगे का एक और सवाल। क्या नागार्जुन खीझ, चिन्ता और उदासी के कवि मात्र हैं? क्या उन्हें कोई राह नहीं सूझती? क्या उस राह का उल्लेख वे अपने लेखन में नहीं कर पाते?

जाहिर तौर पर प्रतिहिंसा को वे अपने लेखन का मुख्य स्थायी भाव मानते हैं—जन–जन में ऊर्जा भरने वाली उनकी कविता दुनिया–भर के अन्यायी और शोषक वर्गों के प्रति ऐसी आग पैदा करने का संकल्प लिए हुए है, जिसकी लपटों में अन्याय और शोषण स्वाहा हो जाये। अपनी कविता को वे इन वर्गों के

लिए नफरत की भट्टी में तब्दील कर देना चाहते हैं।[1] जो लोग काव्य-शास्त्री हैं, उन्हें नागार्जुन की रचना के इस 'विक्षोभ रस' पर नए सिरे से विचार करना पड़ेगा। इस विचार के सही परिप्रेक्ष्य को समझे बिना नागार्जुन की प्रतिहिंसा को समझना कठिन है। वस्तुतः यह महाकरुणा की कोख से पैदा हुई प्रतिहिंसा है, जिसके पीछे वह करुण मानववाद है, जिसकी परम्परा हमें वाल्मीकि और वेद व्यास जैसे कवियों में मिलती है। नागार्जुन स्वयं इस बात से बेखबर नहीं हैं। इसीलिए तो वे स्वयं को ऋषियों की परम्परा से जोड़ते हैं—

नव–दुर्वासा, शबर–पुत्र मैं, शबर–पितामह
सभी रसों को गला–गलाकर
अभिनव द्रव तैयार करूँगा
महासिद्ध मैं मैं नागार्जुन...

स्वयं को 'नव–दुर्वासा' कह वे अपने को जिस परम्परा से जोड़ रहे हैं, वह वसिष्ठों की अभिजात श्रेष्ठता वाली सत्ता-पोषित एवं व्यवस्था–समर्थित परम्परा नहीं है। यह वह परम्परा है जिसकी उपस्थिति से तेज बरसता है। जिसके कोप से यथास्थितिवादियों के चेहरे आभा–मलिन हो उठते हैं। फिर कोई भी व्यवस्था या जड़ सांस्कृतिक अनुशासन ऐसे सर्जक को कहीं भी क्यों टिकने देगा? तभी तो दुष्कर (कठिन) हुआ होगा उसका वास, जिसे कहा गया दुर्वासा। अपने 'यात्री जी' यदि स्वयं को दुर्वासा से जोड़ रहे हैं, तो ऐतिहासिक सन्दर्भों की सादृश्यता तो होगी ही। किन्तु इसके आगे भी वे कुछ कह रहे हैं—"महासिद्ध मैं, सभी रसों को गला-गलाकर अभिनव द्रव तैयार करूँगा, मैं नागार्जुन।"

यहाँ उनका संकेत कविता के नए रस की ओर है, जहाँ करुणा का स्थान प्रतिहिंसा और विक्षोभ ने ले लिया है। नयी कविता की घुटन, कुढ़न और आत्मग्लानि अथवा आत्मदया के बदले यदि इस कवि की कविता में 'प्रतिहिंसा' ही स्थायीभाव है (नया रस है), तो इसका तर्क समझने के लिए किसी द्रविड़ प्राणायाम की जरूरत नहीं। इसके लिए कवि के विक्षोभ के सामाजिक, आर्थिक, राजनीतिक सन्दर्भ को समझने की जरूरत है। जरूरत है अपने को लेखक और कवि कहने और मानने वाले लोगों के जीवन–व्यवहार और शैली को समझने की। एक अत्यन्त उलझनकारी ऐतिहासिक स्थिति, जिसमें काव्य–विवेक उलझकर रह गया हो और प्रज्ञा की प्रज्ञा भी दिग्भ्रमित हो उठी हो तभी वह

---

1 'प्रतिहिंसा ही स्थायी भाव है मेरे कवि का। जन-जन में जो ऊर्जा भर दे, उद्गाता हूँ उस रवि का।

स्थिति आती है, जब सारे जाने-पहचाने 'रसों' (काव्यास्वादों) को गला कर एक ऐसा नया काव्यास्वाद तैयार करना पड़ता है, जो युग की तिक्तम अनुभूतियों को प्रभावकारी प्रामाणिकता दे। जो यह कर सकता है, वही तो महासिद्ध हुआ न? नागार्जुन यदि अपने मुँह से ही अपने आप को 'महासिद्ध' कह रहे हैं, तो यह आत्मप्रशंसा मात्र नहीं है। परम्परा के गहन चिन्तन–मनन और अपने समय के सचेत परीक्षण, विश्लेषण और मूल्यांकन की फलश्रुति भी है। ग़ालिब को व्यंग्य का सहारा लेकर ऐसी ही किन्हीं स्थितियों में कहना पड़ा था—"पूछते हैं वो कि ग़ालिब कौन है।" नागार्जुन ने इसे यहाँ लक्षणा में कह डाला है, पर व्यंजना में भी कुछ कम नहीं कहा है उन्होंने। साहित्य, बुद्धिजीविता, राजनीति, धर्म, न्याय, सामाजिक पाखण्ड उनके आक्रमण से तभी तो बच नहीं पाए हैं। यहाँ तक कि वह फैशनेबुल आधुनिकता और छद्‌म पाखण्डी भारतीयता भी। सबकी खबर उन्होंने अपनी कविता में ली है। ऐसे हैं हमारे काव्यमुनि श्री नागार्जुन।

ऐसे महासिद्ध, नव–दुर्वासा की निकटता प्राप्त करना, उसकी आत्मीयता के घेरे में पहुँचकर उसके सहज–असहज दुर्लभ क्षणों का साक्षी बनना मेरे जीवन की उपलब्धि रही है। उठने–बैठने, खाने–सोने से लेकर यात्राओं तक ऐसे अनेक अविस्मरणीय पल घटित होते रहे हैं, जिन पर पोथियों को कौन कहे, 'पोथन्ने' तक तैयार किए जा सकते हैं।

ऐसे नव–दुर्वासा, अनभिजात (डिक्लास्ड) की सोच–समझ और बातचीत से, 'तप रे मधुर मधुर मेरे मन' वाले अभिजातों को तकलीफ तो होगी, पर उनकी फूहड़ कुण्ठा की गाँठें भी खुलेंगी। नागार्जुन द्वारा तैयार यह 'अभिनव–द्रव' समकालीन जीवन और समय की गाँठें खोलेगा, इसमें भी मुझे सन्देह नहीं।

वह मिलिटरी का बूढ़ा घोड़ा[1]

किसी की याद, जबकि वह हमेशा-हमेशा के लिए जा चुका हो, एक ऐसी यातना से खुद को गुजारना है जिसकी लपटों की तेज आँच स्मृतिकार को बहुत कुछ झुलसा डालती है। याद शायद कभी किसी को ठण्डी आग भी लगे—घनानंद और प्रसाद जैसे लोग यहाँ हैं—पर उनका अस्तित्व भी झुलसने से कहाँ बच पाया है। अगर यह याद ठण्डी न होकर भट्ठी के मानिन्द हो, तब तो कहना ही क्या। जलकर क्षार-क्षार हो जाना पड़ता है। कुछ-कुछ आयुर्वेदिक शब्दावली में भस्म हो जाना। नागार्जुन की यादें हमें इसी ओर ले जाती हैं।

एक औघड़नुमा, बेडौल, बदरंग, लगभग अनाकर्षक, नाखून बढ़े, दाढ़ी बढ़ी और बेतरतीबी से फैली हुई, पान खा-खाकर दाँत पीले और मटमैले, हथेलियों की नसें उभरीं, किन्तु हथेलियाँ बेहद कोमल और वत्सल। हल्के भूरे, नीम-कत्थई रंग के मोटे खादीवाले ढीले-ढाले कुरते, रंगीन मटमैले पायजामों में एक औसत-सा कद अपनी बेज़ार-सी लगती काठी में खामोशी और मुखरता के न जाने कितने रहस्य लपेटे हुए कुछ-कुछ इस तरह जैसे कि किसी का ग्राम देवतास्थान हो। प्रेमचन्द के हल्कू, होरी, जुम्मन शेख या थोड़ा-बहुत अलगू चौधरी-सा। नागार्जुन की याद से कितनी सारी चीजों की याद जुड़ी हुई है।

उन्हीं प्रेमचन्द की एक कहानी 'मंत्र' भी है। उसके नायक बूढ़े भगत-सा, जिसके गम्भीर रूप से बीमार बेटे को ढेर सारी चिरौरी-विनती के बाद भी अपनी दिनचर्या के पाबंद डॉ. चड्ढा ने नहीं देखा और वह चल बसा। उन्हीं डॉक्टर चड्ढा के इकलौते बेटे को साँप काटे का मंत्र जानने वाला यह बूढ़ा, जीवनदान देने के लिए आधी रात प्रतिशोध से भरी अपनी पत्नी के भय से चोरी-चोरी भागा चला जा रहा है कि उसके लौटने से पहले कहीं उसकी बुढ़िया की नींद न खुल जाए और लड़ने-झगड़ने पर आमादा हो उठे। नागार्जुन की याद के साथ यह कहानी

1. स्मृति-लेख कथा (सम्पादक—मार्कण्डेय, इलाहाबाद)

कुछ इस तरह पैवस्त है जैसे कि खुद तरौनी गाँव, ताल मखाने, आम, मछली, अमरूद, पपीते और ढेर सारे अचार और स्वाद से बढ़कर स्वाद।

उनकी जीभ अपने आप एक भरी-पूरी सृष्टि थी। रसों का खजाना लिए हुए। साथ ही उन रसों के किंचित हेर-फेर से बिफरती और कोप बरसाती हुई। तृप्त होने पर भोले गँवई बच्चों-सी दाँत चियार कर हँसती हुई। आँखें तो वैसी नहीं बचीं थीं जैसी सौराठ के मेले में अपराजिता देवी को जीवन-संगिनी के रूप में ढूँढ़ती हुई रही होंगी, पर उनका रेंज कभी कम नहीं पड़ा। नदी-नाले, सागर, पहाड़ और पठारों को लाँघती कभी किसी शिकारी बिलौटे-सी, तो कभी मिलिट्री के तेज घोड़े-सी लगभग बेकाबू।

जिसे ठीक से कद-काठी तक न मिली हो, वह अपने आपको मिलिट्री का (बूढ़ा ही सही) घोड़ा कहे, तो उसके इस अंदाज पर हैरत तो होती है। याद पड़ता है निराला ने अपनी भरी जवानी में खुद को 'बसन्त का अग्रदूत' कहा था। बुढ़ापे में सूखा झरना (स्नेह-निर्झर) और काल की शरशय्या पर शरविद्ध पितामह भी। यह आत्मरति थी या आत्मबोध, कौन कहे। दिनकर भी बेहद खूबसूरत थे। ठीक ही कहा उन्होंने अपनी उर्वशी से कि वे 'अपने समय' के 'सूर्य' हैं। नागार्जुन के पास न ऐसा असाधारण और दैवी रूप था, न ऐसा सुविधापूर्ण जीवन। वहाँ तो सब कुछ अति साधारण, लगभग तुच्छ-सा, हाड़तोड़ मेहनत कर, कमाई गई रोटियाँ और खण्ड-खण्ड, चूर-चूर होकर-सी पाई हुई नींद। नागार्जुन का उठना-बैठना, सोना-जागना देखकर रहस्यवादी सन्त कबीर की बरबस याद आ जाती है—'रमइया! मोरी नींद नसानी हो!'

उनकी आँखों ने कभी भी वह नहीं देखा जिसे शास्त्रों के प्रेताचार्यों ने दिखाना चाहा। लोकनीतियों और कुप्रथाओं के चालू रंग-ढंग से बचती-बचाती वह उन ठिकानों तक पहुँचती ही रहीं, जहाँ उकस-मुकस, बेचैनी, अस्त-व्यस्तता और हलचल थी। उनमें कुछ ऐसा घटता रहता था जिससे अति संभ्रांत और कथित तौर पर मर्यादित जीवन की मक्कारियाँ उघड़ सकती थीं। वे अक्सर ऐसे असुरक्षित और खतरनाक इलाकों में पहुँच अपनी टुनटुनिया, डफली और करताल बजाने लगतीं। अपनी खुरपी, हंसिया और गँडासा तेज करने लगतीं। जिन्दगी-भर जिसकी आदत मोर्चे पर डटकर मरने-मारने की रही हो, वह पास के चतुर ताँगेवालों को अपनी लपेट में लेते हुए क्यों न कह पड़ा होगा कि भले ही तुम सब मेरी आँखों पर खुलुस बाँधो और कहते रहो कि सामने देख! बेटा, सामने देख! फिर भी मैं तुम्हारी इन हिदायतों से बचकर निकल ही जाऊँगा।

तुम कहोगे, पार्टी और सरकार अपनी है, इसके बारे में चुप्पी साधो, तो यह भी मुझसे नहीं होगा। लेखक संगठन अपने ही प्रियजनों और साथियों ने खड़ा किया है, थोड़ा-बहुत चलता है, अनदेखी करो, तो यह भी मुझसे सम्भव नहीं—'चुप-चुप तो मौत है। पीप है कठौत है। खाँसो भी खुनको भी बमको भी। हमने तो रगड़ा है, इनको भी, उनको भी।' यही तो नागार्जुन हैं।

यह वह आदमी है, जिसे कोई तंत्र खरीद नहीं सकता, कोई मोह बाँध नहीं सकता। जिसकी कलम की नोक पर उसकी मरजी के बगैर मक्खी भी नहीं बैठ सकती। अपनी अलग धूनी रमाए, अपना अलग चिमटा फटकारता। पार्टी बॉसेज को ललकारता और अपने समय के राजनीतिक दिग्गजों की ऐसी-तैसी करता, 'ओ अष्टधातुओं के ईंटों के भट्ठे। ओ महामहिम महामहो, उल्लू के पट्ठे।' इसके पास क्रोध का एक ऐसा स्पृहणीय रूप है, जिसकी कामना कोई भी अन्याय पीड़ित, किन्तु सचेत और जाग्रत समाज हमेशा करता आया है। आखिर आचार्य शुक्ल ने कुछ सोच-समझकर ही कहा होगा—क्रोध एक सामाजिक पूँजी है। नागार्जुन इसके महासमुद्र थे। अपने को अगर वे नव दुर्वासा कहते रहे, तो शायद इसीलिए।

फिर भी उनके इस स्थायी भाव के आगे-पीछे, अगल-बगल, बहुत कुछ तरल, कोमल, स्निग्ध और मृदुल है। अमल-धवल गिरि शिखरों से लेकर, वत्सला मादा सुअर तक, जो अपने बारह-बारह छौनों को दूध पिलाती, गंगा की चमकीली रेती पर लेटी हुई है। कथित और जुगाड़जीवी प्रतिभाधरों की रेंज से भला इस निगाह का क्या मुकाबला। इस निगाह में केवल देखने की बात न थी। आँख मिलाने का साहस ही नहीं, दुस्साहस भी था। एक ऐसा दुस्साहस, जो नंगा निर्द्वन्द्व और निष्कवच था।

बेटे पढ़-लिखकर ऊँची नौकरियाँ में चले जायँ, बेटियाँ ऊँचे घरों में, इसके लिए किसिम-किसिम के समझौतों की चतुर परिभाषाएँ और कुतर्क। नागार्जुन ने यह स्वीकार कर लिया था कि वे लायक बाप नहीं हैं। इस पीड़ा को कभी-कभी वेदना बनकर उभरते देखा भी है देखने वालों ने। यही वेदना उन्हें ताकत भी पहुँचाती रही और जिद की हद तक जिद्दी भी बनाए रही। जिद्दी तो जैसा होना चाहिए था, जितना होना चाहिए था, उसकी हद को पारकर, वे थे। गाँधी का प्रसंग होता, तो मैं इसे सत्याग्रह कह डालता, पर यह सन्दर्भ नागार्जुन का है।

वे सच को कुछ इस तरह पकड़ते बच्चे कभी-कभी जैसे चिमटे से चींटे को पकड़ा करते हैं। या फिर उस डॉक्टर की तरह, जो ऑपरेशन थिएटर

में चाकू पकड़ता है और जहाँ तक चीरना–फाड़ना हो, चीर–फाड़ कर डालता है। एक बार लोगों ने घेरा—"आपने उन्हीं इन्दिरा गाँधी के हाथ से उत्तर प्रदेश सरकार का पुरस्कार ले लिया", जिन्होंने आपको जेल में डाला था। आपने उन्हीं के खिलाफ तो नुक्कड़ कविताएँ लिखी थीं?' उधर से जवाब आया बूमरंग की तरह "वह मुझे नहीं मेरी गालियों को दिया गया पुरस्कार था। मेरी गालियाँ इससे कम नहीं होंगीं" 'फिर भ्रष्टाचार की वैतरणी यहाँ से वहाँ तक बह रही है, मैंने भी उसमें एक डुबकी लगा ली। तुम देखो कि मैं या मेरा चरित्र बदला या मैं वही नागार्जुन हूँ।" सच है, कहाँ बदले नागार्जुन। जिन ठोस धातुओं से उनके व्यक्तित्व की संघटना हुई थी, उनमें से एक भी ऐसी नहीं थी, जिसमें निन्दनीय विगलनशीलता हो। कबीरदास की काली कमरी की तरह था उनका व्यक्तित्व, जिस पर दूसरा रंग कभी चढ़ नहीं पाया। ऐसा तपाकर रचा गया था उनका अपराजेय अस्तित्व। इसकी रक्षा के अनेक गुर उन्होंने जान लिए थे और उनका प्रयोग भी वे निरन्तर किया करते थे।

मैंने देखा कि वे पटना में खगेन्द्र ठाकुर, जहरीखाल में वाचस्पति, दिल्ली में कर्णसिंह चौहान, सुधीश पचौरी, मैनेजर पाण्डे, कोलकाता में अपने दर्जी मित्र या एकदम तरोताजा युवा लेखक पलाश विश्वास और मेरे यहाँ विदिशा में अपनी शर्तों पर ही अपना डेरा–डण्डा जमाते। सुरुचि, आत्मीयता, सहजता, उन्मुक्तता और प्रतिबंध मुक्त दिनचर्या का रंगारंग और विभोरकारी आस्वाद ही उन्हें इन जगहों और ठिकानों तक जब–तब खींच लाया करता। रहने और जाने को तो वे कहाँ नहीं जाते और रहते थे, पर उनका मन तो ऐसी ही जगहों पर रमता था जहाँ परिवारिक व्यवस्था का उत्पीड़क दबाव और स्थूल औपचारिकताओं के दुर्वह झमेले न हों।

कई परिवारों में उनको लेकर भारी चिढ़ और सावधानियाँ थीं, पर ढेर सारे परिवारों में उनके इन्तजारों के गणेश भी उठाए–बिठाए जाते थे। कई एक परिवारों के दरवाजे उनके थपथपाने के बावजूद भी नहीं खुले। ये कौन लोग थे?

अपराजिता देवी उर्फ श्रीमती नागार्जुन यों तो सुन्दर ही रहीं, पर नागार्जुन का मृदंग कभी रूप, कभी गंध, कभी स्पर्श तो कभी किसी रोमांचक स्वाद पर अपने आप बज उठा करता था। ठीक 'धिन धिन या धमक धमक बजे मेघ' की शैली में। तब तो पंक भी हरिचन्दन हो उठा करता था। वे शायद ही खुद को रोक पाने में कामयाब रह पाये हों। आवेग उनकी ऊर्जा का सौन्दर्य था। तरल आवेग, कुछ–कुछ गाढ़ा, किन्तु हर क्षण प्रवहनशील। उठने–बैठने की जगहों

से लेकर आस-पास आते-जाते किशोर-किशोरियों और प्रसन्न ताजे कवियों के प्रति उनकी ललक इतनी अबाध और तीव्र थी कि उसे रोकना मुश्किल। आत्मसंयम भी ऐसा लाजवाब कि आदमी सामने बैठा रहे, तली हुई मछली प्लेट में परोस दी गई हो, कोई प्रिय मिष्ठान्न या खीर सामने कटोरी में रखी हुई, पर नागार्जुन ऐसे जैसे चित्रलेखा के भूतपूर्व प्रेमी सामन्त बीजगुप्त हों। नहीं देखना तो फिर नहीं ही देखना। भावों को खुद इस तरह सहेजे रखना जैसे कोई जौहरी अपने हीरे-जवाहरात सहेजे रखता हो। कठिन आत्मसंयम में बँधा हुआ, किन्तु अपने अवसरों पर फेनिल झरने-सा इस खड्ड से उस चट्टानी पठार तक खुलकर ठहाके मारता सरपट दौड़ता। एकदम भोक्ता पुरुष की तरह उनमें यह मर्दानगी खूब थी। वे कहीं से भी कुण्ठित आदमी नहीं थे। इसलिए उनमें छद्म भी नहीं था। प्रौढ़ कुमारियाँ अपने आँसुओं का सैलाब लिए उनकी गोद में आ पड़तीं जैसे कि वे उनके पिता हों। धीरे-धीरे उनकी थपकियों से आश्वस्त और ऊर्जस्वित हो, फिर उसी कुम्भीपाकी संघर्ष में कूद पड़तीं, एकदम मुस्करातीं, हँसती-हँसातीं। नए हौसलों से भरीं। घिनौनी और कामातुर कथित भद्रता की जहरीली गलियों से होकर अन्ततः विज्ञापन तो सेक्योर कर ही लातीं। याद है न वो 'विज्ञापन सुन्दरी' कविता। ऐसी सुन्दरियाँ इस औघड़ को खूब पहचानती थीं। इसकी वत्सलता की गहराई का एहसास उन्हें था। उस बस ड्राइवर की बेटी को भी, जिसने अपने पिता की सीट के ठीक सामने अपनी कलाई की गुलाबी चूड़ियाँ टाँग रखी थीं। पर इन सबसे अधिक जीवन बोध कहीं उस उगनी (उग्रतारा) में था, जिसने अपने वैधव्य की छाती पर पाँव रख जीवन को सौभाग्य (सुहाग मंडित) में बदल डालने का संकल्प ले लिया था। जीवन श्रेष्ठ है या शास्त्र इसे महाभारतकार ने 'नाहि मानुषात् श्रेष्ठतरं...' लिखकर स्पष्ट कर दिया है। 'प्रलय की छाया' में प्रसाद की रानी कमला की चेतना इसी कथन के अनहद नाद-सी प्रतिध्वनित है—'जीवन सौभाग्य है, जीवन अलभ्य है, इसे छिन्न करने का किसे अधिकार है?'

इधर आए स्त्री-केन्द्रित उपन्यासों—'मुझे चाँद चाहिए' 'इदन्नमम', आवाँ, और 'चाक' आदि में यह चेतना अत्यन्त उग्र रूप में बलवती होकर उभरी है। मैत्रेयी पुष्पा की मन्दा को देखते हैं, तो हम पुरुषों की आँखें फटी की फटी रह जाती हैं। 'मन्दा' सोचती हैं... 'किस स्त्री देह में भूख नहीं रहती? विधवा होने पर क्या सूख जाते हैं स्रोत...?' इसका कोई उत्तर है कि किसी के पास या भारत की स्त्री, राष्ट्रकवि की दया और महाप्राण की करुणा का बल लेकर जिए?

नागार्जुन ने इन लेखिकाओं के लगभग तीस–पैंतीस बरस पहले यह दर्ज कर दिया कि हाँ, स्त्री देह और मन भी उतने ही अधिकारी हैं, जितने कि पुरुष की देह और उसके मन। स्त्री जन्म पाने के लिए वे तड़पा करते। उन्हें पुरुष होने की पीड़ा परेशान किए रहती और वे बार–बार मुझे संबोधित कर कहा करते—"विजय बाबू! पाँच साल के लिए मैं स्त्री होना चाहता हूँ। अगर इस जनम में सम्भव नहीं हो सकता, तो मैं चाहता हूँ कि मेरा अगला जन्म स्त्री का हो।" मैं उनसे न जाने क्यों कभी नहीं कह पाया—"रतिनाथ! आज भी तुम वही के वही रहे। भूल ही नहीं पाए अपनी चाची का दर्द। इस उम्र में भी अपने बाप पण्डित गोकुल मिसिर को माफ नहीं कर पाए क्यों?' पर रतिनाथ इस मायने में बेहद कठोर हो चुके थे और उनके इस मन को बदल पाना किसी के भी बूते के बाहर था।

राहुलजी को याद करते–करते वे उन पर न्यौछावर हो उठते..."विजय बाबू! कमला उनकी स्टेनो ही तो थीं, एक बार उन्हें अपनी अंकशायिन्नी बना लेने के बाद राहुलजी ने उनको वही सम्मान और अधिकार दिया, जो किसी भी सहधर्मिणी जीवनसंगिनी को मिलना चाहिए..." कहते–कहते नागार्जुन की घुच्ची आँखों में अजीब तरह की उजास फैल जाती। यह उजास अगर भारती, राकेश और कमलेश्वर ने देखी हो, तो देखी हो...मालूम नहीं। न मैंने कभी अपने आदरणीय कमलेश्वर (जी) से पूछा, न उन्होंने मुझे कभी बिठाकर तफसील से यह सब बताने योग्य ही माना। इलाहाबाद वाले नागार्जुन या तो कमलेश्वर के पास हैं या फिर मार्कण्डेय के पास। थोड़े-बहुत अश्क, भैरव प्रसाद गुप्त आदि के पास। जब–तब आने–जाने वाले 'वयस्क शिरोमणि रामविलास शर्मा की झोली में।'

कोमल और कठोर, रौद्र और मृदुल, तिक्त और मधुर का ऐसा जबरदस्त परिपाक कि तुलसी की यह पंक्ति ही बयान कर पाए—'देखत तव रचना विचित्र अति समुझि मनहिं मन रहिए।' ऐसी विलक्षण रचना, जो आदरणीय–फादरणीय होकर भी आदर और श्रद्धावाद की ऐसी–तैसी कर डालने पर तुली रहे। इतनी नयी, इतनी नयी कि नयी, से नयी प्रतिभाएँ भी भौचक रह जाएँ और इतनी सीझी और पकी हुई कि पुरानी से पुरानी के भी कान काटे। टिकाऊ और दमदार। आप चाहें तो इसे साहित्य की परम्परागत बखरी में बंड़ेर की जगह उपयोग करें—'अमल धवल गिरि के शिखरों' वाले नागार्जुन को कालिदास से भी दो–दो हाथ करते हुए देखना आसान नहीं था—'कहाँ गया धनपति कुबेर वह कहाँ गई उसकी वह अलका...जाने दो वह, कवि कल्पित था।' कवि कुलगुरु को इस तरह कट

घरे में खड़ा कर पूछना—'काव्य-सत्य' का निपटारा करने जैसा प्रकरण था, जो सृजनमूलक सृष्टियों का हमेशा से अन्तर्निहित तत्त्व रहा है।

'कवित्व-विवेक' से भी ये सृष्टियाँ जब-कभी रची जाती रही हैं। केशवदास जैसे कवि इसके चरम उदाहरण हैं। केशव ही क्यों बिहारी की ऊहात्मक कल्पनाएँ भी। कल्पनातिरेक से भी सौन्दर्य की जादुई सृष्टि की जा सकती है। ऐय्यारी आखिर है क्या? अनुभवों के श्मशान में तर्कातीत कल्पनाओं के नग्न नृत्य की भी एक धारा रही है हमेशा। उत्तर छायावाद के हालावाद और मधुशालावाद में इसकी हल्की झलक पाई जा सकती है। समूचे राष्ट्रीय आन्दोलन के समय-सत्य के बीच चिकने-चुपड़े संघर्षविमुख काव्य-रसिकों ने इसे अपने सांस्कृतिक मनोरंजन का एक जरिया ही बना लिया। यही वह कथित सहृदय-वर्ग है, जो बुढ़ापे में बीसवीं सदी के भड़ैती वाले कवि-सम्मेलनों का ग्राहक और नियंता है। जीवन-संघर्ष से उपजीं गम्भीर संवेदनाओं से विरत होकर यही वर्ग आज इक्कीसवीं सदी के विश्व-बाजार का उपभोक्ता है। आयातित आधुनिकता और उत्तर आधुनिकताओं के क्रिया-कलापों का यह दृश्य ही हमें थरथरा कर रख देता है। उदय प्रकाश की लम्बी कहानी 'पाल गोमरा का स्कूटर' एक दृष्टांत-भर है, पर अलका सरावगी के उपन्यास 'कलिकथा : वाया बाइपास' में किशोर बाबू के बेटे ने अपनी नई फ्रीडम फोर्ड गाड़ी को लेकर जैसी आक्रामक और मूल्यभ्रंशी बहस अपने पिता से शुरू की है, वह हमें जिस सभ्यता की ओर ले जाएगी उसमें या तो बाजार-तंत्र बचेगा या फिर पागल और आत्महत्यारे। सम्भव है किशोर बाबू और अमोलक जैसे इक्के-दुक्के नमूने सिरफिरे भी बच जाएँ, सड़कों पर एकालाप करते हुए। इस रूप में नागार्जुन की कविता एक गहरा एकालाप भी है।

नागार्जुन, जैसा कि मैंने पहले कहा जिद की हद तक जाकर कह उठते हैं—जब तक मेरे पड़ोस की बच्ची खिलखिला रही है, बादल उमड़-घुमड़ रहे हैं, कोकिल कूक रही है और ठूँठ पैडलों पर पसीना गारने और फटी बिवाइयों वाला वामनावतार रिक्शेवान जिंदा हैं, कविता और संवेदना की मृत्यु नहीं हो सकती। वे काल-बोध के मामले में साहित्य की उस सनातन धारा के साथ हैं, जो काल की विभिन्न गतियों और मुद्राओं के परिवर्तमान रूपों और रंगों को स्वीकार करती हुई यह भी मानती है कि पृथ्वी की दोनों गतियाँ सत्य हैं। काल का वह चेहरा भी सच है, जो विष्णु के चक्र की तरह निरन्तर घूम रहा है, पर वह भी सच है, जो दिन-भर की कठिन धूप और गहरी छाँव से गुजरता हुआ कुछ ऐसे भी अनुभवों से होकर गुजरता है, जिन्हें अंगीकार किए बगैर स्वयं काल

भी अप्रासंगिक हो उठेगा। जीवनानुभूति से विच्छिन्न काव्यानुभूति बेमानी है। नागार्जुन का समस्त शब्द-पौरुष इसकी असाधारण उद्घोषणा ही नहीं, गवाही भी है। इसलिए कइयों को वे जहाँ-तहाँ अन्तर्विरोधग्रस्त रचनाकार लगते हैं। भटके हुए शब्द मुसाफिर। नागार्जुन ने इसके लिए ठेठ मार्क्सवादी मुहावरा अपनी एक कविता में बेहद आत्म व्यंग्यात्मक तेवर में प्रयुक्त किया है—'डेविएशन'। सम्पूर्ण क्रांति का आन्दोलन हो या फिर 'परमान' नदी के किनारे चमकता 'शरद का बाल रवि'—उनका आस्तिक उनके नास्तिक को पछाड़ ही डालता है। अपने दबे-छिपे चोर-संवेदनों पर ऐसी चौकस निगाह।

विदिशा प्रवास के दौरान मैंने देखा वे बार-बार साँची के बुद्ध विहार जाना चाहते हैं, नागपुर के नव बौद्धों के ख्यात मठ दीक्षाभूमि वाले भंते आनन्द कौसल्यायन के पास बैठ पिछले जीवन की यादों को दुहराना चाहते हैं। साँची के विश्वविख्यात स्तूपों को निहार कर लौटते हुए मन्दिर में बुद्ध-प्रतिमा के सामने अपने पूर्व भिक्षुत्व का स्मरण और तदनुकूल आचरण करना अनिवार्य मानते हैं। श्रीमद्भागवत, रामायण, महाभारत आदि ग्रंथों की रहस्यात्मक गुत्थियों पर किसी प्रखर समानधर्मा से संवाद करते हुए परम्परा के तल तक उतर जाना चाहते हैं। वामपंथ और जनवाद के कठमुल्लों को चिढ़ाने के लिए हाथ में तुलसी या चन्दन की सुमिरिनी लिए टहलते-घूमते रहना चाहते हैं। लेकिन क्यों? इसलिए उनका मार्क्सवाद परम्परा के अन्धकारवाद और रूस या चीन की बौद्धिक बैसाखियों पर टिका हुआ नहीं था। स्थानीय समस्याओं की चुनौतियों के बीच वे उसकी ताकत और ऊर्जा की कठिन परीक्षा के आग्रही थे। छोटे-छोटे किन्तु गम्भीर सवालों की तह में छिपे संघर्षों से बचकर, बगैर लहूलुहान हुए जो लोग जन-संघर्षों की पेशेवरी और लफ्फाजी करना चाहते थे, नागार्जुन की रचनात्मक सोच और सक्रियता उनकी कलई खोल देती थी। विश्वविद्यालयीन आचार्यगण, आला और मध्यम कोटि के अफसर, पत्रकार और राजनीतिक कार्यकर्त्ता- सब पर उनकी निगाह थी। युवा कथाकार संजय ने तो 'कॉमरेड का कोट' अभी हाल में लिखा, नागार्जुन इस सत्य से बरसों पहले से परिचित हो चुके थे। स्थानीय-जनसंघर्षों से आँख चुरा और मुँह छिपाकर निकल जाने वाला मार्क्सवाद उन्हें किसी भी स्थिति में मंजूर नहीं था। इसके लिए चाहे कविता को पोस्टर में ही क्यों न रिड्यूस करना पड़े। सामाजिक आपदा के समय शब्द की चिकनाईवाला शिल्प नहीं, खुरदरी चुभनवाला शब्दार्थ ही नैतिक कविकर्म है। विडम्बना तो यह कि नागार्जुन इसे मानें और करें तो यह काव्याभास और मुक्तिबोध कहें तो

आप्त वचन। 'पोस्टर ही कविता है' यह नागार्जुन ने किया, किन्तु कहा तो इसे मुक्तिबोध ने। कैसी गाँधी और तिलक की-सी विलक्षण जोड़ी। मधुलिमये ने अपनी पुस्तक 'स्वतंत्रता आन्दोलन की विचारधारा' में दोनों महानों की तुलना करते हुए लिखा—'जहाँ तिलक आदि उग्रपंथी लोग कानून की सीमा में रहकर, उसका जान–बूझकर उल्लंघन न करते हुए, जन–जागरण और लोक–संगठन का काम निर्भयतापूर्वक करते थे, उसके विपरीत गाँधीजी यह कहते थे कि जो कानून अन्याय और जुल्म पर आधारित है, उसका जान–बूझकर और खुलकर उल्लंघन करना चाहिए और उसके लिए जो भी देहदण्ड दिया जाय उसे स्वेच्छा और अनुशासित ढंग से हमें भोग लेना चाहिए। नागार्जुन ने यह साहित्यिक दण्ड काफी दिनों तक भोगा है। फिर भी कवित्त विवेकवादियों के सामने उन्होंने कभी भी घुटने नहीं टेके। यह दीगर बात है कि उन्होंने कुछ ऐसा भी लिखकर दिखा दिया जो कई काव्यवादियों के बूते के बाहर आज भी है। कलावादियों के भी।'

निराला के बाद वे अकेले ऐसे बड़े कवि हैं जिनकी संवेदना का ओर–छोर इतना व्यापक और शब्द–संगीत इतना गत्वर और उत्तालमय है। छन्दों की ऐसी विविधता, काव्य–संगीत का ऐसा लोक मनोहारी रूप, अनदेखी, अनछुई अनुभूतियों और संवेदनाओं का ऐसा अनोखा और विराट समारोह—जिससे गुजरते हुए हम इतिहास पुराण, धर्म–दर्शन और संस्कृति की अन्तर्ध्वनियों का एहसास तो करते ही हैं, अपने समय की राजनीति और समाज के उन मोहपाशों से भी रू-ब-रू होते हैं, जिन्होंने हमारे 'काल' को तरह–तरह से अपने नागपाश में जकड़ रखा है। नागार्जुन की काव्य–चेतना और दृष्टि इसमें संजीवनी का काम करती है। वे त्रासवादी रचनाकार नहीं हैं। भूत और वर्तमान की गतियों से आगे भी कर्म–फल है, जो प्रत्येक काल की मनुष्यता अपने चरम पौरुष के बल पर कमाती आई है। इसलिए उनकी रचना में मध्यवर्गीय काव्य–रुदन कहीं नहीं है। यही उनकी लोकनिष्ठा का सबसे बड़ा प्रमाण है। वे उसे उसके मन–प्राण तक जानते हैं। मंचीय कवि सम्मेलनों में उन्हें चुटकी बजाकर 'तीन दिन तीन रात' या 'बाकी बच गया अण्डा' को द्रुत शैली में पेश करते देख मैंने जब अपनी प्रतिकूल प्रक्रिया की, तो उनका जवाब था—'जनता अगर चाहे, तो मैं चूतड़ खोलकर भी नाचूँगा। वही तो जनार्दन है।' मैं उनके चेहरे पर उभर आए आवेग और आवेश को तब देखता ही रह गया। माथे पर खिंची लकीरों की कोमलता की जगह तब कैसी कठिन दृढ़ता और वक्रता खोलने लगी थीं। आधुनिक हिन्दी के इस दुर्वासा का यह रूप मुझे आज भी अविस्मृत है। सोचता हूँ उनका यह दुर्वासापन क्या गलत

था? राजनीति और साहित्य की दलाली और पंडागिरी करने वालों को देखते-देखते वे इतने क्षुब्ध हो चुके थे कि ऐसों से दूर रहकर ही उनका सन्तुलन बना रह सका था। जब तब मुझे समझाइश देने के ख्याल से वे कहा करते–'विजय बाबू, हर महारथी को अपना अखाड़ा बदलते रहना चाहिए, कभी-कभी तो ठीक कृष्ण की शैली में, देखो न वो मथुरा छोड़ द्वारिका चले गए। इसे पलायन नहीं कहते। रणनीति कहते हैं।' अपने समय के जाने-माने साहित्य-प्रतिष्ठानों और महारथियों (?) से निपटने के लिए वे प्रायः विदिशा और जहरीखाल प्रोफेसर वाचस्पति उपाध्याय के यहाँ को अपनी द्वारिकापुरी बनाते रहते।

जनवादी लेखक संघ के सपने में उनकी अपनी भूमिका भी शायद कहीं रही होगी, पर पार्टी बॉसेज को उनकी रहनुमाई कैसे रास आती। वे तो 'यस-मैन' की तलाश में तब भी थे, अब तो यह जैसे सिद्धांत-सा बन चुका है। नागार्जुन ने किनारा कर लिया। बहुत अनुनय-विनय के बाद सबसे पहली बार वे विदिशा की जिला इकाई में आने को तैयार हुए। धीरे-धीरे नरम पड़े, तो बनारस (वाराणसी) वाले राष्ट्रीय सम्मेलन में प्रमुख अतिथि के रूप में आग्रहपूर्वक आमंत्रित किए गए। फिर भी वे छले ही गए। उन्हें शो-पीस के रूप में रखना ही लेखक-नेताओं को सबसे सुरक्षित जान पड़ा। उनकी उपस्थिति से जैसे लपट ों की आशंका (संभावना) कर्ताधर्ताजनों को थी। अभिव्यक्ति का खतरा उठाने का मिथ्या दम्भ भरने वाले लोगों में वह दम बचा ही कहाँ था कि उनकी आँच सह सकें। वे सब लफ्फाज और साहित्य की राजनीति करने वाले लोग थे; और नागार्जुन उनके लिए अराजक और संदिग्ध किस्म के प्राणी। न जाने क्यों; तभी उन्हें नेहरू नहीं, लोहिया प्रिय थे। लोहिया कभी भी नीलामी पर चढ़ाये नहीं जा सके। वे भी तो आखिर मिलिट्री के बूढ़े घोड़े ही थे। कोई भी चतुर ताँगावाला कहाँ चढ़ा पाया उनकी आँखों पर पट्टी; और यह कहने की हिमाकत जुटा सका- सामने देख बेटा, सामने देख। लोहिया और नागार्जुन दोनों ही अगल-बगल, आगे-पीछे, चौतरफा देखते रहे; क्योंकि इतिहास और जीवन का सत्य चौतरफा फैला-बिखरा पड़ा था।

आज वे इस इतिहास और जीवन-सत्य के सबसे प्रामाणिक व्याख्याता हैं। अब यह प्रायः माना जाने लगा है कि आजादी के बाद के उथल-पुथलकारी, संघर्षी जीवन और उससे जुड़े सपनों के वे अग्रगामी कवि हैं। उनका यह शब्द--पुरुषार्थ हमारे लिए मार्गदर्शक की तरह खड़ा है।

नागार्जुन की प्रतिभा का सौन्दर्य

एक सवाल के जवाब में नागार्जुन ने कहा था कि काव्य-रुचियाँ भी समय पाकर बदलती रहती हैं और समर्थ रचनाकार अपने असाधारण कृतित्व से भी उसे बदलते रहते हैं। इसी तारतम्य में उन्होंने यह भी कहा कि सहृदयता का सम्बन्ध ऊँची पढ़ाई-लिखाई से नहीं, हृदय की उन्मुक्त तरलता और भावना की भंगिमा से है। विश्वविद्यालयों के मान्य आचार्य और अतिप्रतिष्ठित कहे जाने वाले प्रज्ञाधर भी कभी-कभी अपनी संवेदनात्मक जड़ता में इतने डूब चुके होते हैं कि उन्हें नयी अनुभूतियों और व्यंजनाओं के सौन्दर्य की खबर नहीं हो पाती। साहित्य में इसके अनेक उदाहरण हैं।

नागार्जुन जैसे विद्यावारिधि कवि के लिए यह एक ऐसी समस्या थी, जिसका हल उन्होंने कालिदास जैसे क्लासिकल कवियों के सहारे ढूँढ़ा। 'बादल को घिरते देखा है', 'कालिदास सच-सच बतलाना' जैसी कविताएँ लिखकर उन्होंने साहित्य के स्थापित मठों को अपनी प्रतिभा के प्रति आश्वस्त किया, किन्तु ऐसी कविताएँ उन्होंने बाद में फिर कभी नहीं लिखीं। वे हमेशा अपने समय की राजनीति में रहे और उनकी समूची काव्य-साधना इसी राजनीतिक 'समय' से मुठभेड़ करते हुए सम्पन्न हुई। अगर वे क्लासिकल और सुचिक्कन कविता लिखते रहते, तो और कुछ भले हो उठते; किन्तु वह नागार्जुन नहीं हो पाते, जिसे हम आज जानते और मानते हैं।

छायावादी कविता की शक्ति-दर्शन, इतिहास और संस्कृति में है। नागार्जुन आदि कवियों की ताकत राष्ट्रीय राजनीति में है। वे राजनीतिक कविताओं के अगुआ लोगों में से आते हैं, इसलिए उनका सम्बन्ध भारतेन्दु से भी जुड़ता है और मैथिलीशरण गुप्त, सियाराम शरण गुप्त, माखनलाल चतुर्वेदी, सुभद्रा कुमारी चौहान, 'नवीन' और 'दिनकर' से भी। बुनियादी तौर पर यह वह लोकधारा है, जो एक बड़े राष्ट्र की ऐतिहासिक उड़ान और करवट को प्रकट करती है, किन्तु छायावादियों की तरह ये कविगण भी इतिहास और परम्परा के बल और भरोसे

पर जीवित हैं। यह और बात है कि इनकी कविता में छायावादियों की-सी दार्शनिक गहराई और सांस्कृतिक सुगन्धें नहीं है। अतीत और उसकी आन्दोलनकारी स्मृतियाँ राष्ट्रीय कही जाने वाली कविता की जान हैं। यह सब राष्ट्रप्रेम और राष्ट्रभक्ति के अन्तर्गत आता है, इसमें कोई विवाद भी नहीं है। गहरी, सूक्ष्म और तीव्र से लेकर हल्की-फुल्की, किंचित स्थूल और भावोत्तेज़नात्मक राष्ट्रीय (?) संवेदनाओं में अतीत का गौरव बोध तो मिलता है, किन्तु ध्यान से देखें, तो विवेकानन्द जैसी तड़प और गाँधी जैसी गहरी सामाजिक समझ और राजनीतिक दृष्टिमत्ता इनमें कहीं नहीं मिलती। इनमें उद्‌गारमूलकता है, आपात पुकारें हैं, किन्तु नवनिर्माण के जो सपने गाँधी आदि के पास थे, यहाँ लगभग नदारद हैं; बल्कि यह कहना कुछ ज्यादा ही ठीक होगा कि ये कवि गाँधी जैसे महान व्यक्तित्व के तट पर बैठकर सिर्फ लहरें ही गिनते रहे। भारत की कृषक-चेतना और उसकी ऐतिहासिक उथल-पुथल को रच पाने की सामर्थ्य नहीं ही प्रदर्शित कर सके। यह काम अकेले प्रेमचन्द ने किया। अगर प्रेमचन्द का ही कथन मुहावरे के तौर पर इस्तेमाल किया जाय, तो ये सब प्रायः गड़े मुर्दे ही उखाड़ते रहे। 'मृतकों के हैं मृतक जीवितों का है ईश्वर' की ध्वनि तक नहीं पकड़ सके।

एक और निगाह से देखने पर राष्ट्रीय काव्यधारा के कवि लगभग चारण शैली का ही पुनरुत्थान लगते हैं। भावोत्तेजना, स्तुतिपरकता और गौरवगान इनकी विशेषता है। फिर भी ये सब ऐतिहासिक महत्व के अधिकारी हैं। खेद है कि इनका अनुभव-समूह और भावाभिव्यंजन-शैली कोई इतिहास नहीं रच पाते। सब के सब, एक और रूप में, छायावादी कवियों के सरलीकृत सतही संस्करण मात्र लगते हैं।

मेरा सोचना है कि नागार्जुन की चर्चा बगैर प्रेमचन्द के उल्लेख के संभव नहीं हो सकती। गाँधी राजनीति में और प्रेमचन्द साहित्य में किसान-चेतना के नायक हैं। भारत जैसे देश में आज भी किसान को दरकिनार कर कोई राजनीति जोर नहीं पकड़ सकती। किसान इस देश की रीढ़ नहीं, इसकी बुनियादी पहचान हैं, इसलिए चाहे स्वदेशी आन्दोलन के आर्थिक कार्यक्रम हों, चाहे आजादी से जुड़े अन्य प्रश्न, गाँधी और प्रेमचन्द की सूझ-बूझ और ऐतिहासिक विवेक की अनदेखी नहीं की जा सकती। प्रगतिशील आन्दोलन के शुरुआती दौर के अतिभावुक और वाचाल, सिद्धांतमुखर और अभियानी कवियों की कविताएँ अगर आज महत्त्वहीन और उपेक्षणीय हो चुकी हैं, तो इसीलिए कि उनमें वह चेतना नदारद है, जो गाँधी और प्रेमचन्द में है। उनमें एक खास प्रकार का वैचारिक

बचकानापन और अन्धगमन जरूर है। अन्धानुगमन भी। नागार्जुन और उनके साथी इस भीड़–भाड़ और जल्दबाजी में नहीं हैं। इसीलिए वे आन्दोलन की उफान और उससे पैदा होने वाली झाग के कवियों में से नहीं हैं।

कोई भी कवि अगर किसी आन्दोलन का हिस्सा और पहचान बनने की आकांक्षा से संचलित है, तो इससे यही सूचित होता है कि अगर आन्दोलन न होता, तो कवि का उदय असम्भव था। शील, सुदर्शन चक्र आदि कवि यहाँ याद आते हैं। केदारनाथ अग्रवाल के काव्य–संसार के भी एक हिस्से की याद आती है, किन्तु केदार, नागार्जुन और त्रिलोचन जैसे लोग तब भी होते, क्योंकि ये अपने अन्य वरिष्ठों और बुजुर्गों की तरह कवि होकर पैदा हुए थे और कविता ही इनकी पहली और आखिरी पहचान आज भी है। आन्दोलन ने सिर्फ आग में घी का काम किया, किन्तु घी न भी डाला जाता तब भी इनकी कविता की आग मन्द न पड़ती। यह इसलिए लिखना पड़ रहा है कि बड़ा कवि अक्सर अतिक्रामक प्रतिभा से सम्पन्न होता है। वह निर्धारित सीमा रेखाओं और मर्यादाओं को पार कर अनेक–अनेक मर्यादा स्तरों और उत्कर्ष रेखाओं को रचता रहता है। रच–रच कर उन्हें लाँघता भी जाता हैं और इस तरह हमारे अनुभव बोध और विचार–संसार में कुछ ऐसी अनोखी संवेदनाओं को जन्म देते हैं, जो असामान्य और दुर्लभ कही जाती हैं। नागार्जुन ने अपने काव्य-पौरुष के जरिये इसी तरह का काव्य–व्यवहार प्रदर्शित किया है। निराला के बाद वे अकेले कवि हैं, जो निराला के प्रति अखण्ड श्रद्धा रखते हुए भी उनसे अघोषित प्रतिस्पर्धा करते दिखाई देते हैं। यदि दोनों की तुलना कभी की जाएगी–जो कि अवश्यम्भावी है—तो पता चलेगा कि जायसी और तुलसीदास की तरह यह एक और जोड़ी हिन्दी में निकल आई। प्रश्न चाहे अनुभवों की विपुलता और वैविध्य के हों, लय, छन्द या फिर भाषा–प्रकार और दृष्टि की विलक्षणता और काव्य–प्रभाव के हों—दोनों की तुलना सहज सम्भव है।

इससे पूर्व की हम नागार्जुन की असाधारण सहृदयता, अलोक सामान्य दृष्टि, अनुभव-विपुलता और विरलता, भाषा-वैविध्य और शब्द-संगीत, परम्परा निष्ठा और काल–सजगता तथा सबसे ऊपर और सबसे परे जाकर एक ऐसे चेतना दीप्त, प्रखर और प्रतिवादी कवि-व्यक्तित्व के आत्मनिर्माण की चर्चा करें, तो उस पूर्व पक्ष का हवाला जरूरी है, जिसने कवि के जीवन काल में उसे तरह–तरह से कटघरे में खड़ा किया है।

यदि सिलसिलेवार ऐतिहासिक क्रम में याद किया जाए, तो तीन–चार आरोप

गौरतलब हैं—पहला नागार्जुन की कविता में पोस्टरबाजी बहुत हैं; दूसरा यह कि वे उन कवियों में से हैं जिनमें राजनीतिक विचलन अधिक है; तीसरा यह कि वे—अक्सर हड़बड़ी में रहते हैं; चौथा आरोप यह कि यथार्थ का बहुत सरलीकृत और लगभग स्थूल रूप ही वे पेश कर पाते हैं और इससे भी अधिक विचारणीय यह कि उनकी प्रतिभा औसत (दोयम दर्जे) कोटि की है।

नागार्जुन को लेकर उठाए गए ये प्रश्न उनके हैं, जो उनके समकालीन हैं और कुछेक तो विचारधारा की दृष्टि से उसी परिवार के हैं, जिसकी अभिव्यक्ति और पोषण नागार्जुन जैसे कवि जीवन-भर करते रहे; कुछेक उन कलावादियों और वाचाल आधुनिकों के, जो हिन्दी कविता की श्रेष्ठता उसकी सूक्ष्म अमूर्तता और गहन बौद्धिकता में देखते आए हैं।

सबसे पहले यदि नागार्जुन की प्रतिभा वाले सवाल को उठाएँ, तो देखना होगा कि 'प्रतिभा' का, परम्परा में अर्थ क्या है और स्वयं नागार्जुन की अपनी दृष्टि में इस अवधारणा का रूप क्या है? परम्परा यह मानती है कि काव्य का सृजन अनुभवों के विशिष्ट उद्वेलन की अभिव्यक्ति है और यह उद्वेलन 'छन्दोमय वाणी' में रूप ग्रहण करता है। आदि कवि वाल्मीकि इसके चरम उदाहरण और प्रमाण हैं। संस्कृत के साहित्य-चिन्तकों ने इसे रेखांकित करते हुए कहा कि कवि अपनी दिव्य प्रतिभा से दिव्य-अदिव्य सभी प्रकार के पदार्थों का अवलोकन कर लेता है। उसके लिए कुछ भी अगोचर या असम्भव नहीं रहता। यही तो उसकी 'शक्ति' है। इसी के बल पर वह 'लोक' और 'परम्परा' की ऐसी अनोखी सृष्टि खड़ी करता है, जो स्थूल जगत् में पहले से विद्यमान नहीं थी, किन्तु जो स्थूल वस्तु जगत् से कहीं अधिक मनोरम और विश्वसनीय है। वह एक ऐसी चैतसिक सृष्टि है, जिसका स्वरूप काल के बड़े से बड़े अन्धड़ भी मेट नहीं पाते। 'कामायनी' में प्रसाद इसकी लगभग व्याख्या-सी करते हुए लिखते हैं—'चेतना का सुन्दर इतिहास अखिल मानव-भावों का सत्य'।

नागार्जुन के हवाले से विचार करते हुए आचार्य रामचन्द्र शुक्ल की इस धारणा की याद हो उठती है कि 'असाधारण की रुचि सच्ची सहृदयता की पहचान नहीं'। भारतेन्दु पर लिखते हुए दूसरी जगह यही शुक्ल जी लिखते हैं—'बाह्य प्रकृति के अनंत और असीम व्यापारों के सूक्ष्म से सूक्ष्म अंशों को सामने करके भावना या कल्पना को शुद्ध और विस्तृत करना भी कवि का धर्म है।' दूसरे शब्दों में कवि का एक और धर्म भाव-शोधन की कला भी है।

तीसरी बात इस सन्दर्भ में जो याद आती है वह 'तीसरा सप्तक' की भूमिका

में अज्ञेय द्वारा कही गई है कि 'मौलिकता वस्तु में होती है, विषय में नहीं'।

अन्तिम बात तुलसीदास ने रामचरित मानस के मंगलाचरण में रेखांकित कर दी है—

भनिति मोरी सब गुन रहित बिस्वबिदित गुन एक।
सो विचारि सुनिहहिं सुमति जिन्ह के बिमल बिबेक।।

प्रतिभा का यह विश्वविदित गुण कौन-सा है—'सत्य कहौं लिखि कागद कोरे'। इस 'सत्य' पर विवाद हो सकता है और हुआ भी है। आचार्य रामचन्द्र शुक्ल, आचार्य नन्ददुलारे वाजपेयी और डॉ. रामविलास शर्मा इसे लोकमंगल या राष्ट्रीय जीवन की सामूहिक रागिनी या जागरणमूलक धारा कहते हैं। अज्ञेय आदि इसे लोकसत्य की अपेक्षा व्यक्ति सत्य कहना चाहते हैं और कवि-प्रजापति को निर्बन्ध और अप्रतिबद्ध व्यक्तित्व देने के हामीकार रहे हैं, लेकिन पश्चिम में जिसे 'उदात्त' कहा गया है, वह कवि की आत्मा की उदात्तता और महानता का ही तो विस्फोट है और 'महानता' महज कलाकारी का नाम तो कदापि नहीं है। गम्भीर और व्यापक मानवीय लोक संवेदना का ही काव्य-संस्करण है। अज्ञेय आदि एक बार तो प्रेमचन्द की कलम को काफी स्थूल और अनगढ़ घोषित करते हैं, किन्तु जब खुद अधिक संयत होकर विचार करते हैं, तो उन्हें यह कहना पड़ता है कि प्रेमचन्द जैसी व्यापक संवेदना दूसरे उपन्यास लेखकों में नहीं है।

तब नागार्जुन की प्रतिभा की असाधारणता की कसौटी क्या है? क्या वे अनुभवों के विशिष्ट उद्वेलन के अभिव्यक्तिकार हैं? यदि वे ऐसा कर सकते हैं, तो क्या उसके जरिए वह लोकसत्य प्रकट हो सका है, जिसे तुलसी ने अपने सन्दर्भ में रेखांकित किया है? तीसरा और अन्तिम बिन्दु यह कि इससे आधुनिक हिन्दी कविता, परम्परा और हिन्दी भाषा-समाज को—बकौल पं. रामचन्द्र शुक्ल —अपने बासी और जड़ हो उठे भावों के शोधन का अवसर क्या मिल सका है? इन सवालों के बीच मुझे नागार्जुन की तीन-चार कविताएँ याद आती हैं —अकाल, तीन दिन तीन रात, पैने दाँतों वाली और मंत्र कविता। 'अकाल' में अनुभवों के विशिष्ट उद्वेलन की अभिव्यक्ति, 'तीन दिन तीन रात' में असाधारण सहृदयता, 'पैने दाँतों वाली' में विरल व्यंग्यसम्पन्न कवि-दृष्टि और 'मंत्र' कविता में परम्परा से भारी मुठभेड़ अलोकसामान्य जटिल काव्य-बोध यथार्थ उद्वेलित काव्य-प्रज्ञा की निर्द्वन्द्वता और विस्मयकारी प्रतिभा शिल्प विधान का प्रमाण मिलता है। इन कविताओं को पढ़ते हुए कवि का परम्पराबोध, लोकजीवन का विशद अवगाहन, कवि-कल्पना की अभिनव रुझान और ऐसे अनोखे, किन्तु

सहज–शिल्प के उदाहरण मिलते हैं, जो समकालीन काव्य में दुर्लभ हैं। 'अकाल' तो खैर उनकी बहुप्रतिष्ठित रचना है ही, 'तीन दिन तीन रात' में लोकजीवन के त्रास, उसकी प्रतिवादी शक्ति, हिंस्र सत्ता की निस्सहायता और लाचारी तथा इस क्षुब्ध करुण जीवन के बीच ताँगे–रिक्शेवालों की मस्ती का प्रसन्न बयान, सरकारी ट्रकों और जीपों का बेशर्मी से पेट्रोल पीना कुछ ऐसे परस्पर विरोधी, किन्तु रंगीन दृश्य–बिम्ब हैं, जिनसे कवि का अप्रतिहत जीवनबोध और मानव स्वभाव पर निगाह उसकी सूक्ष्म और पकड़ का प्रमाण मिलता है। वह 'लोकहृदय', जिसे शुक्ल जी बार–बार याद करते, अगर हमारे अपने समय में समूची जीवन्तता, रंगीनी और अपराजेयता के साथ कहीं मौजूद है, तो उसका नाम नागार्जुन है। 'मंत्र' कविता तो इसका चरम उदाहरण है। अगर नागार्जुन की सारी कविताएँ खारिज कर अकेले इसी कविता को सामने रखा जाय, तो भी नागार्जुन के विरल दुस्साहस और विस्फोटक काव्य–प्रज्ञा का अनुभव इसमें किया जा सकता है। लम्बी, बीहड़, सघन शिल्प और सौम्य स्वरूप वाली अन्य ढेर सारी महामहिम रचनाओं तथा समूची काव्य–परम्परा और कवि–बिरादरी के बीच इस कविता की सत्ता वही रहेगी, जैसी ऋषि-परम्परा के बीच दुर्वासा और कवियों के बीच कबीर की बनी हुई है।

गौर करने की बात है कि नागार्जुन स्वयं को 'नव दुर्वासा' कहते हैं और इस तरह साधारण कवि-परम्परा से अपना विलगाव रेखांकित करते हुए कवि के उस स्वरूप की याद दिलाते हैं, जो केवल 'कवि' कहा जाकर पूरी तरह समझा नहीं जा सकता। उसकी परिपूर्णता यदि कहीं है, तो 'कवि' में न होकर 'ऋषि' में है। नागार्जुन में ऋषियों की-सी आर्ष मेधा और लोकप्रज्ञा थी, इसमें मुझे सन्देह नहीं, पर जो ठीक से 'कवि' का बोध भी नहीं कर सके हैं, उनको 'ऋषि' क्या और कवि क्या? ऋषि सत्य का साक्षात्कार कर उसका लोकोत्तर और कालजयी कथन करता है। इसी प्रकार के कथन को परम्परा में 'मंत्र' कहते हैं। कवि उसे 'चारुता' से मण्डित करता है। 'चारुता' और 'सत्य' की अभिन्नता ही वस्तुतः नागार्जुन के ऋषित्व की पहचान है। यही उनकी प्रतिभा की परिभाषा है। चारुता के लिए सत्य अथवा सत्य के लिए चारुता का दुरुपयोग करने वाले जो होंगे, होंगे, नागार्जुन तो कदापि नहीं हैं।

यह भी ध्यान रखना होगा कि ऐसी प्रतिभा का क्रियात्मक रूप जितना सृजनात्मक, अपूर्व और मौलिकतामुखी होता है, उतना ही बहुरंगी, बहुआयामी और उदारतापरक भी। ऐसी प्रतिभा कालिदास, विद्यापति, तुलसी आदि कवियों

की तरह परम्परा के पुनरान्वेषण, पुनर्रचना और आत्म दृष्टि की प्रतिष्ठा का प्रकाशन भी किया करती है। कभी-कभी तो वह अपनी मौलिकता की श्रेष्ठता का चरम उदाहरण प्रस्तुत करते हुए उस कल्पना शक्ति की सर्वोपरिता सिद्ध करती है, जिसे हम पश्चिम के स्वच्छन्दतावादियों और बीसवीं सदी के हिन्दी के छायावादियों में पाते हैं। नागार्जुन की प्रतिभा पर विचार करें, तो पाएँगे कि वे न तो कालिदास आदि की तरह परम्परा के पुनरान्वेषण और पुनर्रचना का कार्य करते हैं, न एकबारगी कल्पना की सर्वतंत्र स्वतंत्र सत्ता में ही निवास करने के हामीकार हैं। वे हमारे समय के उन सर्जकों में हैं, जो सामूहिक जीवन-यथार्थ और उसके अनेकशः रूपों से प्रेरित और उद्वेलित होकर अपनी रचना में प्रवृत्त होते हैं। लोकजीवन और उसका नग्न और दारुण यथार्थ ही उनकी प्रतिभा की सबसे बड़ी चुनौती है और वही उनकी सबसे बड़ी पुनर्रचना भी।

आज जब अपने समय के कई कवियों और लेखकों को देखता हूँ, तो उनके द्वारा किए गए काम की कोई गहरी छाप पड़ती मुझे दिखाई नहीं देती। स्फुट रूप में किसी की उद्धत भावाभिव्यक्ति, किसी की मंथर विचार-प्रवणता, तो किसी का आत्मधिक्कार और आत्म दोहन हमें द्रवित करता रहता है। लोक-यथार्थ के असंगत रूपों के प्रति विक्षुब्धताबोधक और सामूहिक चेतना के प्रतिवादी भावों को सींचते और पनपाते रहने का काम अगर नागार्जुन लगातार कर पाए, तो उसका कारण यही कि वे समझ सके थे कि चाहे भाषा हो या छन्द, अनुभव हो या कल्पना, विचार हो या चिन्तन-शक्ति सब का स्रोत लोक-समाज है और सारी कलाएँ इसी समाज के ऋण-शोधन की नैतिकता से बँधी हैं। इसलिए अगर सृजन की अपूर्वता और मौलिकता के नाम पर हमारी शैलियाँ अमूर्तता की ओर प्रस्थान करती हैं और कला का सत्य लोकहृदय तक सम्प्रेषित नहीं हो पाता है, तो निश्चय ही यह सांस्कृतिक छद्म और कृतघ्नता है। प्रतिभा की श्रेष्ठता या अश्रेष्ठता, उच्चता या तुच्छता का दारोमदार इस पर है कि माध्यमों की सम्प्रेषण-क्षमता और सार्वजनीनता का स्वरूप कैसा है। भाषा और शब्द के साथ-साथ, अनुभव-समूह और विचार-प्रक्रिया का रूप सामाजिक सन्दर्भों की व्यापक उथल-पुथल और विशाल लोकहृदय के तेजस्वी और अपराजेय मन के अनुरूप है या नहीं है।

कलाकार की प्रतिभा अगर साधनों के विपुल सम्भार मात्र में खप रही है, तो मानकर चलना होगा कि वह निश्चय ही उद्देश्य विरत, लोकविमुख, किन्तु साधनवादी है अथवा कलावादी। यदि ऐसा है, तो वह भाषा-शिल्प और शैली

की कुछ नई भंगिमाओं का सृजन या अन्वेषण तो कर सकेगी, किन्तु ऐतिहासिक परिस्थितियों से उपजे तीखे और आक्रामक यथार्थ की मार्मिक गम्भीरता को ग्रहण और धारण करने के साथ-साथ उसकी सटीक अभिव्यंजना में अक्षम साबित होगी। नागार्जुन ने कबीर आदि सन्तों और प्रेमचन्द आदि लेखकों की तरह अपने समय के गम्भीर मार्मिक लोकसत्य को अपने सृजन के प्राणतत्व की तरह ग्रहण किया। तुलसी की तरह वे भी अन्यतम संस्कृतज्ञ हैं और उन्हीं की तरह संस्कृत काव्य रचना में निष्णात भी। फिर भी उन्होंने संस्कृतज्ञों की बिरादरी का परित्याग कर यदि लोकभाषाओं की पंगत में बैठना स्वीकार किया, तो इसे उनकी प्रज्ञा का लोक के प्रति विनय भाव और समर्पण-सौन्दर्य ही कहा जाएगा।

कह ही चुका हूँ कि नागार्जुन, परम्परा के शब्दवादी सम्प्रदाय के प्रतिभाधर नहीं हैं। उनकी परम्परा अर्थवाद की है। इसलिए उनका समूचा काव्य-पौरुष ध्येयवादी लक्ष्यधर्मी और लोक-समर्पित है। चिर-परिचित शब्दों में अगर उनके स्पर्श से नयी आभा, प्रखर तेज और नयी भंगिमा आ सकी है, तो स्पष्ट है कि कवि ने अपनी कठोर साधना के तप से भाषा को नया जीवन और उसकी अन्तर्ध्वनियों को नई प्राणवत्ता दी है। सामान्य, अति तुच्छ और लगभग अकाव्यात्मक जान पड़ने वाले भाषा-पद अगर काव्य-संवेदना की खूबसूरती से भर उठे हैं, तो इसलिए कि कवि की विरल अनुभव-प्रक्रिया, अनोखी संवेदना और समर्पित लोकदृष्टि ने उन्हें अपने काव्य-व्यवहार का हिस्सा बनाया है। बाकी बच गया अण्डा, जयति नखरंजनी, लोगे मोल, कई दिनों तक चूल्हा रोया, सिंदूर तिलकित भाल, उनको प्रणाम जैसे काव्य-पदों के सौन्दर्य का रहस्य यही है।

आश्चर्य है कि ऐसे ही काव्य-पदों और वक्रोक्तिहीन-सी लगती व्यंजना को आधार बनाकर कई युवा साहित्यिकों ने यह तक कहने की हिमाकत की है कि नागार्जुन प्रायः हड़बड़ी में रहते हैं और उनका अधिकांश काव्य हल्का-फुल्का और प्रचारधर्मी है। अभी-अभी नागार्जुन के कथा साहित्य की पड़ताल करते हुए भी यही चिन्ता दुबारा जाहिर की गई है। नागार्जुन अपने कथानक कहाँ से लेते हैं? क्या उनमें सचमुच प्रतिभा की कमी है या फिर वे जल्दबाज हैं? इस पर बहस की काफी गुंजाइश है। यह भी कि रचना में व्यापकता और गहराई का अर्थ क्या है? कथानक का उद्देश्य और कमाए गए अनुभवों की पूर्णाभिव्यक्ति यदि सम्भव किये जा सके हैं, तो अनावश्यक विस्तार और जटिल बुद्धि-कौशल के कला-प्रदर्शन की जरूरत क्या है?

नागार्जुन जैसे लेखकों को भलीभाँति विदित है कि वे क्यों और किसके

लिए लिख रहे हैं। खेद है कि समकालीन परिदृश्य में अधिकांश रचनाकारों के दिमाग इस सवाल पर उलझे हुए हैं। एकाध ने जरूर ईमानदारी से यह मंजूर किया है कि भले ही उसके शब्द जनपक्षधर और जनहितकारी हों, किन्तु उसकी शैली मध्यमवर्गीय रचनाकारों की बौद्धिकता प्रधान अमूर्तता की गिरफ्त में है। नागार्जुन जैसे लेखक इस शैली से सर्वथा असहमत हैं और वे मैथिलीशरण गुप्त आदि कवियों की तरह मूलतः अभिधा शक्ति के कवि हैं। हमें नहीं भूलना चाहिए कि यही रास्ता कालिदास का भी है। प्रसाद और महादेवी की-सी कुहासामूलक लाक्षणिक भाषा और अज्ञेय जैसा शिल्पचातुर्य उन्होंने अंगीकार नहीं किया। न ही कभी शमशेर जैसी विशिष्टजन सुलभ वाग्विदग्धता ही उनका आदर्श बनी। पर यह कौन कह पाएगा कि उनके शब्द शील, सुदर्शन चक्र और मलखान सिंह सिसौदिया जैसे अतिसपाट, भंगिमाहीन और नाराधर्मी हैं?

नागार्जुन ने कभी कहा था कि कवि की प्रतिभा की परख उसके साहस से होती है। 'मंत्र कविता', 'उग्रतारा' (उपन्यास), 'इन्दुजी-इन्दुजी', 'आओ रानी' और 'तुम रह जाते दस साल' और या' 'बापू के तीन बंदर', 'अन्न पचीसी' आदि रचनाएँ उनके इस विकट साहस को बार-बार रेखांकित करती हैं। मध्ययुग में कबीर की तरह, हमारे युग में यह प्रत्यक्ष साहस केवल नागार्जुन ही दिखा सके हैं। आपातकाल में 'त्रिकाल संध्या' करने वाले और बुजुर्ग शिरोमणि होकर भी भीष्म पितामह की तरह चुप रह जाने वालों ने अगर अपने साहस और भय का मुकाबला किंचित हेर-फेर के साथ किया, तो यह प्रतिवादी और जुझारू, अन्याय-विरोधी अहिंसक परम्परा की अधूरी गवाही ही कही जाएगी। नागार्जुन ने हमेशा यह पूरी गवाही दी और पूर्णतः निःसंशय और निर्द्वन्द्व होकर।

एक सहज बातचीत में कवि त्रिलोचन ने स्वीकार किया था कि उन्होंने न तो कभी राजनीतिक सक्रियता दिखाई, न ही राजनीतिक दलों से कोई प्रत्यक्ष या परोक्ष मुठभेड़ ही कभी की। नागार्जुन ने यह किया। उन्होंने गालियाँ दीं तो गालियाँ खाईं भी। अपने इसी स्वभाव और निर्द्वन्द्वता के कारण संशय और त्रास, उलझन और दुविधा, पलायनजीवी गूढ़ता और कल्पित जटिलता उनके काव्य के धर्म कभी नहीं रहे।

एक बातचीत में नागार्जुन ने कहा था कि छोटे उपन्यास हिन्दी भाषी पाठकों की जेबों के अनुरूप हैं। फिर उनके पास पोथन्ना पढ़ने का वक्त भी कहाँ बचा है। जहाँ अधिकांश आबादी अल्प साक्षर, न्यून शिक्षित और दरिद्र हो, वहाँ बारीक खयाली, भाषायी सूक्ष्मता, अमूर्तता और प्रकृष्ट कलाकारी के साथ विराट और

जटिल कथाकारी का सम्बन्ध किस समाज से है, यह बताने की जरूरत नहीं। नागार्जुन तो उस विशाल लोक-समाज के सेवक–लेखक हैं, जो अपनी भाषा की गम्भीर परम्पराओं, अभिव्यंजना प्रकारों तथा भावाभिव्यक्तियों के प्रसन्न, तेजोद्दीप्त रूपों से तो परिचित है, किन्तु जो प्रायः अनपढ़ है। सुनने के संस्कार, किन्तु जिसे युगों से मिले हुए हैं और आज भी जो श्रव्य परम्परा का हिमायती और प्रशंसक है। नागार्जुन का समूचा शब्द-पौरुष बुनियादी तौर पर इसी लोक-समाज से जुड़ा हुआ है।

यह भी जान लेना होगा कि नागार्जुन के उपन्यासों का कच्चा कथानक उनके अपने अंचल के ग्रामीण मित्रों द्वारा सप्लाई किया जाता रहा है। किसी भी स्थिति में वे कल्पना प्रधान नहीं होते। उनकी कल्पनाएँ उस बुनियादी ढाँचे को कलात्मक स्वरूप और प्रतिबद्ध दृष्टि देकर उन्हें सोद्देश्यता प्रदान करती हैं। कथानक को अतिक्रामक अथवा जादुई बनाकर शब्द की सत्ता का साम्राज्य खड़ा करने के बजाय उनके उपन्यासों का ढाँचा बेहद स्वाभाविक, सरल, जमीनी और लोकतान्त्रिक है। न जाने क्यों हम हड़बड़ी वाला यह सवाल 'परख', 'त्यागपत्र', 'सूरज का सातवाँ घोड़ा' या आजादी के बाद के दूसरे अन्य छोटे उपन्यासों को लेकर नहीं उठाते? रचना की परिपूर्णता और उसके समग्र प्रभाव की छानबीन कर यह जानने का प्रयत्न नहीं करते कि लेखक यह सब कर पाया अथवा नहीं। 'वरुण के बेटे', 'बाबा बटेसरनाथ' जैसे छोटे उपन्यासों में आजादी के बाद के छोटे–छोटे जन संघर्षों की ऐतिहासिक गरिमा और महिमा को जिस खूबी के साथ कथाबद्ध किया गया है, उससे सृजनशील लेखन का लोकव्रत ही उजागर हुआ है।

प्राचीन क्लासिक खण्ड-काव्यों की तरह नागार्जुन के उपन्यास लोक-जीवन के संघर्षात्मक रूपों और आम जनता की दुर्दम और मृत्युंजयी जिजीविषा के प्रखर अध्याय हैं। संघर्ष, जिजीविषा और संघबद्धता का संदेश देने वाले ये कथानक न तो कहीं से शिथिल हैं, न अपूर्ण। ग्रहीत जीवनानुभवों की इनकी अभिव्यक्ति प्रभावकारी और कथादृष्टि उद्देश्यपरक और सन्देशमूलक है। कथानकों की अनावश्यक खींचतान और लेखकीय दृष्टि का भटकाव नागार्जुन को किसी भी स्थिति में स्वीकार नहीं है।

औसत शिक्षित मध्यवर्ग और निम्न मध्यवर्ग के रचे गये ये उपन्यास आजादी के बाद भयानक रूप से घिरने वाले मानसिक अवसाद और अन्धकार के चलते पैदा हुई निष्क्रियता, उदासी और किंकर्त्तव्यविमूढ़ता को तोड़ने और झकझोरने का काम करते हैं और समय के लोकदर्पण भी हैं। पाठकों के मन पर अगर

इनकी छाप पड़ती है, तो न तो ये हड़बड़ी में लिखे गए हैं, न ही पोथन्नेपरक न होने के चलते गैर महत्वपूर्ण ही हैं। नहीं भूलना चाहिए कि महाकाव्यों का ढाँचा अंगीकार करके भी कई रचनाकार महाकवि नहीं हो पाए। विपरीत इसके छोटे और मझोले ढाँचों का पुनराविष्कार या पुनर्कल्पन करने वाले असाधारण प्रतिभाधर माने गए। प्रतिभा की असाधारणता काव्य-रूपों अथवा शैलियों से नहीं, काव्य-वस्तु की गम्भीरता और कवि की प्रखर रचना–दृष्टि से निर्धारित होती आई है।

किसी भी सृजनशील प्रतिभा के लिए सबसे महत्त्वपूर्ण तत्त्व है उसका अनुभव-जगत्। हमें इस तत्त्व की पारिस्थितिकी और खानदान पर विचार करना चाहिए। क्यों एक लेखक 'शेखर : एक जीवनी', नदी के द्वीप, या 'एक पति के नोट्स' लिखता है और दूसरा गोदान, मैला आँचल और बलचनमा? इस सवाल को नज़रअंदाज कर हम उस समय को खारिज करते चलते हैं, जिसके गर्भ से ये रचनाएँ पैदा होती हैं।

प्रेमचन्द के बाद, मध्यवर्गीय व्यक्तिवाद (कहने को व्यक्तित्ववाद, जिसे दूसरे शब्दों में हीरोवाद कहना भी अनुचित नहीं है) ने जिस तरह का उभार लिया, उससे भाषायी लेखन में परम्परा, लोकजीवन के सहज बोध और उसकी जुझारू शक्तियों का ह्रास हुआ है। आधुनिकता के नाम पर नयी लोक-शक्तियों के जागरण को पीछे धकेला गया और घटिया बम्बइया फार्मूला फिल्मों की अति के ठीक दूसरे छोर पर अस्वाभाविक बौद्धिकता और कलात्मक जटिलता को रचनात्मक लेखन का मानक घोषित कर दो-ढाई दशकों तक एक ऐसे साहित्य को रचा और प्रचारित किया गया, जो बेहद रक्ताल्प, बुद्धिप्रसूत और शैलीग्रस्त था। मध्यवर्ग ने वस्तुतः इस दौर में स्वयं को समाज का नायक मान लिया था। व्यक्ति विशेष अगर इसी दौर में अपने समूचे अहं के दुर्दम स्वरूप के साथ राष्ट्र का पर्याय तक कहा गया, तो दूसरे अन्य उदाहरण की जरूरत नहीं है। यह प्रेमचन्द और प्रसाद जैसे महान लेखकों की परम्परा का विकास नहीं कहा जा सकता, क्योंकि इस लेखन में लोक की सामूहिकता की ऐतिहासिक उपेक्षा हुई। पढ़े–लिखे, अवसरवादी, सुविधाजीवी, समझौतापरस्त दंभी मध्यमवर्ग ने यहाँ ऐसा घटाटोप निर्मित किया, जिसके धुँधलके में जनाकांक्षाओं का चेहरा लुप्त होता गया और शब्द की सामूहिकता, परम्परागामिता और उसके तेजोद्दीप्त जुझारूपन की घनघोर उपेक्षा हुई। नागार्जुन और रेणु अथवा यशपाल, अमृतलाल नागर या बाद में आने वाले राही मासूम रज़ा, शिव प्रसाद सिंह, श्रीलाल शुक्ल आदि कथालेखकों के महत्त्व को यहीं समझा जा सकता है। इन्होंने अपने पाठकों के

मानस का पुनर्संस्कार किया और उसे जन–जीवन के विशाल और व्यापक लोकपथ पर ले आए।

प्रतिभा के सौन्दर्य का मूल्यांकन केवल अनोखेपन के आधार पर नहीं किया जा सकता। देखना यह भी होगा कि इस अनोखेपन की कोई अपनी वैचारिक और वस्तुवादी जमीन भी है या नहीं। जिन वैचारिक हथियारों के बल पर गाँधी समूचे राष्ट्रीय आन्दोलन के निर्द्वन्द्व और एकछत्र नायक बन चुके थे, उन्हें आजाद भारत में 'दकियानूस' और पिछड़ा कहकर राष्ट्रीय जीवन की सोच से दुखद रूप से निष्कासित किया गया। इसी स्थिति का लाभ मध्यवर्ग के लेखकों ने भरपूर उठाया। परिणामतः आजादी के पहले जिस दीन–दुर्बल, किन्तु श्रमपरायण किसान और खेतिहर मजदूर को गाँधी और प्रेमचन्द राष्ट्रीय राजनीति की धुरी और रीढ़ मान रहे थे, वह विडम्बनापूर्ण ढंग से हाशिए पर फेंक दिया गया। उसे दुबारा केन्द्र में लाने की कोशिशों का जबर्दस्त इतिहास जिन लेखकों के उद्गम में मिलता है, कई दृष्टियों से रेणु और नागार्जुन मुझे उनमें सर्वश्रेष्ठ लगते हैं। नागार्जुन ने सबसे पहले साहित्य के इस बिगड़े हुए व्याकरण को ठीक करने की कोशिश शुरू की। 'कहाँ हरी घास पर क्षण भर', 'यह द्वीप अकेला' और कहाँ 'बाकी बच गया अण्डा', 'अकाल' और 'सिन्दूर तिलकित भाल' जैसी लोकमर्मी सृजनशीलता। नवनिर्माणकारी राष्ट्रीय जीवन में रचनात्मक शब्द की यह लगभग परस्पर विरोधी भूमिका विचारणीय है। निराला ने 'देवी सरस्वती' कविता में जिस 'लोक सरस्वती' की आरती उतारी है, उसका वास बाद में नागार्जुन, त्रिलोचन और केदारनाथ अग्रवाल आदि की रचनाओं में ही दिखाई पड़ता रहा। इन लेखकों का कोई एक भी शब्द निजी अर्थों में प्रयुक्त नहीं है। वहाँ कुछ भी व्यक्तिगत नहीं है, ठीक गाँधी की राजनीति की तरह। भारत के समाज में इसी को कई अर्थ–स्तरों के साथ 'समर्पणवादी लेखन' कहा जाता है। नागार्जुन ने जीवन–भर इस समर्पण धर्म का असंदिग्ध और अविचल निर्वाह किया। वे सचमुच अविचलित लोक समर्पण के शब्दसिद्ध कवि हैं। उनके इस कठिन विचार संयम और लोक-साधना पर ध्यान दिया जाना जरूरी है।

कवि के जीवनकाल में ही उसकी 'राजनीति' पर उँगली उठाने और प्रहार करने वालों की भी एक जमात रही है। पक्ष और विपक्ष में उठ खड़े होने वालों की भी। कहा जाता रहा कि नागार्जुन अतिशय भावुक हैं और उन्हें विचलित और पथभ्रष्ट होने में देर नहीं लगती। वे उन ठिकानों पर भी जा खड़े होते हैं, जो उनकी प्रतिबद्धता के विरोधी ठिकाने हैं। आपातकाल के पहले के सम्पूर्ण

क्रांति वाले आन्दोलन में जयप्रकाश नारायण और नानाजी देशमुख के साथ रेणु तो गए ही थे, नागार्जुन भी सत्ता (इन्दिरा गाँधी) की तानाशाही के विरोध और जयप्रकाश के समर्थन में नुक्कड़ पाठ पर उतर आए। तब प्रगतिशील लेखक संघ से टूटकर जनवादी लेखकों का संगठन गठित नहीं हुआ था। सी.पी.आई और प्रलेस दोनों आपातकाल के समर्थन में जुटे रहे और प्रकारान्तर से तानाशाह शक्तियों का साथ देते रहे, किन्तु नागार्जुन और भवानी प्रसाद मिश्र जैसे कवि लोक-भावनाओं के इस ऐतिहासिक उफान और ज्वार को इस सबके बावजूद निर्भान्त हो महसूस कर सके।

हमें यह नहीं भूलना चाहिए कि नागार्जुन ने जीवन-भर जिस विचारधारा को अंगीकार किया और जिया था उसका अर्थ भी उन्होंने अपने ढंग से समझा था। इसीलिए लोकमानस की उपेक्षा या तिरस्कार का भाव उन्होंने कभी भी नहीं दिखाया। उनकी राजनीति सुविधा जुगाड़ और साठ-गाँठवादी कभी नहीं रही। ग़ालिब जैसे शायरों की तरह वे खुद पर व्यंग्य करने और हँसने का साहस अगर जुटा सके, तो कारण यही कि पाखण्ड चाहे पार्टियों का हो या लेखक संगठनों का, उनकी दृष्टि में हमेशा प्रहारयोग्य है। उसमें कोई कोताही और रियायत नागार्जुन ने शायद ही कभी की हो। अगर कोई ऐसी चूक कभी हुई भी, तो उन्होंने इसे ईमानदारी की पूरी ताकत से दर्ज भी किया। वे हमें चेतावनी देने आए थे, लोगे मोल (?), प्रतिबद्ध हूँ, हमने तो रगड़ा है, मैं मिलिट्री का बूढ़ा घोड़ा आदि कविताएँ इस सन्दर्भ में स्मरणीय हैं।

बंगला में मूलरूप से लिखी इस बूढ़ा घोड़ा वाली कविता का पाठ मैंने उनके मुँह से कई बार सुना है। बार-बार वे एक पंक्ति पर रोमांचित और उत्तेजित हो उठा करते थे और उनकी आवाज़ आक्रामकता और भावाविष्टता तक पहुँच जाया करती थी—'सामने चल बेटा/ सामने चल/ सामने...।' इसके पहले की पंक्तियाँ हैं—

मैं मिलिट्री का बूढ़ा घोड़ा
करेंगे वे मुझे नीलाम
कोई चतुर ताँगावाला
ले जाएगा मुझे
चढ़ा देगा आँखों के किनारे
रंगीन आवरण/ और कहता रहेगा...

इसमें 'मिलिट्री का बूढ़ा घोड़ा', 'आँखों पर चढ़ा रंगीन आवरण' और 'चतुर

ताँगावाला' जैसे पद बेहद महत्त्वपूर्ण हैं। जीवन के कठिन युद्धों में संघर्ष कर बुढ़ा चुका कवि अब नीलामी पर चढ़ चतुर ताँगेवाले के हवाले है। वह उसकी आँखों पर रंगीन आवरण चढ़ाकर उसे हाँकता चल रहा है और इधर–उधर जरा भी देखने की मोहलत नहीं देना चाहता। क्या राजनीतिक पार्टियाँ और लेखक संगठन किसी प्रज्ञा- पुरुष के साथ यही कुछ करने को प्रायः उत्सुक नहीं रहते? नागार्जुन ने इस विडम्बना को बेहद जिन्दादिली के साथ रेखांकित किया है।

आखिर कोई रचनाकार किसके विवेक से अपने अनुभवों और उन्हें धारण करने वाले शब्दों को चुने? सृजन–कर्म में कौन है, जो लोक समर्पित रचनाकार का गॉड–फादर हो सकता है? सत्य के बहुरूपी और बहुकोणीय स्वरूप को समझना और ऐतिहासिक विवेक के बल पर उसकी केन्द्रीय मुद्रा को पहचानना और रेखांकित करना ही तो हमेशा से कविधर्म की चुनौती रहा है। नागार्जुन ने इसे बखूबी निभाया है। यह भी कि 'सम्पूर्ण क्रांति' के आन्दोलन को 'खिचड़ी विप्लव' कहने वाले वे अकेले कवि हैं। किन्तु इन्दिरा गाँधी को लेकर उन्होंने अपना स्टैण्ड उस तरह नहीं बदला, जैसे कि वामपंथी पार्टियाँ और लेखक संगठन करते रहे थे। उनका 'स्वविवेक' अत्यन्त प्रखर और संवेदन–सजग था। आत्मबोध की विरल मुद्राएँ और आत्मालोचन की विकट और निर्मम अभिव्यक्तियाँ यदि इस कवि में मिलती हैं, तो इसी कारण कि यह अति आत्मसजग रचनाकार है। साथी कवि केदारनाथ अग्रवाल की अपनी पत्नी को केन्द्रित कर लिखीं ढेरों कविताओं को देखकर नागार्जुन भड़के थे 'यह क्या है–हे मेरी तुम...' किन्तु इससे उनका लक्ष्य दाम्पत्य की गहरी और कृतज्ञ अनुभूति की अवमानना नहीं था। मित्र कवि की उस सतही भावनात्मक अति को लक्षित करना था, जिसके चलते परिणत प्रज्ञा की ओर बढ़ता कोई कवि अपनी भाव–दुर्बलता के चलते अपने ही बने–बनाए प्रभाव को क्षीण करने लग जाता है। नागार्जुन ने भरी जवानी में तो पत्नी के 'सिंदूर तिलकित भाल' के अनिन्द्य सौन्दर्य को चित्रित किया ही, जर्जर बुढ़ापे में भी एक कविता बंगला में लिखी। कविता बेहद करुण है, किन्तु लक्ष्य योग्य यह कि कवि की स्मृति और उसका चेतना–पटल अब भी अनाहत और अबाध है। काल भले ही उम्र को जर्जर कर दे, कुंतलित सिंदूरी मांग, पुरातत्व–स्मृति मात्र रह जाय, किन्तु चेतना तब भी अपनी दुगुनी–तिगुनी ऊर्जा के प्रकाश से झिलमिलाती रहे। नागार्जुन इसी अनथक, अपराजेय चेतना के अधीश्वर हैं। ऐसी गहन और उज्ज्वल प्रेम–कविताएँ हिन्दी में प्रायः दुर्लभ हैं। इस विषय पर रघुवीर सहाय और भवानी प्रसाद मिश्र भी लिखते रहे हैं, किन्तु दोनों की कविताओं में

पुरुष दम्भ की गन्ध है। विपरीत इसके नागार्जुन में साथीपन का गहरा बोध है।

व्यक्ति समाज से, समाज समय से और समय अपने इतिहास और परम्परा से अगर संवाद कर सका है, तो उसका सबसे बड़ा पुल यही 'शब्द' ही रहता है। नागार्जुन ने इसीलिए प्रत्येक शब्द को उसकी इसी लोक परायणता और समृद्ध दीर्घजीविता के साथ ग्रहण, धारण और प्रकट किया है। परम्परा-बोध उनकी ताकत है, काल–बोध उनका दिग्दर्शक। परम्परा और काल के आधार पर वे लोकानुभावों और लोकभावों का जैसा त्रिपुर तैयार करते हैं, वह कभी–कभी तो इतना समसामयिक और तात्कालिक लगता है कि सचमुच पोस्टर ही जान पड़ता है। इस कारण अगर कुछ लोग उनकी पोस्टरबाजी पर धावा बोलते हैं, तो अचंभा भी नहीं। ऐसे लोगों से यह लेकिन जरूर पूछा जाना चाहिए कि कवि एक नागरिक के रूप में अपनी प्रतिक्रियाएँ कैसे प्रकट करे? अगर वह कविता को अपने समय में लोगों, घटनाओं, गलाज़तों और फ़जीहतों की एक डायरी अथवा पोस्टर में बदल रहा है, तो उसे यह अधिकार क्यों नहीं मिलना चाहिए? नागार्जुन ने ऐसी बातों पर लिखते हुए उन मामूली से मामूली मुद्दों पर भी लिखा है, जो कविता के मुद्दे हो सकते हैं। सामाजिक–राष्ट्रीय जीवन में नेतृत्व का दावा करने वाले लोग अथवा उनकी लोकघातक प्रवृत्तियाँ कविता की तात्कालिक भंगिमाओं का मुद्दा क्यों नहीं बन सकतीं? क्या इस तरह का व्यंग्य विद्रूप, निन्दा या आलोचना का तेवर साहित्य में पहली बार आया है? क्या नागार्जुन यहाँ एकदम अकेले हैं या परसाई और शरद जोशी भी उनके साथ हैं? क्या कविता को ऐसे सपाट और दो टूक व्यंग्य अब बर्दाश्त नहीं? अगर ये दोनों लेखक पोस्टरबाज नहीं, तो नागार्जुन कैसे पोस्टरबाज कहे जा सकते हैं? सच यही कि आपद स्थितियों में यह सब भी कविता और कला का तात्कालिक धर्म है। नागार्जुन ने इसे अगर किया, तो जनता के समूह के एक प्रामाणिक सदस्य के तौर पर। उन्होंने न केवल यह भागीदारी निभाई, बल्कि संदेश भी दिया कि काव्य और कला का एक और काम विक्षोभकारी जनभावनाओं की अभिव्यक्ति, प्रचार और प्रसार भी है। प्रोपेगण्डा भी साहित्य का एक आपद्धर्म है। विशेष आपद् अवसरों पर कलाएँ इससे मुकर नहीं सकतीं। पोस्टर ही कविता है कहने वाले कवि भी इसी जमाने के रहे हैं।

नागार्जुन ने अगर गाँधी, नेहरू, शास्त्री, मुरारजी भाई, विनोबा, जयप्रकाश नारायण और इन्दिरा गाँधी पर लिखा है, तो गीतकार शैलेन्द्र और कवि राजकमल चौधरी पर भी लिखा है। ऐसी चरितमूलक कविताओं का एक भरा-पूरा संसार है,

जो उनके अपने समय की राजनीति, सामाजिक गतिविधि और यथार्थ–विविधता और बहुरूपी जीवन को प्रतिबिम्बित करता है। जीवन और समय के इतने आड़े–सीधे, किन्तु वास्तविक रूपों को अंकित कर कवि ने वह आगामी इतिहास भी लिख डाला है, जो भारत की आगामी पीढ़ियों के लिए ऐतिहासिक पाठ का काम करेगा। भाव, भाषा, लय और छन्द की जबरदस्त सूझ और पकड़, शिल्प की बेढब सम्प्रेषणीयता ने इन कविताओं को ऐसे राजनीतिक चौरों में बदल डाला है, जिन पर कभी माथा भले टेका जाता रहा हो, आज तो ये जगहें कुछ तीखी–खट्टी प्रतिक्रिया ही पैदा कर पाती हैं। कवि ने इस बहाने उस लोक–क्षोभ को वाणी दी है, जिसे इन राजनेताओं ने आत्मरति, दम्भ, जिद, सनकीपन और राजनीतिक स्वार्थ के चलते अपना सहज कर्म-सा मान लिया है।

आदर्श राजनेताओं में नागार्जुन की कविता में सर्वोपरि प्रतिष्ठा गाँधी को मिली हुई है। वे उन्हें बार–बार और तरह–तरह से याद करते हैं। यहाँ तक कि लाल बहादुर शास्त्री, लोहिया, विनोबा और जयप्रकाश को याद करते हुए भी गाँधी उन्हें भूलते नहीं। 'झुकती स्वराज की डाल और/ तुम रह जाते दस साल और' पं. नेहरू के निधन पर लिखी गई कविता है, जो उसी दौरान '64 के 'धर्मयुग' के गाढ़े रंगीन पृष्ठों पर प्रकाशित हुई थी। 'यहाँ भी झुकती स्वराज की डाल और' कहकर वे अपने महानायक गाँधी की प्रतिज्ञाओं और सपनों को ही याद कर रहे हैं। गाँधी को कभी भी वे राष्ट्रीय जीवन से अलग करके नहीं देख पाते। 'आओ रानी हम ढोएँगे पालकी' में 'बापू को मत छेड़ो, अपने पुरखों से उपहार लो' लिखकर जब बार–बार वे यह लिखते हैं 'यही हुई है राय जवाहर लाल की, रफू करेंगे फटे पुराने जाल की' तब उनकी तीखी और तुलनात्मक निगाह का अंदाज़ सहज ही लग जाता है। जवाहर लाल के बजाय अगर उनका सहज झुकाव गाँधी, लाल बहादुर शास्त्री और राम मनोहर लोहिया के प्रति है, तो यह भी मार्क करने लायक इसलिए है कि वामपंथी दलों और बहुचर्चित कवि मुक्तिबोध और लेखक हरि शंकर परसाई की निगाह में नेहरू भारत के नवनिर्माता और नये विधाता हैं। वामपंथी नागार्जुन का यह भिन्न रुख तब गहन विवेचन और विश्लेषण की मांग करता है।

अन्य कई कविताओं में भारत के प्रजातंत्र पर लिखते हुए उन्होंने नेहरू शासन के ऐतिहासिक पाखण्ड और अन्धकार को जब–तब उकेरा और अंकित किया है। काश! सुधीजनों ने नागार्जुन के इस स्टैण्ड की परीक्षा भी की होती। पश्चिमी काट की राजनीति और राजनेता तथा राजनीति को स्वार्थसाधना या

अहंतुष्टि मानने वाले हमेशा ही नागार्जुन की आलोचना और व्यंग्य के लक्ष्य रहे हैं। वह कैरियरजीवी, सुविधाखोजी रीढ़ विहीन मध्यवर्ग भी, जिस पर तो 'फिर क्या हुआ', 'घिन तो नहीं आती' और 'वे और तुम' जैसी दस्तावेजों कविताएँ उन्होंने लिखी हैं।

विचारों से घोषित मार्क्सवादी और एक समय तक पार्टी मेम्बर रहते हुए नागार्जुन की श्रद्धा (भक्ति नहीं) लेनिन और माओ के प्रति निस्सन्देह रही है, किन्तु चीन के हमले के बाद उनके दृष्टिकोण में बदलाव आया और वे अन्तर्राष्ट्रीय सर्वहारावाद और सार्वभौमिक मार्क्सवाद के प्रति चौकन्ने हो उठे। माओ और चीन के तत्कालीन प्रधानमंत्री चाऊ को उन्होंने गिन–गिन कर गालियाँ दीं और जी–भर कर कोसा। रूस और चीन के आपसी मनमुटाव और झगड़ों पर भी वे गौर किए रहे। उन्हें मार्क्सवाद का यह 'कम्युनिज़्म' देर तक जँचा नहीं, पर वे इसके विचारधारात्मक स्वरूप के प्रति शायद ही कभी संदिग्ध हुए, बल्कि इसके आदर्श प्रयोग की सम्भावनाओं के निरन्तर इन्तज़ार में रहते रहे। इतिहास और संस्कृति के विशद् और गम्भीर अध्ययन तथा व्यापक जीवन-अनुभवों के चलते वे यह समझ सके थे कि किस तरह श्रेष्ठ से श्रेष्ठ विचार कालक्रम में मठबद्ध होकर ठस्स हो जाता और अपना तेज प्रयोजन और ध्येय खो बैठता है। उसके व्यावहारिक रूपों से जुड़े लोग उसकी कैसी स्वार्थपूर्ण घिनौनी व्याख्याएँ करते हैं और इस तरह कालक्रम में उसकी हत्या तक कर डालते हैं यह उनके अनुभवों में प्रत्यक्ष था। श्रीलंका में बौद्धों का नरसंहार या बाद में तमिलों का सामूहिक संहार देख वे जिस तरह बेचैन और विक्षुब्ध हुए थे, इसकी गवाह उन दिनों लिखीं उनकी कविताएँ हैं। महाबुद्ध की महाकरुण पर उन्होंने जैसा तीखा और मार्मिक हमला इस रचना में किया है, उससे उनकी संवेदनाओं की द्रवणशीलता, प्रखरता और दाहकता, साथ ही कवि–हृदय की विशालता और विराटता का प्रमाण मिलता है। उनका यह लोकहृदय भारत में रोज–रोज होने वाले साम्प्रदायिक दंगों में भी द्रवित होता हुआ क्षोभ और टीस से भर उठता है। विस्मयकारी फिर भी यह कि बेजान-सी कर डालने वालीं परिस्थितियों में भी नागार्जुन जीने की कोई न कोई राह ढूँढ़ ही लेते हैं। क्षोभ, आक्रमण और अपने समय के इस प्रकट यथार्थ से जंगी मुठभेड़ करते हुए भी मनुष्य की अदम्य जिजीविषा और दुर्दम विवेक को रेखांकित करना वे शायद ही कभी भूलते हों। इस तरह की जानलेवा स्थितियों में उम्मीद और मानवीय उद्यमों के जितने अनोखे द्वार नागार्जुन के यहाँ हैं, उतने अन्यत्र कहीं नहीं।

जीवन के आखिरी दिनों में वे अक्सर कहा करते कि अगला जन्म वे स्त्री का चाहते हैं या फिर इसी जन्म में पाँच साल के लिए महिला होना चाहते हैं। (यहाँ यह भी लक्ष्य योग्य है कि मार्क्सवादी कवि ने अभी भी अपने परम्परागत संस्कारों यानी पुनर्जन्म के विश्वास से पूरी तरह मुक्ति प्राप्त नहीं की है) लेकिन क्यों? इसलिए कि उनकी संवेदनाओं की दुनिया, जो खंडित और अधूरी है, वह पूर्ण हो सके। कवि नागार्जुन जान सकें कि इस पुरुष-प्रधान समाज में स्त्री जीवन की यातनाएँ और उसके मन की वेदनाएँ क्या हैं? क्यों पुरुष के हजार खून माफ और स्त्री की छोटी-से-छोटी चूक और दुर्बलता घनघोर दण्डनीय अपराध? इस बिन्दु पर पहुँचकर वे अपनी परम्परा के तमाम बड़े कहे जाने वाले कवियों से आगे निकल जाते हैं और लगता है कि सीता, द्रौपदी और शकुंतला के प्रति किए गए ऐतिहासिक अपराधों का प्रायश्चित वे उन सबकी ओर से करना चाहते हों। 'उग्रतारा' जैसे उपन्यासों और कई कविताओं में नागार्जुन ने इस दृष्टि को प्रतिष्ठा देने का आत्मसाहस किया है। विचार और कल्पना की यह निर्द्वन्द्वता और निडरता निश्चय ही नागार्जुन की अपनी कमाई है, जिसे उन्होंने कालिदास, विद्यापति आदि से नहीं, कापालिकों, नाथों और सिद्धों से भी प्राप्त की होगी। इसलिए वे स्वयं को बार-बार कापालिक और औघड़ के रूप में भी याद करते हैं। इसीलिए वे जीवन-यथार्थ और लोक-सत्य का आदर्शीकरण नहीं करते। जीवन को उसकी स्वाभाविक गति और निरावरित रूप में अपना समर्थन देते हुए किसी भी स्थिति में वे उस अराजकता के दरवाजे नहीं खोलते, जिससे व्यवस्था की गहरी नैतिक मंशाएँ ध्वस्त हो उठें, किन्तु व्यवस्था के नाम पर जो जड़ता और मानव-विरोधी दृष्टिकोण पनप और फल-फूल रहा है, उसे भी किसी भी शर्त पर स्वीकार करना उन्हें मंजूर नहीं। 'सबसे ऊपर मानव सत्य है' इस सूत्र-वचन को नागार्जुन शायद ही कभी भूलते हों। इसी के कारण वे इस सत्य का निर्बाध दर्शन करने की सुविधा में रहे हैं और चुनौती देने की मुद्रा में भी। 'काली माई' कविता में उनकी ये दोनों मुद्राएँ एक साथ देखी जा सकती हैं।

एक स्रष्टा कवि और रचनाकार के रूप में उनकी यह दृष्टि न तो कभी मन्द पड़ी, न धूमिल ही हुई। आखिरी दिनों में भी अगर वे अपनी संवेदनाओं में तरोताज़ा और विलक्षण बने रहे, उनकी निगाह अपने समय के छोटे-बड़े कवियों से आगे रही और एक संदेशवाही रचनाकार की तरह वे अगर बीसवीं सदी को अनुभव-विकल, भाव-संवलित और विचार-समृद्ध करते रहे, तो कारण यही कि—वे समकालीन कवियों की छवि-बनाऊ कोशिशों से हमेशा अलग-थलग

रहे। शायद उन्होंने घनानन्द के उस कथन का मर्म समझा-बूझा था—'लोग हैं लागि कवित्त बनावत मोहितौ मेरे कवित्त बनावत।' यह आत्मनिर्माण उन्होंने जितनी-जितनी विधियों से किया है, उसके लिए एक अलग लेख की जरूरत पड़ेगी। किन्तु इतना तय है कि वे कवियों की अभिजात परम्परा से बहुत कुछ सीखते हुए भी उस क्लासिक के आदर्श को अंगीकार नहीं करते, जिसमें कालिदास, विद्यापति, रवीन्द्रनाथ या निराला आदि आते हैं। इस धारा में शायद ही उनकी कोई अपनी इच्छित जगह हो। मजा तो यह कि वे शमशेर और मुक्तिबोध के साथ भी सहजता का अनुभव करते हैं। इनकी सूक्ष्म गम्भीर बौद्धिकता और कलात्मक जटिलता तथा 'आधुनिकतावाद' नागार्जुन को प्रायः खिझाता रहता है। मैथिलीशरण गुप्त और अज्ञेय आदि से तो इस कवि की सामीप्यता या निकट ता का प्रश्न ही नहीं। नागार्जुन अगर किसी धारा से जुड़ते हैं, तो वह सरहपा, कण्हपा, जलंधर, गोरखनाथ से होकर कबीर आदि परम अक्खड़ सन्तों की पाँत से होते हुए शरतचन्द्र, काज़ी नज़रूल इस्लाम आदि या फिर नज़ीर अकबराबादी जैसे शायरों की है। सच तो यह कि कविता की अभिजात धारा से नागार्जुन की बुनियादी दृष्टि मेल ही नहीं खाती। अभिजात की यह धारा बहुत कुछ व्यवस्थावादी, जनविमुख और लोकसंवेदनाओं की बहुधा उपेक्षा करने वाली है। 'वे और तुम' कविता में इसे वे दो टूक अंदाज़ में कह भी चुके हैं। वस्तुतः आधुनिक हिन्दी गद्य और पद्य में—कविता में भी—नागार्जुन उस जनधारा का ऐतिहासिक नेतृत्व करते हैं, जिसे भारतेन्दु, प्रेमचन्द आदि ने अपने अप्रतिम उद्यम से रचा और समृद्ध किया है। इसे प्रबल करने, निखारने और राष्ट्रीय जीवन के बीच प्रतिष्ठित करने में इस कवि ने अपने शब्दों और उनमें मुखर चेतना को शिवि और दधीचि की तरह अपने जीवन की शर्तों के महातप और महादान पर जिंदा रखा है। तरह-तरह के चतुर और समझदार और इसी समझदारी (?) के चलते सफल हुए तमाम, जहाँ-तहाँ प्रतिष्ठित गोल-मटोल, चिकने-चुपड़े कविगण, इस कवि की आग और आँच का जायजा अगर प्रचलित सौन्दर्य-शास्त्रीय मानदण्डों के सहारे लेना चाहें, तो वे नहीं ही ले पाएँगे।

अब जब नागार्जुन अपने हिस्से पड़ी लगभग तीन-चौथाई सदी की लोकचेतना को तरह-तरह से आवाज़ देकर जा चुके हैं; हमें यह सुनिश्चित करना होगा कि उनकी वास्तविक देन क्या है? क्या उन्होंने परम्परागत कवि-जीवन, काव्य-दृष्टि और भाषा-दृष्टि को बदलने या रचने में कोई अग्रणी भूमिका निभाई? वामपंथ के मध्यमवर्गीय संस्करण से अपने समय के कवियों को सचेत करने की कोशिश

की? क्या आधुनिकता के नाम पर पश्चिमाभिमुखी हो उठी समकालीन हिन्दी कविता को उन्होंने यह संदेश देने की पहल की है कि अभी भी लोक परम्परा सम्भावनाहीन और बंजर नहीं हुई है; अभी भी उसमें अर्थ–सौन्दर्य, लय–संगीत और छन्द–भाषा आदि की असीम सम्भावनाएँ मौजूद हैं; अभी भी उसमें एक ऐसी विरल विदग्धता और विस्मयकारी जिजीविषा है, जो बुझते जाते कवियों में नये प्राण का संचार कर सकती है? ये सारे मुद्दे और संदेश नागार्जुन हमारे लिए छोड़ गए हैं। एक ऐसी विशाल अनुभव–भूमि, संवेदना-विपुल कवि-दृष्टि और अभिव्यक्ति-बहुल शैली, जो हमारे सांस्कृतिक अवचेतन को भावात्मक विस्तार ही नहीं; बल्कि चैतसिक संस्कार से भी दीप्त करती है।

नागार्जुन का रचना-मानस

रचना-मानस पर लिखने की बात मेरे दिमाग में यूँ ही नहीं आई। नागार्जुन को जितना पढ़ने का अवसर आया है, उससे कम उन्हें देखने का नहीं। साथ-साथ रहने और उन्हें जीते हुए देखना किसी महाकाव्य से होकर गुजरना जैसा रहा है, वह भी महाभारत जैसे महाकाव्य, जहाँ परस्पर विरोधी चरित्रों और बीहड़ अनुभवों की विलक्षणताओं की भरमार है। नागार्जुन, यों तो अपनी गँवई छवि में बहुत सामान्य लगते रहे हैं, पर विलक्षणताएँ उनमें अँटी पड़ी हैं। उनके साथ जितना रहा जाय, उनकी जितनी अन्तरंगता पाई जाय, वे जितने पारिवारिक और घरेलू हो सकें, जब उनका गुस्सा उफनने लगे और प्यार हिलकोरें मारने लगे, जब उनकी आँखों में पुलक की चमक और नथुनों पर आवेश के संकेत उभरने लगें, आप उन्हें तभी ठीक-ठीक देख सकते हैं। जब वो गाली के मार्फत प्यार करने लगें, जब वे डपटना शुरू कर दें, जब उनका सारा चेहरा रौद्र मुद्रा में आ चुका हो और होंठों के पीछे कोई हँसी छिपी हुई हो, तब समझ लीजिए कि आपने नागार्जुन को थोड़ा-बहुत पा लिया है।

नागार्जुन को पाने का एक दूसरा तरीका उनकी कविताओं, उपन्यासों, उनके लेखों और समय-समय पर उनके द्वारा की गई टिप्पणियों के अलावा उनके द्वारा अपनाए गए जीवन-व्यवहारों के जरिए भी सम्भव है। कब वे एक बोदे ग्रामीण खेतिहर की तरह हँसेंगे, कब वे एक गुरु गम्भीर पण्डित की तरह काव्य-शास्त्र की गहराइयों में पैठते चले जाएँगे, कब वे जनान्दोलनों में बहैसियत एक कार्यकर्त्ता कूद पड़ेंगें और कब एक जिम्मेदार सजग नागरिक की तरह वे मोर्चा संभाल लेंगे और कब काव्यप्रेमी जन समाज के सामने चैतन्य महाप्रभु की तरह आत्मविभोर होकर अपनी पंक्तियों का सांगीतिक पाठ शुरू कर देंगे, इसे देख पाना भी नागार्जुन को थोड़ा-बहुत समझने का एक अवसर हो सकता है। पर यह सच है कि वे जितना ऊपर-ऊपर हैं, बर्फशिला की तरह उससे कई गुना पानी के भीतर भी हैं। सच तो यह कि ऊपर तो वे लगभग एक चौथाई

भर हैं। तीन–चौथाई नागार्जुन तो प्रायः नहीं ही दीखते। इसका एक कारण तो यह कि वे एक खास प्रकार के काव्यान्दोलन के प्रतिनिधि कवि माने जा चुके हैं। एक साहित्यिक सम्प्रदायवाद के हवाले हो जाने वाले कवि के रूप में ख्यात होने के कारण हिन्दी आलोचना की सुविधा–जीविता के शिकार वे हो चुके हैं। यह अकारण नहीं कि समकालीन कवियों का मूल्यांकन लगभग नहीं के बराबर है और थोड़ा–बहुत जहाँ कहीं है, वहाँ सन्तुलित और तटस्थ इतिहास–दृष्टि की कमी प्रायः खटकती है। नागार्जुन ही क्यों, किसी भी महत्त्वपूर्ण, कवि के प्रति आलोचना का यह जिम्मेदार रवैया जरूरी है।

नागार्जुन सिर्फ एक आन्दोलन के प्रतिनिधि कवि नहीं हैं। वे समूची जातीय काव्य–परम्परा के नवीनतम संस्करण हैं, शायद निराला के बाद सबसे ज्यादा महत्त्वपूर्ण, सबसे ज्यादा उल्लेखनीय।

निराला को एक कवि के रूप में तीन-चार चिन्ताएँ थीं। एक तो यही कि उनके समय की कविता उन्मुक्त और स्वाधीन हो। जातीय संगीत और जातीय संस्कार उसके अन्तरंग व्यक्तित्व के अविच्छिन्न हिस्से हों। भारतीय समाज उसके माध्यम से अपनी नई चुनौतियों से जूझता हुआ, जड़ और मृत संस्कारों से मुक्ति पा सके। निराला इसके लिए आजीवन सचेष्ट रहे। परम्परा की गहरी जाँच–पड़ताल और गम्भीर प्रयोग उनके कवि–कर्म का सुनिश्चित धर्म बना रहा। वे हमारे जमाने के आर्ष कवि थे, जहाँ कविता एक समाधि है, एक यज्ञ, एक तप है। निराला ने यही किया जीवन–भर।

शिल्प के स्तर पर अज्ञेय और मुक्तिबोध अपनी वैचारिक उफान और संवेदनात्मक तड़प के आधार पर निराला से आगे का सफर तय करते हैं। निराला में जगह–जगह एक जानी–बूझी अनगढ़ता भी है। वे कठोर और कोमल की जुगलबंदी में रस लेते हैं, पर अज्ञेय लोक और नागर का जैसा विरल सामंजस्य स्थापित करते हैं, वह लाजवाब है। आत्मसात करने की जो कला उनके शिल्प में है, वह हमारे समय में किसी के पास नहीं। उनकी पण्डिताई, उनका काव्य–कौशल, उनकी संयोजन–क्षमता और सूझ–बूझ हिन्दी के लिए वस्तुतः एक उपहार है। उसी तरह मुक्तिबोध की वैचारिक ईमानदारी, मध्यवर्गीय मन की छट पटाहट, आत्मालोचन, व्यक्ति और समाज के ठीक बीचोबीच एक खुला काव्य–संवाद यह साबित करने के लिए काफी है कि अज्ञेय की कलाकारी में जो नागर सुसंस्कृति है, वह इस फट पड़ने वाले बेचैन 'ब्रह्मराक्षस' के सामने आते ही क्यों इतनी फीकी और बेकार–सी जान पड़ने लगती है। इतिहास–बोध की जो नैतिक

प्रतिध्वनियाँ मुक्तिबोध के काव्य में सुनाई देती हैं, अज्ञेय उनका गला घोंट कर अपने शिल्पी की पीठ ठीक केशव के अंदाज में ठोंकते हैं। जहाँ वे सन्तुलन की ओर आने की कोशिश करते हैं वहाँ लोक की गरमाहट, उसकी जीवन्त धड़कनें, उसका अकुंठ उल्लास और उसकी सोंधी महक का अस्तित्व खतरे में पड़ने लगता है, क्योंकि लोक का मतलब है, उन्मुक्तता, सहजता, अधिकाधिक प्रकृत होना। लोक का धर्म है समर्पण, पारस्परिकता, बन्धुता और विलयन। अज्ञेय के व्यक्तित्व में ये बातें सिरे से नदारद हैं। वैयक्तिक जीवन में अत्यन्त चौकस और आत्मसजग होने के कारण, उनमें एक खास प्रकार की विशिष्टता आती चली गई है, जो उनकी अद्वितीयता तो कही जा सकती है, पर लोकपरायणता के अभाव में कहीं से भी वरेण्य नहीं मानी जा सकती। उनकी कलाकारी का सामाजिक वरण सम्भव नहीं, ठीक उन वाममार्गी दार्शनिकों की तरह, जो अपने प्रचण्ड विवेक के बावजूद, इस परम्परा में सिर्फ एक अध्याय-भर बनकर रह गए। अज्ञेय और केशवदास जैसे कवि हमारी काव्य-परम्परा में एक अध्याय भर रहेंगे—नदी के द्वीप की तरह, पर प्रवाह के हिस्से तो नहीं बन पाएँगे, जैसे कि तुलसी-कबीर-मीर-ग़ालिब-रहीम या उन जैसा कोई और।

कविता का असली प्रयोजन सांस्कृतिक चेतना के प्रवाह को नये अनुभवों का योग देकर आगे बढ़ाते चलना है। कुल मिलाकर वह अपने समय का अर्घ्य है, जो न दिया जाय, तो प्रवाह के मन्द पड़ जाने या रुद्ध हो जाने का संकट पैदा हो जाता है। अज्ञेय की कविता की अतिविशिष्टता उनके उस मानस की पहचान कराती है, जो अँग्रेजों के आने के बाद सुविधाप्राप्त नवशिक्षितों को एक नये संस्कार के रूप में मिली थी। यह संवेदना भारतीय किसान, मजदूर, ऑफिस के बाबू और छोटे-मोटे दुकानदारों को अपनी संवेदना के दायरे में प्रवेश-निषेध लिखकर खारिज कर देती है, जो संघर्ष के कठिन मौकों पर मौन साध लेती है, और अपने व्यक्तित्व की अद्वितीयता को एक दुनाली की तरह हर क्षण पोंछती-रगड़ती रहती है। 'ब्रह्मराक्षस' कविता में मुक्तिबोध ने इसी रगड़ने-धोने और एकांतवास को सामाजिक आत्ममंथन का मुद्दा बनाया है, पर उनकी सबसे बड़ी त्रासदी हिन्दी आलोचकों को न जाने क्यों अब भी नहीं दिखती कि विशिष्टता वाले रोग से वे भी पूरी तौर पर मुक्त नहीं हैं। अज्ञेय के साहित्यिक और जवाहरलाल नेहरू के राजनीतिक नेतृत्व में आस्था रखने का यह प्रमाण है कि मुक्तिबोध अपने मध्यवर्गीय संस्कारों का अतिक्रमण नहीं कर पाते और न उसे अंगीकार कर सन्तुष्ट ही हो जाते दिखते हैं। इसलिए खुद से ही उनकी हर

वक्त ठनी भी रहती है। एक निरन्तर आत्मधिक्कार ही उनकी अपनी पहचान है, जहाँ वे स्वयं को बार-बार पटकनी देते चलते हैं। पर अफसोस कि सामूहिक जीवन का जो वैचारिक आवाहन उनकी कविता में है, वह कविता के प्रधान बिम्बों और घटना-प्रसंगों में नदारद है। 'भूल ग़लती' से लेकर 'अँधेरे में' तक की उनकी काव्य-यात्रा में वे एक ऐसे एकाकी जुझारू नायक हैं, जिसका कोई पीठ मर्द तक नहीं। अगर अज्ञेय और मुक्तिबोध की वैचारिक आस्थाएँ परस्पर भिन्न न होतीं, तो यह सम्भव था कि दोनों एक ही घर में बैठे होते। इसका कारण वह शहरी मध्यवर्गीय मानस है, जो अपने घर से ही अकेलेपन और कैरियरजीविता का संस्कार लेकर निकलता है और प्रतिस्पर्धा में बाजी मार सफल हो जाना चाहता है। काव्य-कला-धर्म और राजनीति सब उसके अपने वर्ग के अभ्युदय की सीढ़ियाँ मात्र रह जाते हैं। ज्ञान-विज्ञान की अधुनातन उपलब्धियों का उपयोग सिर्फ अपने हक में करना जिसका असली जीवन-उद्देश्य है। जो अपने अभिनंदन ग्रंथ की योजनाएँ बनवाता है और खुद को एक अपूर्व संस्करण के रूप में पेशकर धन्य हो जाना चाहता है। मुक्तिबोध में यह लोकविच्छिन्नता नहीं थी। अपनी कविताओं में वे कहीं न कहीं जुलूसों, आन्दोलनों और अपने आस-पास के लोगों की तकलीफों से जुड़े हुए हैं। उनके भीतर के कवि और बाहर के सामान्य गृहस्थ में चलता हुआ द्वन्द्व अगर किसी निर्णायक मोड़ पर पहुँच जाता, तो वे अपने काव्य-प्रयासों में अधिक सहज और तनावहीन हो पाते, पर साँस तो उनकी और लम्बी खिंचती जा रही थी। तनाव अधिक सघन हो रहा था। धीरे-धीरे वे अपने को अधिक सुस्पष्ट भी करते जा रहे थे। फिर भी उनका शहरी मध्यवर्गीय संस्कार उनके सारे उद्यम पर हावी था। हमारे आज के कवियों पर भी यह बुरी तरह हावी है। सुविधाजीवन चिकनी-चुपड़ी वामपंथिता और प्रगतिवादिता जब एक फैशन हो जाय, तब समझ लेना चाहिए कि जनवादी ताकतों के बुरे दिन करीब आ गए हैं। क्रांति लफ्फाजी का हिस्सा बनने लगे और चिकने-चुपड़े-धुले-सँवरे, खाते-पीते लोग शौक में आकर लेनिन और माओ की बातों की नकल करने लगे तब क्रांति की गम्भीर धारणाओं को ही नुकसान नहीं पहुँचता, खुद लेनिन और माओ का बिम्ब भी खतरे में पड़ जाता है। कहने की जरूरत नहीं कि हमारे नौजवान दोस्त एक जबड़े से संस्कृत के दलालों पर भूँकते हैं और दूसरे से रिरियाते भी हैं। अगर ऐसे मुँहवालों से ही क्रांति का सफर तय होना है, तो जो क्रांति आएगी, वह कैसी होगी, इसका अनुमान सहज ही लगाया जा सकता है।

मैंने जब कहा कि नागार्जुन निराला के बाद के सबसे प्रामाणिक, सबसे ज्यादा भरोसेमन्द, सबसे अधिक जीवट वाले और सजग रचनाकार हैं, तब हिन्दी कविता के ये तकलीफदेह मंजर मेरी निगाह में थे। कहने को भवानीप्रसाद मिश्र जैसे सदाशयी, जुझारू और भावुक कवि भी इस सफर में हैं, सर्वेश्वर और रघुवीर सहाय जैसे आक्रामक और गुरुतर समझ वाले कवि भी, पर नागार्जुन की अपनी असाधारणताएँ हैं, जो उनकी लोकोन्मुखी प्रज्ञा से जन्मी हैं। लोक चेतना की शिक्षा और मनोविकास के विकास के प्रति एक कवि के रूप में वे न केवल प्रतिबद्ध हैं, बल्कि संकल्पबद्ध भी हैं।

नागार्जुन गरीब ब्राह्मण बाप के बेटे के रूप में पले-बढ़े। ऊपर से सौतेली माँ या चाची का दुर्व्यवहार उन्हें घर से बाहर ले गया। पिता नाकारा और रसिक तबीयत के। बेटे को गँवई संस्कृत पाठशालाओं के हवाले करके निश्चिंत। अब यह किशोर नागार्जुन उर्फ वैद्यनाथ मिश्र को तय करना था कि वह इस माहौल में क्या बने? फिर काशी और वहाँ के संस्कृत विद्यालयों का वातावरण, राष्ट्रीय आन्दोलन और कविता, राजदरबारों की छात्रवृत्तियाँ और सामन्ती सहृदयता, अपने गुरुओं से पाया गया प्रोत्साहन और आगे बढ़ने का हौसला। फिर आजादी से पहले का आत्मदीप्त कलकत्ता, वहाँ ट्यूशन करना और कविता के सहारे साहित्य की दुनिया में प्रवेश पाना। ये सब बातें यह समझने के लिए काफी हैं कि घर के बाहर भी एक घर हो सकता है, जो घर के दायरे में मिलने वाले प्यार और प्रोत्साहन से कुछ ज्यादा ही ताकतवर हुआ करता है।

मिथिलांचल के एक गाँव तरौनी से काशी होकर कलकत्ता की जो यात्रा हुई, उसने कवि नागार्जुन को तरह-तरह से अनुभव सम्पन्न किया। न कुछ के एवज में मिली हुई संस्कृत की पढ़ाई ने नागार्जुन को उस पारम्परिक समाज से परिचित कराया, जो मैकाले के भक्तों के लिए आज भी दुर्लभ है। जहाँ विद्या तप है और दान भी। व्याकरण और साहित्य में से नागार्जुन ने साहित्य को चुना। वाल्मीकि, व्यास, कालिदास, विद्यापति, चण्डीदास, जयदेव एक ओर, तो भारतीय दार्शनिक और विचारक दूसरी ओर; एक ओर ललित मैथिली, तो दूसरी ओर अभिजात संस्कृत; एक ओर लोक, दूसरी ओर नागर संवेदना वाली दुनिया; नागार्जुन दोनों को देख-समझ पा रहे थे और दोनों को परखने में लगे थे। गरीबी और भुखमरी का जो एहसास उनके रक्त में स्मृति की तरह घुला था, वह किन्तु उनकी संवेदना को निरन्तर पीटता रहता था। बाद में जब विवाह हुआ, जब वे अध्यापक हुए, ज्ञान की खोज में श्रीलंका जाकर भिक्षु बन गए और वह अनुष्ठान जारी ही था

कि बिहार के किसान आन्दोलन में स्वामी सहजानंद और महापण्डित राहुल के साथ कूद पड़े, तब यह समझना मुश्किल नहीं है कि नागार्जुन दुनियादारों वाली दुनिया के आदमी कम ही हैं। योजनाबद्ध स्वयमोत्थान की चतुर समझदारियों से स्वभावतः परहेज रखने वाले ऐसे लेखक आज गिने-चुने ही हैं। वे या तो निराला हैं या नागार्जुन या ऐसे कुछ और भी नाम। ईमानदार और गम्भीर आवेग ही जिनका नियामक है। एक सात्विक आवेग, मानवीय दर्प और लोकहित की कामना से भरा हुआ। वही इन कृतिकारों का घोषित गर्भस्थान है। इस आवेग में लोक ही त्वमेव माता च पिता त्वमेव है।

कुछ दुधमुँहे साहित्यिक जब कवि की राजनीति की जाँच पर उतारू होते हैं, तब कठमुल्ले शोधकर्त्ताओं की तरह इंची-फीता लेकर इसे नापते हैं और ऐसे फैसले देते हैं जैसा कोई न्यायाधीश भी क्या देगा। आलोचना जब दुस्साहस पर उतरती है, तो ऐसी हिमाकतें करती ही है। यह दुस्साहस उस राजनीतिक सम्प्रदायवादिता की अति उत्साहीस्वयं सेविता है, जो न राजनीति का उपकार कर पाती है, न कविता का। प्रत्यक्ष सत्ता राजनीति और कवि की चेतना में तरंग की तरह हिलकोरें लेने वाली राजनीति में बड़ा फर्क होता है। यह भी कि कवि की राजनीति जब सत्ता की राजनीति की पिछलग्गू बन जाती है, तब कविता की शक्ल अपने आप बौनी दिखने लगती है। कवि की राजनीति का स्रोत जबकि कुछ और ही हुआ करता है।

नागार्जुन की कविता की तो बस एक ही राजनीति है और वह है उनकी लोकाभिमुखता। वे उसी के साथ-साथ और अगल-बगल चलने वाले कवि हैं। कहाँ पार्टी लाइन टूट रही है, कहाँ पार्टी बॉसेज की कलई खुल रही है, कहाँ प्रतिपक्षी के साथ-साथ अपनी दुर्बलताओं और असावधानियों के चलते स्वपक्षी भी पिट रहा है, इसकी 'समझदारी' नागार्जुन कभी नहीं बरतते। अब इस पिट ाई में अगर अपना कोई निजी हिस्सा भी लहूलुहान हो रहा है, तो उसके बचाव की कोई कोशिश भी वे कभी नहीं करते। असल में कवि नागार्जुन का स्वधर्म लोक-धर्म के सिवाय और कुछ नहीं। सृष्टि के इस सम्पूर्ण महाव्यापार में उनकी सत्ता एक अविच्छिन्न इकाई से बढ़कर और कुछ नहीं। वे स्वयं को इस इकाई को दहाई में रूपान्तरित करने का माध्यम मात्र मानते हैं कहना चाहिए निमित्त मात्र। यह जो निमित्त भाव है, वही उन्हें तुलसी और रवीन्द्र के उस भाव समर्पण के करीब ले जाकर बिठाता है, जहाँ सारे समाज की चरण-धूलि ही कवि की रचनात्मक ऊर्जा बन जाती है। जब-तब वे कहते हैं कि उनके श्रोता अगर

चाहते हों, तो वे चूतड़ खोलकर नाचने को भी हाजिर मिलेगे; जैसे एक बच्चा अपनी माँ के सामने मगन होकर नाचता है। यही वह भाव है, जहाँ से नागार्जुन का लेखक तैयार होता है।

सम्पूर्ण नागार्जुन किन्तु यही नहीं है। उनके विचारों की भी एक दुनिया है, जो बहुत धीरे-धीरे, छानते-चुनते-छोड़ते और बारीकी से कण-कण इकट्ठा करते हुए बनी है। उसमें ब्राह्मण चिन्तन का भी योग है, जैन और बौद्ध दृष्टि का भी। उस वैष्णवता का भी, जिसका प्रमुख भाव दयालुता है। कोमल से कोमलतम। करुण से करुणतम, किन्तु निवीर्य कहीं से भी नहीं। घिनौनी अहिंसा नहीं। एक तेजस्वी अहिंसा, जो सत् की धुरी पर नाच रही है, जिससे वहशीपन और दरिन्दगी तक भयकातर रहते आए हैं। इन सबके ऊपर वह प्रखर हिंसा, जो अन्याय, उत्पीड़न, दमन और शोषण का एक अन्तिम किन्तु अन्यतम उपाय है।

नागार्जुन को सिर्फ वे ही पकड़ सकते हैं, जो आद्योपांत ठेठ हैं—एक खास ऐतिहासिक अर्थ में। जहाँ कुछ भी ठहरा हुआ नहीं है, अपितु रोज-ब-रोज अपने को माँजता-धोता-चमकाता हुआ चल रहा है। जो किसी एक सम्प्रदाय का ठस्स मार्ग नहीं, बल्कि गतिशील जीवन और नव निर्माणकारी राष्ट्र का काव्य-स्वप्न है। वह जितना ब्राह्मण है, उतना ही बौद्ध भी। जितना मैदानी है, उतना ही पहाड़ी भी। जितना शहरी है, उतना ही गँवई और उससे कुछ ज्यादा ही आदिवासी और वनवासी। इसमें प्यार इतना है कि उसकी गहराइयों और विस्तार को नापना कठिन और क्रोध इतना कि साक्षात् दुर्वासा जैसा। भोग की चरम इच्छा और उत्कण्ठा का जीवंत रूप और त्याग ऐसा कि फिर मुँह फेरकर उधर देखे तक नहीं। स्वीकार इतना कि सारे दरवाजे खुले और दुत्कार इतनी कि फूहड़ और अशोभनीयता की रूह तक काँपने लगे। एक अजीब-सा संयम, एक मोहक और सहज खुलापन। हिम्मत इतनी कि अपना बिस्तर लिए-दिए एक जगह से दूसरी जगह चलते रहना और जिजीविषा ऐसी कि मौत भी त्रस्त सहमती रहे। कुल मिलाकर एक मृत्युंजयी भाव, हृदयेन अपराजितः का।

नागार्जुन के विचारों के इस अद्भुत घोल में लाल के साथ थोड़ा-सा केसरिया और क्वचित गेरुआ भी मिला हुआ है। केसरिया से वे अपने फलक का काम लेते हैं, तो लाल से आकृति-रचना का। केसरिया उनका जातीय रंग है, किन्तु लाल उनका सपना है। गेरुआ रंग उनकी मनमौजी उड़ान का रंग है। यह बात जोर देकर कहनी होगी कि नागार्जुन को केवल लाल से नहीं समझा जा सकता। मैंने पहले ही कहा कि वे निराला के बाद सबसे महत्त्वपूर्ण कवि हैं हमारी भाषा

के। सबसे ज्यादा सहृदय, भावुक और विचारशील। उनकी सहृदयता के जितने रंग और स्तर हैं, उतने रंग इस वक्त के किसी कवि के पास नहीं।

नागार्जुन हिमालय के दिव्य रूप और गण्डक की बाढ़ पर ही पुलकित, मुग्ध या द्रवित नहीं होते, वर्ण–संघर्ष और हड़ताली हिंसा, साम्प्रदायिकता और जातीय संघर्ष पर भी वे उतने ही क्षुब्ध और व्यथित होते हैं। बादलों का नाचना–गाना, कदम्ब-पुष्पों की खिलखिलाहट और फिसलती हुई चाँदनी रात के साथ–साथ सींखचों के भीतर की कैद निगाह पर भी उनकी नजर आती–जाती रहती है। क्लासिक और रोमाण्टिक के वे बेजोड़ उदाहरण हैं। न उन्हें पूरी तरह क्लासिक के दायरे से निष्कासित किया जा सकता है, न रोमाण्टिक के खाँचे में आँख मूँद कर फिट ही किया जा सकता है।

क्लासिक में अपने समय की समस्त सम्भावनाओं का निचोड़ मूर्त होता है। भाषा के सारे सृजनात्मक रूप अभिव्यक्ति पाते हैं। संगीत और छन्द की तमाम संरचनाएँ चरम रूप में प्रतिध्वनित होती हैं और कवि एक ऐसा प्रोजेक्टर बन जाता है कि समग्र समकालीन जीवन उसके जरिए प्रतिबिम्बित होने लगता है। अपने पुलक और उल्लास, अपनी उदासी और निराशा, अपने संघर्ष और सपने, अपनी राजनीति, जीवन–शैली, जीवन–दृष्टि में और अपने अन्धविश्वास और उसके प्रति उभरने वाले अविश्वास और विद्रोह में भी। नागार्जुन के यहाँ यह सब है। इस नाते भी, वे अन्यतम हैं। कविता को पढ़े–लिखे संभ्रांत वर्ग या मध्यवर्ग का सांस्कृतिक शौक मानने वाले लोग, उसे बौद्धिकों का एकालाप मानने वाले लोग, चन्द प्रचलित अभिव्यक्तियाँ मानने वाले लोग, नागार्जुन की काव्य संबंधी अवधारणा को शायद ही समझ पाएँ। और तो और खुद नागार्जुन के अपने कहे जाने वाले पाठक और आलोचक भी कहीं–कहीं हिम्मत हार बैठते हैं कि इस पैम्फलेट को अब कविता कहा जाय तो कैसे? इसमें तो कोई गहरी दार्शनिक सूक्ति नहीं है। कोई ठिकाने की भाषा नहीं है। बस सच्चा सपाट बयान है। ऐसे ही वातावरण में शायद कबीरदास ने अपने पूर्ववर्ती योगियों तथा समकालीनों को सम्बोधित करते हुए कहा था—'साधो सहज समाधि भली।' आगे उसी पद में कबीर का है—मैं जितना चलता हूँ वही परिक्रमा है, जो खाता हूँ वही भोग है। बगैर किसी गर्वोक्ति के नागार्जुन भी कविता की इसी सहज समाधि में चले गए हैं। अब शास्त्रसिद्ध पढ़ाकू पण्डितवर्ग अगर उनकी इन काव्य–भंगिमाओं को खारिज करने पर उतारू होना चाहे, तो उसे अपने महानतम ग्रंथों में से भी काफी कुछ खारिज करना पड़ जाएगा।

बताने की जरूरत नहीं, कविता तरह–तरह से हमारे आस–पास पैदा होती है। कभी वह आत्मनिर्माण करती है और कभी नारा बन जाती है; कभी लुब्ध कभी क्षुब्ध करती है, तो कभी प्रशिक्षित और तुष्ट करती है। जहाँ वह जिन्दगी से सटकर खड़ी होती है, वहाँ कला के तथाकथित और बहुप्रचारित स्थापित मानदण्ड बेमानी साबित होते हैं। पुराने स्वादों की जुगाली करने वाले आलोचक तब हतप्रभ रह जाते हैं और कविता बरजोर तुरंग की तरह हमारे घिसे–पिटे संवेदनों और काव्य–संस्कारों को रौंदती हुई आगे बढ़ जाती है। काव्य–बोध का परम्परागत क्षेत्र तब नये सिरे से जुत जाता है और नई अनुभूतियों के रस से सिंचकर लहलहाने लगता है।

कौन नहीं जानता कि काव्यास्वाद कोई जड़ प्रक्रिया नहीं है। सौन्दर्य–रुचियाँ निरन्तर बदलती रहती हैं, संवेदन–केन्द्र बदलते हैं और हमारा मन भी तरह–तरह से बनता और बदलता चलता है। तब यह कैसे सम्भव है कि हमारी कविता एक खास ढाँचे, शैली, भाषा रूप या छन्द के हवाले हो कर रह जाय? आज जो सबसे बड़ा खतरा कविता के सामने खड़ा है, वह यही कि उसे एक खास शैली और भाषा–भंगिमा का पर्याय माना जा रहा है। उसे एकान्त विवेकवाद और प्रायोजित विचारधारा की उपज कहा जा रहा है। ये सारे बाह्य और ऊपरी निर्देश कविता का परोक्ष–नियंत्रण करने में लगे हैं। दूसरी ओर लोकप्रियता के नाम पर घटिया और कुत्सित काव्याभिरुचि का पोषण करने वाले फूहड़ प्रयास और कवि मौजूद हैं। ऐसे वक्त में काव्यास्वाद की चर्चा हमें कहीं से कहीं पहुँचा सकती है। तब देखना होगा कि काव्यास्वाद को निर्धारित और तय करने वाले आधार क्या होंगे? किस समाज का काव्यास्वाद होगा यह? स्पष्टतः यह उसी साहित्य–समाज का मुद्दा है, जिसके लेखक हैं नागार्जुन। जो संस्कारों के प्रकृत रूपों का स्वामी है, जो उन्मुक्त और अकुण्ठ है, जहाँ सेन्सर्स नहीं लगे हैं; फिर भी काव्य और कलाओं के ग्रहण और स्वीकार में जहाँ एक ओर अदृश्य नैतिक मर्यादा काम कर रही है, मानव मन की गूढ़ और कोमल वृत्ति से लेकर उसकी दुर्दान्त जिजीविषा और उद्धत प्रतिक्रिया तक जहाँ परिस्थितिगत रुचि और आनंद का कारण बनती है। जहाँ जुलूस निकलते हैं, नारे लगते हैं, जहाँ सौ–पचास लोग एक साथ मिल–बैठकर अपने सुख–दुःख का लेना–देना करते हैं, जहाँ बन्द कमरों का उपभोक्तावाद नहीं है, उन्हें किस प्रकार के आस्वाद की तलाश होगी, यह बताना न होगा।

नागार्जुन की कविता ही नहीं, उनके कथा–साहित्य में भी हमें ऐसे दृश्य और

प्रसंग मिलते हैं, जिनमें तथाकथित सभ्य और सुसंस्कृत जनों की अभिरुचि नहीं हो सकती। वे साहित्य-मर्मज्ञ, जिन्होंने ग्रामीण जीवन को बस सुना-भर है, वे भला वरुण के बेटे और बाबा बटेसरनाथ के स्वाद के मर्म को कैसे ग्रहण कर पाएँगे। बकौल नागार्जुन गाँव अपने आप में एक जीता-जागता महासिनेमा है। हमारा अपना स्वदेशी यथार्थ। नागार्जुन इस यथार्थ के साथ उस शहरी कुंभीपाक को भी साधते हैं, जो छोटे दुकानदारों, स्कूली मास्टरों, क्लर्कों और निम्नवर्ग वालों की अपनी दुनिया है। इस यथार्थ का स्वाद लेने में संभ्रांत रुचियों का मुँह टेढ़ा और जीभ कसैली हो सकती है। सामाजिक जीवन पर चढ़े हुए फूहड़ पालिश को नागार्जुन इनके जरिए खरोंच देने की कोशिश करते हैं। उनके शब्दों के नाखून बहुत हिंसक न होते हुए भी चमड़ी छील देने तक तो हिंसक हैं ही। हिन्दी के ज्यादातर लेखक इस चमड़ी को ही सहलाते रहते हैं। नागार्जुन गुदगुदाने और सहलाने में शायद ही कोई रुचि रखते हों। वे ठहाका मार अंदाज में आपकी धुली-पुंछी, सजी-संवरी छवि को मिनटों में ढेर कर सकते हैं। आप जो डेढ़ या दो इंच ऊपर रहकर आसमान में तैरते या उड़ते रहने का मुगालता पाले हुए हैं, उसे ठोस ज़मीन पर ला पटकेंगे। धूमिल के अंदाज में कहेंगे–यह रहा आपका असली चेहरा, जो जुलूस के पीछे गिर पड़ा था। गँवार आदमी की ऊब से पैदा हुई थी जो बात, वह किस तरह पढ़े-लिखे शहरी आदमी की आदत बन चुकी है, इसे नागार्जुन के बेटे-बेटी तक जान चुके हैं। इसलिए भी काव्य-धर्म बदलने की जरूरत आ पड़ी है और नागार्जुन उसे बखूबी कर रहे हैं।

क्लासिक और रोमांटिक की जो बात मैंने उठाई थी उसे आगे बढ़ाते हुए यह कहना जरूरी है कि क्लासिक हो या रोमांटिक, वह जीवन की वास्तविकताओं से परे और स्वतंत्र नहीं हो सकता। क्लासिक और रोमांटिक तो चित्रण की शैलियाँ भर हैं, कवि की जीवन-दृष्टि, जिसमें सघन और सूक्ष्म रूप में गुँथी रहती है। यही जीवन-दृष्टि जब फिर से कुछ-कुछ सन्तुलित और आवेग धीर होती है, जब बदलाव की प्रेरणा से गतिमती होती है, जब नये सिरे से अपने पक्ष तय करती है और कला प्रतिमानों को जगह-जगह से तोड़-ताड़कर धूल में लोटते हुए जीवनानुभव को उठाकर भेंटने लगती है, तब यथार्थ का वह चेहरा उभरता है, जो ठहरे हुए विचारों और रुके हुए जीवन-प्रवाह को आगे बढ़ाता है। नागार्जुन का समूचा रचना-कर्म इसी का निर्द्वन्द्व उद्यम है।

नागार्जुन के पाठक जानते हैं कि वे किस तरह काल और प्रदेश की सीमा का अतिक्रमण करते रहते हैं। किस तरह एक बनी-बनाई छवि तोड़कर दूसरी

बनाने की ओर बेखौफ बढ़ जाते हैं। संस्कृत, मैथिली, हिन्दी और बंगला की जमीन पर उनका संवेदना-रथ किस तरह किसी दिग्विजयी-सा घूमता रहता है, पर जीवन-दृष्टि की धुरी कभी पलटा नहीं खाती। पथ-विचलित नहीं होती। अपना रास्ता नहीं बदलती। इतिहास और आधुनिकता के जो समीकरण तय हैं, वे कहीं से भी डिगते नहीं। नागार्जुन की भावनाओं में भूचाल तभी आता है, जब इतिहास बदतमीजी करने लगता है और आधुनिकता भटकाव के हवाले हो जाती है। तब उनकी विस्फोटक मुद्रा देखते ही बनती है। परम अवघड़दानी आशुतोष कैसे महाविषम रूप धारण कर ताण्डव करने लगते हैं—तब साक्षात् अनुभव किया जा सकता है। इसी रूप में वे हमारे समय के सबसे सजग सांस्कृतिक पहरेदार हैं।

कितना सौभाग्य है हमारा कि वे निराला और नज़रूल की तरह विक्षिप्त या गूँगे नहीं हुए। कैसा लोकतप है उनका कि उनकी भाषा के संकेत अभी भी ताजे और समर्थ हैं। दाहक अंगारों की-सी चमक लिए हुए उनके काव्यार्थ अगर इतने पैने और बेधक हैं, तो इसीलिए।

संस्कार और प्रयोगधर्मी सृजनात्मकता का जो अघोषित मेल-मिलाप यहाँ है, उससे वे अपने समय का एक तेजस्वी मुहावरा रचते हैं, जिसमें समय की गहन चिन्ताएँ और गम्भीर समझदारियाँ एक साथ झलक मारती हैं। 'कवि-कल्पित' सच में आँख देखे सच का पुट तो वे मिलाते ही हैं, वे उन ध्वनियों को भी पुनर्जीवित करने की फिराक में रहते हैं, जो इतिहास की आँधी और गर्द में कहीं दब, खो या भटक गई हैं। इस रूप में उनकी काव्य-प्रतिभा की कठिन साधना का लोहा मानना ही पड़ता है। अगर उन्हें कहीं एक साथ, एक ही कविता के जरिए पाना हो, तो मेरी दृष्टि में वह उनकी 'मंत्र-कविता' कविता है। यहाँ परम्परा और लोक जीवन, राजनीति और इतिहास-दृष्टि, तंत्र-मंत्र-जादू-टोना समाज और व्यक्ति की बेहद तीखी और कठोर अभिव्यक्तियाँ एक साथ मौजूद हैं। नागार्जुन का समूचा अनुभव, उनकी राजनीतिक प्रतिबद्धता काव्य-शास्त्र तथा वाङ्मय सम्बन्धी उनकी जानकारियाँ यहाँ जिस विलक्षण और प्रचण्ड साहस के साथ खूबसूरती से समायोजित हैं, उससे बड़े-बड़े मठाधीशों का आसन थर्राने लगता है, भारतीय समाज का पाखण्डी चेहरा अपने आप उधड़ने लगता है और जनता के जीवन में सदियों से घर किये बैठे अन्धविश्वासों और कुसंस्कारों की पहचान सामने आ जाती है। 'कुकुरमुत्ता' लिखकर, निराला उतने प्रभावशाली नहीं हो पाए, जितने कि नागार्जुन सफल हो पाए 'मंत्र-कविता' रचकर। कला के रूपों और आकारों के प्रति निराला अत्यन्त सचेत हैं। कुकुरमुत्ता में वे शब्दों

से खेलते हैं, वह शब्द-क्रीड़ा 'मंत्र-कविता' में नहीं है। नागार्जुन के यहाँ एक खतरनाक हथियार को आद्योपांत ठीक से संचालित करने की सजग सावधानी है। निराला अपने कला–पौरुष का प्रदर्शन करने में रुचि रखते हैं, यही कारण है कि 'कुकुरमुत्ता' जैसी कविता कई दिशाओं में एक साथ फैलती और पसरती चली जाती है, पर 'मंत्र-कविता' में यह अनियंत्रित फैलाव और प्रसार नहीं है; तथापि वह समकालीन जीवन की कूट विडम्बना का प्रचण्ड आक्रामक दस्तावेज़ है।

कहते हैं बनारस के पुश्तैनी पण्डितों ने परचे बाँटे 'मंत्र-कविता' के खिलाफ, कवि को दण्डित करने की योजनाएँ बनाईं कि 'मंत्र' जैसी पवित्र विद्या को किस बदसलूकी के हवाले कर उसे अपवित्र कर दिया गया है, पर जो लोग नागार्जुन से परिचित हैं, उन्हें ठीक पता होगा कि पौराणिकों और वैदिकों के प्रति उनके मन में कितना आदर है, कैसा नेह भाव है। उस दुनिया को वे अपने घर जैसा ही तो मानते आए हैं। इसलिए उस थाती पर अपना बरकरार का हक भी वे रखना चाहते हैं। 'मंत्र' शीर्षक और शैली का प्रयोग उनके इसी उत्तराधिकार की घोषणा है। वह जो कालावधि में जीवन से कट–सा गया है, उसे नये अर्थ–सन्दर्भों से जोड़कर प्रासंगिक बनाना, परम्परा का विकास करना या उसको पुनर्नवित करना नहीं तो और क्या है। यह कवि–कर्म बेजोड़ है। इससे 'मंत्र' की क्षमता का क्षेत्र–विस्तार ही हुआ है, कमी तो कहीं से नहीं आई है–

ओं भैरों, भैरों, भैरों, ओं बजरंगबली
ओं बंदूक का टोटा, पिस्तौल की नली
ओं डालर, ओं रूबल, ओं पाउंड
ओं साउंड, ओं साउंड, ओं साउंड
ओम्, ओम्, ओम्
ओम् धरती, धरती, धरती, व्योम्, व्योम्
ओं अष्टधातुओं की ईंटों के भट्ठे
ओं महामहिम, महामहो, उल्लू के पट्ठे
ओं दुर्गा दुर्गा दुर्गा तारा तारा तारा
ओं इसी पेट के अन्दर समा जाए सर्वहारा
हरिः ओं तत्सत् हरिः ओम् तत्सत्।

एक अन्यतम लोकहृदय : नागार्जुन

नागार्जुन की रचना के कई स्तर हैं, ठीक निराला की तरह। 'जुही की कली, बादल राग, राम की शक्ति पूजा, तुलसीदास और कुकुरमुत्ता'। फिर वे गीत, जो गीतिका से लेकर सांध्यकाकली तक फैले हुए हैं। निराला के बारे में आचार्य नन्ददुलारे वाजपेयी का यह कथन सही से कुछ ज्यादा सही है कि वे अनेक दिगंतों और आयामों के कवि है। उनके बाद विशिष्ट और महत्त्वपूर्ण कवि तो कई हैं, पर नागार्जुन सचमुच विरल हैं। निराला को लेकर आलोचना की एक चिन्ता यह भी थी कि क्या बगैर महाकाव्य लिखे कोई कवि महाकवि हो सकता है? इसका उत्तर देते हुए एक बड़े आलोचक ने लिखा कि ऐसे कवि को भले ही हम महाकाव्यकार न कह पाएँ किन्तु महत् कवि तो कह ही सकते हैं। कबीर, सूर, मीरा, निराला और नागार्जुन या फिर अज्ञेय और मुक्तिबोध हमारे ऐसे ही कवियों की श्रेणी में आएँगे। सहृदय रसिकों और विदग्ध जनों की आज एक पूरी जमात है, जो नागार्जुन को समकालीन यथार्थवादी कविता का अद्वितीय काव्य-पुरुष मानती है। इससे भी आगे बढ़कर वह यह कहने के दावे जुटा रही है कि काव्य में प्रसाद और निराला के बाद ऐसी तरल संवेदनावाली बहुआयामी, दुर्धर्ष और विस्फोटक प्रतिभा शायद दूसरी कोई नहीं।

नागार्जुन के कवि की विलक्षणता यह है कि दूर से वे अति सामान्य और बौड़म दिखते हैं। बेहद अकलात्मक, निपट देहाती और गँवार जैसे। बड़े-बड़े कवि-सम्मेलनों में आप उन्हें मंच पर देख लें, तो लगेगा कि यह कोई तमाशबीन नहीं तो और क्या है? यह तो चुटकी बजा-बजाकर अपने श्रोताओं के बीच सरेआम नाच रहा है। लोग या तो हँस रहे हैं या फिर इसे सुन सकते में आ गए हैं और अच्छे-अच्छे मंचीय कवियों को पसीना छूट गया है। जिसे 'मजमा जुटाना' कहते हैं, नागार्जुन अपने काव्य-पाठ से वह सहज ही कर डालते हैं।

इस प्रतिभा का एक दूसरा छोर भी है, जब वह पण्डित-मण्डली के बीच होती है। अत्यन्त गुरु-गम्भीर और तन्मयकारी, किन्तु सचेत काव्य-पाठ।

लोक और शास्त्र की यह समान सिद्धि हमारे समय में सिर्फ उन्हीं के पास है। लोक का सुख-दुःख, उसकी आशा-आकांक्षा, उसका जीवन-व्यापार नागार्जुन का जैसे अपना घरेलू मामला है। वे गाँव में जन्मे, पले, वहाँ की गरीबी और श्रमपरायणता देखी। जिन्दादिली का अनुभव किया। कठिन से कठिन समय में राह खोज लेने वाली बुद्धि का साक्षात्कार किया। हर हाल में मौत को झाँसा देकर जीवन को पकड़ लेने वाली वृत्ति का हौसला देखा। और देखा वह अकुण्ठ खुलापन और निरौपचारिक लोक व्यवहार, जिससे समाज के जीवन में प्रकृत सौन्दर्य की आभा फूटती है।

पर इतना ही नहीं देखा कवि नागार्जुन ने। उन्होंने काशी, केलानिया (श्रीलंका का बौद्धमठ) के पण्डित और भिक्षु भी देखे, जैन साधु और हिन्दू महात्माओं का संग-साथ किया। तिब्बत और श्रीलंका के जीवन का भी स्वाद चखा। पहले गृहस्थ, फिर संन्यासी, फिर राजनीतिक बंदी, कॉमरेड और कवि कथाकार के न जाने कितने रूपों और सन्दर्भों का जीवनानुभव लिया। कुछ ठिकाने तय किए, फिर भी चलते रहे। पार्टी पकड़ी और पार्टी से बाहर होते रहने की परिस्थितियाँ निर्मित कीं। भारत-चीन के युद्ध के समय 'माओ चाओ' को काफी कुछ खरा-खोटा लिखा और चौहत्तर के बिहार आन्दोलन में रेणु और जयप्रकाश के साथ हो लिए। जब यह बोध हुआ कि जे.पी. को तो भारतीय राजनीति के एक प्रतिक्रांतिवाले दल ने घेर रखा है और पूरा आन्दोलन गरीब भारतीय जनता के खिलाफ जाने वाला है, तो चुपचाप वापस भी लौट आए। विश्वास के भरोसे गए थे और धोखे के चलते लौट पड़े। अब स्थिति यह है कि सारे प्रगतिशील खेमों के मंचों पर वे अगरुधूम बने हुए हैं। कोई उनसे उद्घाटन करवाना चाहता है, कोई प्रामाणिकता का प्रमाण-पत्र चाहता है और कोई उनका नाम शामिल करके अपनी अस्मिता को चमकाना चाहता है। इस रूप में वे एक चमकदार और विश्वसनीय, प्रगतिशील और जनवादी लेबुल हो चुके हैं।

नये से नये लेखकों के शिविरों के वे अन्यतम शिविर-पुरुष भी हैं। कलकत्ता, दिल्ली, धनबाद, नजीबाबाद के कहानी और कविता के शिविर इसके प्रमाण हैं। फिर उनकी अपनी पसन्द की कुछ जगहें हैं—कलकत्ता, पटना, दिल्ली। कुछ बहुत छोटी कही जाने वाली जगहें जहरीखाल और विदिशा जैसी। इनमें से मैंने कुछ जगहें देखी हैं। विदिशा का अपना उपनिवास चुनकर तो वे मुझे उपकृत ही करते रहते हैं। मैं कह सकता हूँ कि बूढ़े कवि का मन आकाश जितना विस्तृत

और समुद्र जितना गहरा है। धरती जितना हरा-भरा, रंगीन और प्रकृति जैसा उन्मुक्त और सहज है।

जानता हूँ यह आलोचना की भाषा नहीं है। कुछ सज्ञान लोग कहेंगे यह तो भक्तमाल हुआ। मैं सचमुच जानबूझ कर यह भक्तमाल तैयार कर रहा हूँ। कारण यह कि ढेर सारी आलोचना अपने पाठकों को उनके कवियों और लेखकों से विरत करने के लिए लिखी जा रही हैं। नागार्जुन पर भी ऐसी सामग्री की कोई कमी नहीं है। हिन्दी में ऐसे आलोचक हैं, जो अखाड़ों के पट्ठों जैसा व्यवहार करने का गुर सीख रहे हैं। किन्तु ऐसी आलोचनाओं से न तो आलोचना का भला होता है, न रचना का। आलोचना का काम रचना को सही परिप्रेक्ष्य देकर पाठक के चित्त में उसके बारे में सही समझ पैदा करना है। जो आलोचना कवि या लेखक को विक्षुब्ध करने तथा पाठक को सर्जक के कर्म से भटकाने के ख्याल से प्रेरित हो, वह कुछ और होगी, आलोचना तो कदापि नहीं। नोक-झोंक और हाथा-पाई तो पन्त और निराला में भी होती रही, पर उसका अपना ईमानदार साहित्यिक सन्दर्भ भी रहा है। वहाँ एक 'मूल्य' काम कर रहा है। जिस सामाजिक कर्म के भीतर से यह 'मूल्य' गायब हो जाता है वह फिर कर्म नहीं रह जाता। फिलहाल मेरी फिक्र इसी मूल्य को लेकर है कि कविता और समाज के रिश्ते क्या हों? समाज को बदलने का दावा करने वाली कविता को खुद कितना बदलना है और इस बदलाव की कोशिश कहाँ-कहाँ किन-किन कवियों में जारी है।

छायावादियों ने कविता की मुक्ति का प्रस्ताव करते हुए उसे बँधे या कहें अवरुद्ध छन्दों के माहौल से बाहर निकाला था। मुक्त और स्वच्छन्द छन्द का प्रस्ताव इसी कोशिश का परिणाम कहा जा सकता है। पर वे सब इतने भर से सन्तुष्ट नहीं हुए थे। उन्होंने नये जीवन-अनुभवों, नये कल्पना-क्षितिजों और नूतन पद-विन्यास को भी साधा और काव्य-वाणी को गहरे वैचारिक और कलात्मक मूल्यों से समृद्ध किया। बाद में तो उनकी यह धारणा भी बनी कि कविता अगर जन-मन के विचारों का वहन कर पाने में समर्थ है, तो उसे किसी भी अलंकार की जरूरत नहीं। जरा मिलान कीजिए कहाँ केशव, पद्माकर जैसे कवि और कहाँ मैथिलीशरणगुप्त, रामनरेश त्रिपाठी और धुरंधर छायावादी। जिसे हम प्रगतिवादी काव्य कहते हैं उसका नेतृत्व भी अन्ततः छायावादियों ने ही किया। जानने वाले जानते हैं कि प्रयोगवादी काव्य की बहुत सारी विशेषताएँ निराला में पहले से मौजूद थीं। यथार्थ का विस्तृत सामाजिक अवगाहन होना फिर भी शेष था। छायावादियों की प्रगतिशीलता में मानवीय संवेदना का स्वरूप सहज था।

विपरीत इसके प्रगतिवादी कवि एक खास तरह के वैचारिक आग्रह के साथ आए थे और उनके सैद्धांतिक मुद्दे और जीवन–दृष्टि से दुर्भाग्य से पहले से ही तय थे। किसी भी जनवादी कला के लिए यह खतरनाक होता है, जहाँ वह सिद्धांत–कथन करने पर उतारू हो जाती है। सिद्धांत को तो वस्तुतः खून की रंगत की तरह कविता में झलक मारना चाहिए। जहाँ वह खुद काव्य–विषय बन जाता है, वहीं वह दुखद कठमुल्लेपन को जन्म देता है। शुरू में ऐसी बातें खूब हुईं, पर केदार, त्रिलोचन, शमशेर और नागार्जुन की पीढ़ी ने इससे बचने का भरपूर प्रयास किया। इन्होंने जीवन–अनुभव को आधारभूत सामग्री मानते हुए जीवन–दृष्टि के बदलाव को अपने काव्य–व्यवहार में सम्मिलित किया। विषय–बदलाव से उतना गम्भीर परिवर्तन नहीं आता, जितना कि दृष्टि–परिवर्तन से। इन कवियों की दृष्टि प्रचलित अर्थों में यही थी। शुक्ल जी कहते हैं कि कविता में या तो सुन्दर होगा या असुन्दर। तब इसका मतलब अलंकार या अलंकारविहीनता से न होकर पूरे जीवन–बिम्ब के सार्थक और उपयोगी सृजन से है। काव्य की उपयोगिता या सामाजिक महत्ता का प्रश्न उठाते हुए वे अपने प्रतिपक्षियों से पूछते हैं 'क्या हम कह सकते हैं कि वाल्मीकि का 'आदिकाव्य', कालिदास का 'मेघदूत', तुलसीदास का 'रामचरितमानस' या सूरदास का 'सूरसागर' विलास की सामग्री है? यदि इन ग्रंथों से मनोरंजन होगा, तो चरित्र–संशोधन भी अवश्य ही होगा। कविता में मनोरंजन का प्रयोजन मन लगने से है, पर मन क्यों रमाया जाय? किसी सामाजिक उद्देश्य की अनुपस्थिति में मन के लगने का क्या अर्थ रह जाता है? केदारनाथ अग्रवाल की 'बांदा का महाजन', त्रिलोचन की 'मिलकर वे दोनों प्रानी दे रहे खेत में पानी' और नागार्जुन की 'जया' आदि कविताएँ जिस प्रयोजन से लिखी गईं हैं, वह कोरा मनोरंजन तो नहीं हो सकता। कहना सिर्फ यह कि इन कविताओं के पीछे गम्भीर सामाजिक उद्देश्य हैं। 'प्रेत का बयान', 'सिन्दूर तिलकित भाल', 'अकाल' या 'मंत्र' जैसी कविताओं को पढ़ते हुए हम अपने आसपास की जीवन–स्थितियों और रोजमर्रा की कचोटती अनुभूतियों की ओर लौटते हैं। कविता हमें खदेड़कर जीवन से बाहर नहीं ले जाती, बल्कि बटोरकर वापस ले आती है। पहले से कुछ ज्यादा संवेदनशील बनाकर और कुछ ज्यादा ही विचारपूर्ण बनाकर। अकेली संवेदना असहाय है, अकेला विचार नीरस। जब दोनों मिलकर आते हैं, सौन्दर्य की एक उद्भूत छवि उठ खड़ी होती है। नागार्जुन के काव्य में ऐसी अद्भुत छवियों की भरमार हैं। प्रकृति और मनुष्य, व्यक्ति और समाज, व्यवस्था और राज्यसत्ता, पण्डे और महंत, अफसर

और बाबू, मेहनतकश और सामंत, राजनेता और धनकुबेर तो उनके यहाँ हैं ही, देवी–देवताओं की भी एक पूरी पलटन उनके यहाँ मौजूद है। कविता के संसार से अब तक बाहर रहे आए कछुआ, नेवला, बिलौटा, मादा सूअर और किसिम–किसिम के पेड़–पौधे यथा बच्चा चिनार और नीम, कटहल आदि को यहाँ भरी–पूरी नागरिकता मिला गई है। समूचे समकालीन भारतीय लोक जीवन का अगर एक ही जगह जायजा लेना हो, तो अकेले नागार्जुन का काव्य समर्थ है। देहाती दुनिया के तो वे मास्टर हैं ही। शहरी जीवन की विलक्षणताएँ और विविधताएँ भी उनकी पकड़ से बाहर नहीं हैं। विष्णु की तरह उनकी क्षमताओं के कई रूप उनकी कविता में देखे जा सकते हैं। महाभारत कहता है कि विष्णु सर्वत्र व्याप्त हैं। वे समस्त के स्वामी हैं, वे विध्वंसक शक्तियों का दमन करते हैं, और सभी शक्तियों पर अपना प्रभुत्व स्थापित करते हैं। नागार्जुन की कविता है–यह क्यों कर होगा, यह कैसे होगा। मुझे यह उनके समूचे काव्य की घोषणा–पत्र जैसी लगती है। सृजन, कर्मठता, आत्मविस्तार और लोकबंधुत्व। काल चक्र का अनंत विलास–क्रम और लोकसमर्पण। मर्यादा और मुक्ति। बाहर–भीतर का सामरस्य। तर्क और आस्था की आदर्श परिणति का आग्रह। परम्परा और आधुनिकता, इतिहास और समाजबोध का जो सूक्ष्म और व्यापक बोध यहाँ है, उसे अनुभव किया जा सकता है। नागार्जुन उन कठमुल्लों में नहीं हैं, जो अपने संस्कारों के साथ जबर्दस्ती या नाइंसाफी करें और उन लोगों में से भी नहीं, जो अपने अनुभवों को किन्हीं राजनीतिक या आर्थिक दबावों के चलते छिपा लें या उपेक्षित कर दें। एक सच्चे कवि की पहली ही नहीं सबसे आखिरी जिम्मेदारी अपने काव्यानुभवों के प्रति होती है। भारतीय काव्य–मनीषा यह राय रखती है कि मानव–व्यक्तित्व एक अविभाज्य पूर्णता है और उसके सभी अंग और इन्द्रियाँ एक दूसरे पर आश्रित और एक-दूसरे के कार्य में सहायक हैं। यह भी कि सभी मानव-क्रियाएँ, जो समाज को स्वस्थ और अखण्ड बनाए रखती हैं, समान रूप से महत्त्वपूर्ण और सार्थक हैं, और वे परस्पर सम्बद्ध भी हैं। इसलिए जब कवि के अनुभव की बात चलती है, तो उसे लोक (देश) या काल निरपेक्ष नहीं माना जा सकता। नागार्जुन का कमाल यह है कि वे कुछ ज्यादा ही समय और जीवन–सापेक्ष हैं। अनन्त काल प्रवाह में से अगर तात्कालिकता वाले क्षण को निकाल ही दिया जाय, तो ृंगार वि ृंखलित हो जाएगी। यही कारण है कि वे विराट काल पर भी निगाह रखते हैं और उसके क्षण–क्षण परिवर्तित रूप पर भी। इस रूप में वे अपने सृजन के भीतर स्वयं की परम्परा का निर्माण करते

हैं। ठीक धरती की गति की तरह वे विराट विश्व की परिक्रमा तो करते ही हैं, अपनी धुरी पर भी वे घूम लेते हैं। कुछ लोग हैरान होते हैं कि वे एक ही साँस में परस्पर भिन्न राग गा कैसे लेते हैं। पर यह उनकी समझ की सीमा है।

कला की नैतिकता पर विचार करते हुए डॉ. नीहार रंजन राय लिखते हैं– वस्तुतः नीतिशास्त्र की धारणा यह है कि जगत् की वास्तविक व्यवस्था में कोई भूल या दोष है, जिसका मनुष्य को सामना करना पड़ता है। जगत् की वास्तविक व्यवस्था में परिवर्तन कर व्यक्ति, वर्ग या समाज के अन्दर की भूल या दोष दूर करने के लिए सक्रिय और सचेतन प्रयास ही नीतिशास्त्र या नैतिकता है। इस रूप में सम्पूर्ण कलाक्रिया नैतिक होती है, गर वह उपस्थित व्यवस्था की सीमाओं और अभावों का अनुभव कर उसे दूर करने की प्रेरणा देती या वैसा करने का भाव जगाती है। इसी रूप में वह निस्पृह और स्वार्थमुक्त है। जहाँ स्पृहा और स्वार्थ हैं–चाहे अहं के विस्फोट का, चाहे वैयक्तिक हितलाभ का, वह कला कभी नैतिक नहीं हो सकती। नागार्जुन ही नहीं, उनके सभी साथी अपनी कविता से यही काम लेना चाहते हैं। देखने में आता है कि कभी-कभी स्वार्थी और चतुर सत्ताएँ जनता में अपनी प्रामाणिकता बनाए रखने के ख्याल से ऐसे काव्य-प्रयासों को भी पुरस्कृत कर डालती हैं, जो काव्य-छद्म के अलावा कुछ भी नहीं होते, पर यह जिम्मा स्वयं उस कवि और पाठक समाज का है कि वह अपने प्रिय कवि या रचनाकार को भटकने या मोहाविष्ट न होने दे। नागार्जुन जब सत्ता के हाथ से पुरस्कार लेते हैं तब उनकी यह धारणा और भी बलवती हो उठती है कि पुरस्कार उनकी कविता में प्रकट किए गए संघर्ष और उनके द्वारा की गई तीव्र आलोचना को ही मिला है। यह उसका अर्जित फल है न कि याचनाप्रसूत प्राप्ति। अगर ऐसा उनके स्वभाव का बुनियादी चरित्र नहीं होता, तो उन्हें कॉफी या ओवल्टीन पिलाने वाले प्राचार्य महोदय या आधुनिक नवकुबेर उनके व्यंग्य-बाण से जरूर बच जाते।

नागार्जुन की इसी आत्म-सजगता और आत्म-निर्ममता से उनका व्यंग्य फूटता है। व्यंग्य उनके साहित्य का सबसे हिंसक औजार है। समझाना-बुझाना, उपदेश और संकेत जब नाकामयाब हो जाते हैं, तब कोई लेखक व्यंग्य पर उतरता है। यह एक प्रकार से मुस्तैद भाषायी आक्रमण है। नागार्जुन के व्यंग्य इस रूप में हमारी समकालीन कविता के अत्यन्त महत्त्वपूर्ण अध्याय हैं। हिन्दी कविता वहाँ एक नए सौन्दर्य शास्त्र को जन्म देती है। यहाँ काव्य-आस्वाद तो बदलता ही है, कविता की भाषा का व्याकरण और अंलकारों की मुद्रा भी बदल जाती है।

जयति नखरंजनी, ओं महामहिम, महामहो, उल्लू के पट्ठे आदि काव्य-पद्य पर जरा ध्यान दीजिए। धर्म और पुराण के मुहावरों का, संगीत का, प्रतिध्वनियों का जो भाषिक नियोजन वे समकालीन यथार्थ के साथ करते हैं, उससे मरणासन्न और निष्प्राण होती जाने वाली ध्वनियों को नया अर्थ तो मिलता ही है, काव्यगत मुहावरों का एक नया क्षितिज भी खुलता चला जाता है। यह विवेक नागार्जुन का ही है, जहाँ संस्कार और तर्क की कठिन, किन्तु रोचक जुगल-बंदी सफलता की ओर बढ़ती दिखाई देती है।

जब वे अपने उपन्यासों की कथा तलाशते हैं, तब भी और जब वे उन्हें नए सिरे से बुनना शुरू करते हैं, तब भी; यथार्थ और कल्पना का गठजोड़ उनकी रचना में देखते ही बनता है। यह तो पहली बात है कि उनका पाठक हर वक्त उनके सामने रहता है, पर वह उन्हीं का तैयार किया हुआ पाठक भी है; हमारे इसी समाज का हिस्सा। इस नाते उसके साथ-साथ चलना और उसके आगे-आगे चलना दोनों काम एक साथ उन्हें कवि के रूप में करना पड़ता है। यथार्थ उनका पहला और कल्पना उसका दूसरा चरण है। अपने पाठकों को हाथ मार कर भागने वाली दौड़ में उनका भरोसा नहीं। वे कोशिश करते हैं कि उनके लिए वे ज्यादा से ज्यादा सगे, घरेलू और करीबी माने जायें। शब्द और विचार, रचना और आस्वाद एक-दूसरे में इतना घुल-मिल जायें कि कोई फाँक ही न रहे। कला मात्र कला न दिखे और न ही वह जीवनानुभवों की फोटोकॉपी बन कर रह जाय। एक प्रतिबद्ध और जिम्मेदार कलम का यह धर्म है कि वह वास्तविकता से दूर न हो, पर सम्भव वास्तविकताओं की ओर इशारा भी करे। सामाजिक जीवन में बुनियादी परिवर्तन की माँग करने वाली प्रतिभा इस इशारे के द्वारा ही अपने सपनों को सामने लाती है। बातचीत में नागार्जुन जब-तब कहते हैं—'सुनते हो विजय बाबू! मैं चाहता हूँ कि इस बार मुझे स्त्री का जन्म मिले। पूछो क्यों?' 'हाँ बाबा! बताइए तो क्यों?' गम्भीर और चिन्ता में डूबी साँस खींचते हुए वे कहते हैं—'इसलिए कि मैं उसकी गुलामी और सामाजिक यातना का प्रत्यक्ष अनुभव कर सकूँ। एक से अधिक पुरुषों से मेरा रिश्ता हो और फिर मैं उसकी प्रतिक्रिया देखूँ। अवैध बच्चा हो, तो कोई सामने आए और उसका नाना या बाबा या बाप बनने को तैयार हो।' मानवीय उदारता और सामाजिक साहस नियमों और शास्त्रों से कहीं ज्यादा मूल्यवान और वरेण्य हैं।

उग्रतारा या कुंभीपाक लिखते हुए नागार्जुन का मानस ऐसी ही बेजोड़ संवेदनशीलता और रचनात्मक साहस का प्रमाण देता चलता है। केवल विद्रोही

की खिताब पाने के लिए कुछ तोड़ना उनका इष्ट कभी नहीं रहा, बल्कि सड़ी-गली सामाजिक मर्यादाओं में छटपटाते और चीखते मानव-जीवन में ऊर्जा भरना ही उनके सर्जक का ध्येय रहा, जो उनके पाठकों को सच्ची मुक्ति दिला सके। यह केवल राजनीतिक लेखन करने वाले कवि या लेखक का काम नहीं हो सकता। राजनीति की असंगतियाँ उन्हें कटु आलोचक बनाती हैं, सामाजिक पाखण्ड उन्हें क्षुब्ध और आक्रामक बनाते हैं। रोष और क्षोभ का यह अंश उनके लेखन का काफी महत्त्वपूर्ण और बड़ा हिस्सा है। उनकी लोकपरायणता से पैदा हुआ यह क्षोभ-भाव प्रायः ऋषियों और मुनियों के अभिशापों की तरह उनकी कविता में प्रकट होता रहता है। इसी रूप में कविता यहां आर्षक्रोध का प्रतिरूप हुई बैठी है। उनके व्यंग्य और विद्रूप भाव का स्रोत यही है। नागार्जुन का मन इससे निपट ने के लिए तरह-तरह के उपाय करता है। कई-कई शक्ति-केन्द्रों या प्रेरणा-पीठों की दौड़ लगाता है। जब वे कितना खून पिया है मइया कहकर काली और चामुण्डा से सीधी बात करते हैं, तब उनके पक्षपातपूर्ण रवैये की याद दिलाते हुए उनसे मार्मिक अनुरोध भी कर रहे होते हैं कि क्या तुमसे उम्मीद थी और क्या तुम कर रही हो। भारतीय चित्त में दैवी शक्तियों का काम नैतिक मानव-ताकतों का समर्थन और संरक्षण करना है, पर दैवी ताकतें भी जब-तब पथभ्रष्ट होती या अन्याय का पक्ष-समर्थन करतीं दिखाई पड़ी हैं। राम की शक्ति पूजा की प्रसिद्ध पंक्ति है—अन्याय जिधर है, उधर शक्ति। निराला ही नहीं, नागार्जुन भी दैवी शक्तियों के इस चरित्र पर दुःखी, चिन्ताग्रस्त और क्षुब्ध हैं। प्रश्न यह कि क्या मार्क्सवादी विश्वासों वाले कवि के ये काव्य-सन्दर्भ उसकी विचारधारात्मक प्रतिश्रुतियों के बारे में हमारे मन में सन्देह पैदा नहीं करते? क्या यह सवाल नहीं उठता कि या तो इस रचनाकार में वैचारिक अप्रौढ़ता है या लड़खड़ाहट या अन्तर्विरोध? जो भी कहें, पर नागार्जुन की दृष्टि में यह परम्परा-शोधन है।

नागार्जुन कीं एक कविता और है, जिसे मैंने जान-बूझकर 'जनकवि' नामक अपने संकलन में शामिल नहीं किया था, किन्तु डॉ. नामवर सिंह ने उसे राजकमल पेपर बैक्स की 'नागार्जुन : प्रतिनिधि कविताएँ' में उसे रखा है। यह सिर्फ संयोग नहीं है कि क्रम में पहली कविता 'प्रतिबद्ध हूँ' के ठीक बाद दूसरी कविता 'पछाड़ दिया मेरे आस्तिक ने' तथा तीसरी 'कल्पना के पुत्र हे भगवान' है। 'प्रतिबद्ध हूँ' की कुछ पंक्तियाँ इस प्रकार हैं—

> निष्ठा-अनिष्ठा से, आस्था-अनास्था से, संकल्प-विश्वास से
> रिक्त से, शून्य से, व्याप्ति-अव्याप्ति-महाव्याप्ति से...

अथ से, इति से, अस्ति से, नास्ति से,/ सबसे और किसी से नहीं
और जाने किस-किस से/संबद्ध हूँ, जी हाँ शतधा सम्बद्ध हूँ

इसके ठीक बाद आस्तिक वाली कविता–

आओ तुम मेरे साथ रत्नेश्वर/देखेंगे आज जी भरकर
उगते सूरज का अरुण-अरुण पूर्ण-बिम्ब
जाने कबसे नहीं देखा था शिशु-भास्कर
आओ रत्नेश्वर, कृतार्थ हों हमारे नेत्र!
देर तक देखेंगे, जी भरकर देखेंगे/करेंगे अर्पित बहते जल का अर्घ्य

गुनगुनाएँगे गद्‌गद होकर–

"ओं नमो भगवते भुवन-भास्कराय
ओं नमों ज्योतिरीश्वराय/ओं नमः सूर्याय सावित्रे..."
देखना भाई रत्नेश्वर, जल्दी न करना/ लौटेंगे इत्मीनान से
पछाड़ दिया है आज मेरे आस्तिक ने मेरे नास्तिक को
साक्षी रहा, तुम्हारे जैसा नौजवान 'पोस्टग्रेजुएट'
मेरे इस 'डेविएशन' का!

'डेविएशन' का प्रयोग कर नागार्जुन जो चुटकी यहाँ ले रहे हैं, वह गौरतलब है। उनकी यह काव्य-भंगिमा सहसा ग़ालिब जैसों की याद दिलाती है जो, आत्मालोचन के मौकों पर कभी चूकते नहीं।

आज ऐसे लोगों की संख्या कम नहीं है, जो कविता को शुष्क सिद्धांत कथन-मात्र समझते हैं और ढेरों ऐसे भी हैं, जो उसे विचारों की दुनिया से बहुत दूर खदेड़ ले जाना चाहते हैं। तीसरे वे हैं, जो लेखक संगठन की रीतियों-नीतियों के अन्धानुसरण को ही काव्य मानते हैं। स्वच्छन्द कवि नागार्जुन इन तीनों के बेहतर और सार्थक जवाब हैं। वे ही बताते हैं कि कविता न तो सिद्धांत-कथन मात्र है, न वैचारिक पलायन और न पार्टी प्रोपेगण्डा, पर उसमें सिद्धांतों की चर्चा भी आती है, विचारधाराओं के प्रति लगाव या झुकाव भी काम करता रहता है और जरूरत के हिसाब से आपात कर्म के रूप में यह प्रोपेगण्डा भी करती है, पर उसके अपने अंदाज में और अपने ढंग से। काव्य की भूमि से स्खलित या विचलित होकर जो सिद्धांत-कथन या प्रचार किया जाता है वह और ही कुछ होता होगा, काव्य तो कदापि नहीं।

काव्य की पहली माँग है–कवि के अनुभवों का मार्मिक बयान। तभी वह असर भी करता है और हमारी चेतना का हिस्सा बन पाता है। यह मार्मिकता

केवल भाषिक जादूगरी या शब्द–क्रीड़ा से पैदा नहीं की जा सकती। जीवन–स्थितियों और कलानुभवों की गूढ़ और बेजोड़ हिस्सेदारी ही ऐसी मार्मिकताओं के स्रोत–स्थल हैं। नागार्जुन जैसे कवि तो जगह–जगह यह चैलेंज खड़ा कर देते हैं कि फलाँ पंक्ति कविता है या नहीं? जरा देखें–

सत्य को लकवा मार गया है
कौर अन्दर डालकर जबड़ों को झटका देना पड़ता है
तब जाकर खाना गले के अन्दर उतरता है
ऊपर वाली मशीनरी पूरी तरह बेकार हो गयी है
सत्य को लकवा मार गया है

गद्य और पद्य का भेद व्याकरण के हिसाब से यहाँ मिट-सा गया है, पर कविता का अस्तित्व उसके अर्थगत मर्म–सन्दर्भों के कारण बना रहता है। ये अर्थ–सन्दर्भ ही उसे गद्य से अलगाते हैं, जहाँ भाषा में प्रत्यक्ष विचार कथन की जगह बिम्बात्मक कथन सामने आता है। आधुनिक हिन्दी कविता पद्य से तो अपने को लगभग मुक्त ही कर चुकी है (बावजूद नवगीतों और ग़ज़लों के), किन्तु बिम्बों की विशाल और विपुल संपदा के चलते वह काव्य के गहरे मर्मपूर्ण अर्थ से अब भी जुड़ी हुई है।

नागार्जुन में बिम्ब–निर्माण की अद्‌भुत क्षमता है। चाहे 'प्रेत का बयान' हो, 'अकाल', 'चन्दू मैंने सपना देखा' चाहे 'हरिजन गाथा'। उनके बिम्बों का विस्तार से अध्ययन करने पर पता लगेगा कि उनके अनुभवों की दुनिया सचमुच कितनी विराट है। जंगल, समुद्र, गाँव, कस्बा नगर–उपनगर, खेत, कल–कारखाने, महानगर, श्मशान, नौटंकी, खेल–तमाशे, शहरी मध्यवर्ग, निम्नवर्ग, मजदूर, निपट देहाती, चतुर बुद्धिजीवी, पत्रकार, राजनेता, अध्यापक, कलाकार, आदिवासी, क्रांतिकारी, सर्वोदयी कांग्रेसी और प्रतिपक्षी राजनेता, जवान और बूढ़े, शिशु और किशोर, बसन्त, ग्रीष्म, पावस, शरद और शिशिर, होली–दीवाली, गणतंत्र, जन्मदिवस, उल्लास और क्षोभ, आत्मनियंत्रण और आत्म विस्फोट, क्लासिक और रोमांटि क, यथार्थ बोध और आदर्श में डूबी भावुकता, इस रचनाकार में एक साथ है। वे जितनी यात्राएँ करते हैं, जिन–जिन जगहों पर जाते हैं, जैसे–जैसे लोगों से मिलते हैं कि देखकर हैरत होती है। मैं 'पूछता हूँ' वहाँ जाकर आपको क्या मिलता है? उनका उत्तर होता है—वहाँ मैं अपने को आजमाने के ख़्याल से जाता हूँ कि मानसिक तौर पर प्रतिकूल वातावरण में भी मैं साँस ले सकता हूँ या नहीं? वे तो पन्द्रहवीं शताब्दी के लोग हैं। परिवार के लोग और भी पीछे के हैं, पर उनके

साथ रहकर मैं अपनी संवेदन–क्षमता और जिजीविषा को ठोंक–बजाकर देखता हूँ। मैं अब भी यह चुनौती इस उमर में मोल लेता हूँ। तुम तो प्रोफेसर हो। तीन हजार पाते हो। नौकरी छोड़कर इसी तरह रहकर मुझे बताओ तो मान लूँगा। वे मुझे ललकारते हुए घेरते हैं। है साहस यह करने का? नागार्जुन का यह अंदाज बिल्कुल कबीराना है। एकदम फक्कड़ और अक्खड़, किन्तु भीतर से कठोर चट्टानों के बीच किसी जल–स्रोत की तरह छुल–छुल बहते हुए। हमारे सतही और भ्रमपूर्ण लगावों से हमें आगाह करते हुए, हमारी 'प्रतिष्ठाप्राप्त समाजदारी' का असली मोल कूतते हुए, हमें सार्थक और ऐतिहासिक मूल्यों की ओर आने का इशारा करते हुए वे जगह–जगह से हमें सम्बोधित करते हैं, आगाह करते हैं, झिंझोड़ते हैं और फटकारते हैं। यहाँ तक कि हमारी फजीहत करते हैं और हमारे रोने की हद तक हमारे अहं के पाखण्ड का भूत उतारते वे चलते हैं। हम कहाँ कितने सामंती हैं, कितने पूँजीवादी, कितने सर्वोदयी और कितने लद्धड़ क्रांतिकारी, सब पर उनकी निगाह बनी ही रहती है। हमारे रिश्ते कहाँ शोषण के चक्र हैं, कहाँ सामाजिकता को समृद्ध करने वाले, हम कहाँ सचमुच नैतिक हैं और कहाँ अनैतिक उन्हें इसकी बाकायदा और तफसीलवार खबर रहती है। और यह सब उनकी काव्य–चिन्ता में भी स्वयमेव शामिल रहता है। जैसे कोई राष्ट्रीय घटना उन्हें उत्प्रेरित और सृजनोन्मुख करती है, वैसे ही पड़ोसी और दूर के पड़ोसियों के जीवन की घटनाएँ भी उन्हें अपने ही साथ घटती हुई लगती हैं। प्रश्न चाहे वियतनाम का हो चाहे कोरिया का। चाहे बांगलादेश की बात हो, चाहे श्रीलंका की तमिल समस्या नागार्जुन के हृदय का तार सब कहीं से जुड़ा हुआ रहता है।

मार्च '86 में जब वे विदिशा प्रवास में थे, बौद्ध धर्मानुयायी श्रीलंका के हिंसक वातावरण से वे अत्यन्त विक्षुब्ध थे। यहीं उन्होंने एक कविता[1] की शुरुआत की। मैं जिसका पहला श्रोता रहा। कविता सुनाने के पहले उन्होंने कहा—देख रहे हो गौतम बुद्ध की श्रीलंका को। और वे बड़े–बड़े भिक्षु वहाँ यह सब चुपचाप देख रहे हैं। लोग मौत के घाट उतारे जा रहे हैं। महाकरुणा का माथा शर्म से झुकता जा रहा है। पर वे प्रज्ञातिस्म महानायकगण चुप ही रहेंगे। सबके सब पनसोहा हो गए हैं। सबकी बोलती बंद है, क्योंकि बोलने पर उनकी सुख–सुविधा जो छिन जाएगी। धर्म के नाम पर मिली हुई सुविधाओं का भोग तब वे न कर पाएँगे। फिर उन्होंने तत्काल लिखी वह कविता सुनाई जिसकी शुरुआत यह सूचित करती थी कि धर्म कहाँ–कहाँ सुविधापरस्ती, वैचारिक नपुंसकत्व और साम्प्रदायिकता के

हवाले होकर मानव–सत्य के पक्ष में गूँगा बन बैठता है। जहाँ धर्म भी गूँगा हो जाता है, वहाँ कविता महाभारतकार के रूप में दोनों हाथ उठा–उठाकर मानव सत्य की रक्षा के लिए चीख-पुकार मचाती है। नागार्जुन से ज्यादा यह सजग दायित्व–बोध और ऐसी चिन्ता हमारे समय में किसकी है? बुढ़ापे ने कइयों को मृत्युकातर और हतचेत कर रखा है, पर नागार्जुन संस्कृति के इस महाअन्धकार में भी एक कवि के रूप में रिटायर नहीं हुए हैं। बिलौटे की तरह वे दम साधकर बैठे हैं और निरन्तर अपने वेध्य–लक्ष्य की तलाश में हैं। न उनकी यात्रा पूरी हुई है, न उन्हें थकान ने घेरा है। उनकी अविश्रांत रचना–ऊर्जा ने यह साबित कर दिया है कि वे केवल नयी पीढ़ी के बाबा नहीं हैं, अपनी पीढ़ी के भी वरिष्ठतम युवा–बुजुर्ग हैं। अकारण ही नहीं कि शमशेर और त्रिलोचन भी उन्हें 'बाबा' कहकर ही पुकारना पसंद करते हैं।

नागार्जुन को समझने की कोशिश करने वालों के लिए यह बुनियादी शर्त है कि वे भारतीय काव्य और दर्शन की जीवंत और महनीय परम्पराओं से भी परिचित हों। अतिआधुनिक पश्चिमी क्रांतिधर्मिता के साथ–साथ भारतीय क्रांति की भी अपनी परम्पराएँ रही हैं, उन्हें भी जान लें। आधुनिक भारतीय भाषाओं के सृजन और रंगकर्म के साथ–साथ जातीय और लोक संगीत की भी उन्हें पकड़ हो। व्यास, वाल्मीकि, कालिदास हिन्दी की भक्ति कविता के साथ–साथ बंगला, मैथिली और प्राकृत अपभ्रंश काव्य की धड़कनें भी उनके द्वारा सुनी जा सकें। उनके पास एक उन्मुक्त और विराट लोकचित्त हो, सधे हुए कान हों, दूर तक देखने और दृश्य–समेटने वाली आँखें हों, पुलक और रोमांच हो, मुग्धता और विस्मय हो, निछावर होने वाला मन और बरस पड़ने वाली भावुकता हो, तो आवेगों पर नियंत्रण भी हो। किन्तु सबके बावजूद कवि की संवेदनात्मक अखण्डता हो, तो सहज समाधि भी हो। यह वह केन्द्र और आधार है, जिसके छूटने पर नागार्जुन आपके हाथ से फिसलते चले जाएँगे और आपको पता तक न लगेगा।

नागार्जुन ठेठ शास्त्रीय अर्थों में सहृदयशिरोमणि हैं। एक अनन्य लोकहृदय के जीवित उदाहरण, जहाँ रूप–रस–गंध–स्पर्श के साथ–साथ सारी सृष्टि ध्वनित और प्रतिध्वनित हो रही है। नागार्जुन के शब्दों से गुजरना समूचे समकालीन विश्व की साधारण–असाधारण धड़कनों का साक्षात्कार करना है। वे हमारी समकालीन कविता के महानतमों में से एक हैं, उस विशाल जन–विरादरी के सबसे बड़े अपने संवेदन–तंत्र भी, जिसे यह लोक और परम्परा कवि कहती आई है।

सामान्यजन का महाकवि : नागार्जुन

जिस तरह छायावाद के शलाका पुरुष निराला, प्रयोगवाद—नई कविता के अज्ञेय हैं, उसी तरह प्रगतिवादी कविता के शलाका पुरुष नागार्जुन हैं। मैथिलीशरण गुप्त के माध्यम से हम छायावाद की पूर्ववर्ती खड़ी बोली की कविता को पहचान सकते हैं, उसी तरह छायावाद के बाद की प्रगतिशील कविता को पहचानने के लिए अगर कोई एक ही कवि सबसे ज्यादा हमारे मतलब का है, तो वह नागार्जुन है। यों और भी विशिष्ट कवि हैं—जैसे कि मुक्तिबोध, शमशेर, केदार और त्रिलोचन, पर नागार्जुन जैसी इनमें से एक भी नहीं है। नागार्जुन प्रगतिवाद के निराला हैं। छायावाद की व्यापक परिधि का अतिक्रमण करते हुए जो काम निराला ने किया, लगभग वैसी ही भूमिका नागार्जुन निभा रहे हैं प्रगतिवाद के सन्दर्भ में।

अपने निबंध की शुरुआत में ही मैंने एक शब्द का प्रयोग किया है—शलाका पुरुष। इसके साथ मैं यह भी निवेदन करना चाहता हूँ कि प्रत्येक काव्यांदोलन के शलाका पुरुष का व्यक्तित्व-निर्माण अपनी परिस्थितियों की अनुरूपता तथा जरूरत के आधार पर हुआ करता है। इसलिए शलाका पुरुष कह देने मात्र से निराला, अज्ञेय और नागार्जुन एक ही व्यक्तित्व के पर्याय नहीं हो जाते। निराला का विद्रोह नागार्जुन का विद्रोह नहीं हो जाता। निराला की अभिजातमूलक स्वच्छन्दता नागार्जुन की औघड़ी स्वच्छन्दता से फिर भी काफी दूर और भिन्न है। निराला हमारी सांस्कृतिक गरिमा और वैभव के उदात्त रूपों के शिल्पी हैं। उनका छन्द, लयविधान, काव्य–भाषा और संगीत जातीय संस्कारों की गहरी भूमिका लिये हुए एक नई सभ्यता को जन्म देना चाहता है, जिसका केन्द्रीय तत्त्व अध्यात्म होगा। बाहर का सारा तामझाम, चाकचिक्य, रंग–रोगन उन्हें बुनियादी तौर पर स्वीकार्य नहीं है। इस लिहाज से निराला का विद्रोह एक सांस्कृतिक विस्फोट है। उनके पास अगाध प्रेम और असीम करुणा है। उनकी कविता अद्वैत चिन्तन की अत्यन्त गहरी और बारीक लपेट में लिपटी हुई है। उनका समूचा विद्रोह कितना रचनात्मक और उदात्त है, यह बताने की जरूरत नहीं। तभी तो वे छायावाद के शलाका पुरुष कहे गए।

नागार्जुन को पहली बार लगभग इक्कीस-बाइस साल पूर्व कलकत्ता के महाजाति सदन के मंच पर खादी के पायजामे और बँहकटी में देखा था। उस पल वे 'अकाल' कविता का पाठ कर रहे थे। उन दिनों मैं कलकत्ता के विद्यासागर कॉलेज का छात्र था और महाविद्यालय की हिन्दी परिषद् का सचिव भी। हमने नागार्जुन को आमंत्रित नहीं किया था। ऐन वक्त पर सड़क से गुजरते हुए हमारे कुछ वरिष्ठ मित्र उन्हें स्नेहाधिकार से पकड़ ले आए थे। 'अकाल' कविता का पाठ करके वे अचानक गायब भी हो गए थे। बिना किसी से कुछ कहे।

दूसरी बार उन्हें सागर विश्वविद्यालय के हिन्दी विभाग में आधुनिक हिन्दी कविता पर व्याख्यान देते सुना। वहीं उनसे यह सुनने को मिला कि जो छन्द का मास्टर नहीं है, वह मुक्त छन्द भी क्या लिखेगा? वहीं पहली बार यह जान पाया कि नागा बाबा सिर्फ अकाल, जयति नखरंजनी, पाँच पूत भारतमाता के, बापू के तीन बंदर, आओ रानी हम ढोयेंगे पालकी तथा प्रेत का बयान जैसी कविताओं के अलावा अगर बादल को घिरते देखा है, या 'कालिदास' जैसी क्लासिक तेवर वाली कविता भी लिख लेते हैं, तो इसका कारण यह है कि वे संस्कृत भाषा और साहित्य के पारम्परिक पाण्डित्य के भी धनी हैं। इतना ही नहीं, वे मेघदूत के काव्यात्मक अनुवादक हैं। विद्यापति और जयदेव के टीकाकार हैं। पालि और अपभ्रंश के अध्यापक रह चुके हैं। जैनाचार्यों के शिक्षक और बौद्धों के भिक्षु बनकर श्रीलंका के विद्यालंकार मठ का स्वाद भी चख चुके हैं। 1938 में स्वामी सहजानन्द के निर्देश पर चीवर सहित बिहार के किसान आन्दोलन में कूद कर पराधीनता काल की जेलों की यात्रा भी की है।

गरीब ब्राह्मण-घर में जन्म ले, पारम्परिक ढंग से संस्कृत पढ़कर, अच्छी-भली नौकरियाँ छोड़ते हुए श्रीलंका जाना और खुद ही पिता के दिए हुए नाम वैद्यनाथ मिश्र का परित्याग कर नागार्जुन बन जाना क्या यह प्रमाणित नहीं करता कि हमारा यह रचनाकार परम मोह के वातावरण में भी विरक्त होकर जीने की क्षमता रखता है और पाखण्ड पोषित सधुक्कड़ी को सहज ही जनता–जनार्दन की पीड़ाओं के सन्दर्भ में त्याग कर उस सामाजिक कार्यकर्त्ता का बाना अपना लेता है, जिससे किसी देश की रचनात्मक राजनीति अपना स्वरूप ग्रहण करती है। यह वही व्यक्ति है, जो पिता से बदला लेने के ख्याल से घर छोड़ता है और सामाजिक जीवन के संघर्ष को बल देने के लिए एक अनुशासित सैनिक की तरह गेरुए चीवर को उतार कर अपने झोले में रख लेता है।

एक विचार-क्रम में कवि शमशेर ने यह सवाल उठाया था कि एक बौद्ध

भिक्षु का मार्क्सवाद से भला क्या रिश्ता हो सकता है? मेरे सामने उसी वक्त महापण्डित राहुल की स्मृति उभरी, जो बौद्ध भिक्षु भी थे और मार्क्सवादी लेखक भी। सच्चे बौद्ध का विकास अगर होगा, तो वह रास्ता यही है, क्योंकि बौद्ध दर्शन मनुष्य के दुःखों के चिन्तन पर टिका हुआ है। यह उस महाकरुणा की देन है, जिससे गौतम बुद्ध पैदा होते हैं। यही करुणा जब सामाजिक, आर्थिक उत्थान और लोक समानता की ओर उन्मुख होती है, अपने समय के अभावों और वैषम्यों से निश्चेत न होकर व्यवस्था परिवर्तन के लिए छटपटाती है, तब मार्क्सवाद स्वभावतः सामने खड़ा होता है।

मानव-संस्कृति जब भोगवाद की अतल घाटियों में गिरने-गिरने को हो जाती है, आत्म-स्वार्थ के ऊँचे, किन्तु हृदयहीन पठार जब अहं में तपने लगते हैं, परिग्रह की चरम जड़ता जब आदमी को कौड़ी बराबर मूल्य भी नहीं दे पाती, तब आध्यात्मिक क्षेत्रों में अपरिग्रह और ट्रस्टीवाद, हृदय परिवर्तन जैसे उदार और शालीन सिद्धांत जन्म लेते हैं। यही वह जमीन है, जब मार्क्सवाद भी अपने अंकुर फेंकता है और सामाजिक बदलाव की दिशा में क्रांति एक हथियार के रूप में हमारे सामने आती है।

जिस कलाकार का मन जड़ सौन्दर्यवादी नहीं हो गया है, जिसके मस्तिष्क के कपाट खुले हुए हैं, जो रूढ़ और मोटे संवेदनों की जकड़ से बाहर है, वह तथाकथित कवित-विवेक को बला-ए-ताख रख कोरे कागजों पर अपने युग का सत्य लिखने की प्रतिज्ञा कर लेता है। नागार्जुन ने भी अपनी एक कविता में यह प्रतिज्ञा की है कि अपने युग में तुच्छ समझे जाने वाले, सामाजिक दृष्टि से हीन और अस्पृश्य समझे जाने वाले ही नहीं, आर्थिक तौर पर जीवन के भयावह अभावों से निरन्तर जूझने वाले उपेक्षित और प्रताड़ित लोगों के लिए वे अपनी लेखनी को हल के फाल की तरह इस्तेमाल करेंगे। तुलसीदास ने जैसे अपने समय में यह व्रत लिया था कि वे नरकाव्य नहीं लिखेंगे, वैसी ही नागार्जुन की यह प्रतिज्ञा भी सकारण है। यदि वे चाहें तो अब भी सौन्दर्यवादी, अलंकृत विधान वाली संस्कारधर्मी कविताएँ लिख सकते हैं। 'बादल को घिरते देखा है' वाली कलम अभी भी उनके पास है, किन्तु युग के दबाव कुछ दूसरे ही हैं। इसलिए वे 'मंत्र' जैसी कविता लिखते हैं। 'देख छो खौकोन ओइ जे गाँधी महात्ता' जैसी मार्मिक पीड़ा का इजहार करते हैं, हमारे समय की सामाजिक विडम्बना और राजनीतिक पतन का उल्लेख करते हैं और स्वातंत्र्योत्तर चितकबरे विकास पर खीझते हुए आत्मरतिग्रस्त बुद्धिजीवियों, सत्तान्ध राजनेताओं और इलेक्शनमुखी पार्टियों पर दुर्वासा की तरह बरसते रहते हैं।

उनकी जितनी भी व्यंग्य कविताएँ हैं, उनके पीछे गहरी करुणा से पैदा हुआ आक्रोश और क्षोभ है, किन्तु निष्क्रिय क्षोभ नहीं, आक्रामक क्षोभ है वह। इसीलिए वे अपने लक्ष्य को सिर्फ नंगा नहीं करते, उसे चित भी कर देते हैं। उनका व्यंग्य-काव्य इस अर्थ में अद्वितीय है कि उपहास (ह्यूमर) के तत्त्व उस पर हावी नहीं हो पाते। उनका क्रोध अधिक सजग और लक्ष्यबद्ध होता चलता है। सच है, नागार्जुन जब बहुत गुस्से में होते हैं यानी कि विस्फोट की हद तक, तब व्यंग्य लिखते हैं, यही गुस्सा जब शान्त सागर होता है, वे सामाजिक जीवन में धनपतियों, कुबेर के छौनों या धन-पिशाचों का हाल-चाल लेने निकल पड़ते हैं, जहाँ उनके वैभव का उन्मत्त प्रदर्शन और सर्वहारा जीवन का शिकार चलता रहता है। 'विज्ञापन सुन्दरी' और 'उन्मत्त प्रदर्शन' जैसी कविताएँ तभी लिखी जाती हैं।

महानगर कलकत्ता (अब कोलकाता) नागार्जुन की कविताओं का सबसे समृद्ध हिण्टर लैण्ड है। जिस तरह दिल्ली उन्हें समकालीन राजनीति और राजनेताओं के क्रूर कुटिल जनविरोधी चेहरे की पहचान कराती है, उसी प्रकार कलकत्ता उन्हें दुहरा दृश्यदर्शन देता है। एक ओर ऊँची-ऊँची इमारतों, चमकती हुई निओन बिजलियों, भागती हुई मोटरगाड़ियों और अश्लील रंगीनियों का माहौल है, तो दूसरी ओर सुस्ती फाँकते, ठहाका लगाते चटकल मजदूर और फटी बिवाइयों वाले पैर लिए बामनावतार वे रिक्शाचालक हैं, जो आदमी होकर भी घोड़ों की तरह रिक्शे में जुतकर आदमी को ही ढो रहे हैं। विषमता की यह तीखी अनुभूति, कलकत्ता जैसे महानगर से वे पहली ही मुलाकात में करा देते हैं, किन्तु यहीं उपनगरों में रहने वाली वह श्रमिक-आबादी भी है, जिसके लिए इस कवि के हृदय में अबाध प्यार और मंगलकामना है। नागार्जुन की कविता की वह दुनिया है, जो उच्चवर्ग-मध्यवर्ग वाली सफेदपोश पाखण्डपूर्ण दुनिया से कोसों दूर है। यह वह दुनिया है, जिसके संवेदन-सूत्र गाँवों से जुड़े हुए हैं; जो धरती-पुत्र हैं, किन्तु जिसका पसीना अब बड़ी-बड़ी धमन-भट्ठियों के सामने ललकारता हुआ खड़ा है। भारत की यह तीसरी दुनिया इस कवि को जितना जानती है, उतना और किसी को नहीं। नागार्जुन इसी दुनिया के पक्षधर कवि हैं। उनकी यह पक्षधरता कोरी सैद्धांतिक पक्षधरता नहीं है। इसके पीछे उनकी गहरी अनुभूतियाँ और सघन लगाव काम कर रहे हैं, जिनका हवाला मैंने शुरू में ही दिया है। नागार्जुन न केवल उसी के लिए लिखते, बल्कि उसी की तरह जीते भी हैं। लिखने और जीने की यह एकता नागार्जुन की कविता की सबसे बड़ी खूबसूरती है।

आज तो बहुतेरे युवा वामपंथी कवि यह दावा करने लगे हैं कि देशप्रेम की शुरुआत व्यक्तिगत प्रेम से ही हो सकती है और इसीलिए उनकी राष्ट्रप्रेम की कविताओं का चेहरा क्रांति की आँच से तमतमाया हुआ है। उनके अनुसार यह एक ऐसा सत्य है, जिसे सबसे पहले चेग्वारा जैसे क्रांतिकारियों ने ही प्रकट किया। इसीलिए मैं भारतीय साहित्य शास्त्रियों के रसराज वाली धारणा के आधार पर यह भी नहीं मान पाता कि काम ही वह मूलवृत्ति है, जिसके आधार पर दुनिया का असली रंग–रूप संवेदनागम्य हो सकता है। फ्रायडियन 'काम' को मैं इस अर्थ में अपेक्षाकृत अति संकीर्ण मानता हूँ। हाँ, अगर काम को दार्शनिक धरातल पर लिया जाये, तो निश्चय ही वह सारे भावों को समेट लेता है। आचार्य शुक्ल ने 'कविता क्या है' शीर्षक अपने महानिबन्ध में कविता का मूल उत्स कवि की भावुकता को मानते हुए यह दृढ़ मान्यता प्रकट की है कि सच्चे भावुक कवि की पहचान इस बात से होगी कि वह प्रकृति और जीवन के अति सामान्य-से लगने वाले दृश्यों से कितना रागपूर्ण सम्बन्ध-स्थापन कर पाया है। यदि उसका रागतत्त्व भव्य और दिव्य चमकीले और असाधारण में ही लिप्त है, तो वह आचार्य की निगाह में सच्चा, सहृदय और भावुक कवि नहीं। मुक्तिबोध ने 'नयी कविता का आत्म–संघर्ष तथा अन्य निबन्ध' में इसीलिए अपने जमाने के कवियों से सौन्दर्य के रूढ़ सेंसर्स तोड़ने का अनुरोध किया था। उनका यह कहना था कि वीरान बंजर पठार में भी एक आकर्षण होता है, सघन अन्धकार की भी एक खूबसूरती होती है, उसे हमारे कवि क्यों भूले हुए हैं? नागार्जुन ने इस कथन के बहुत पहले ही एक कविता लिखी थी—'जया'। यह पड़ोसी की एक गूँगी लड़की का नाम है, जिस पर इस कवि का प्रेम छलका है और उसी के प्रकाश में वह उसके सुन्दर भविष्य का साक्षात्कार कर सका है। कवि की एक और कविता है 'रंगीन चूड़ियाँ', जिसमें एक ड्राइवर बाप अपनी नन्ही बेटी की चूड़ियाँ बस के अगले हिस्से में अपने सामने टाँगे हुए है। जब वे चूड़ियाँ हिलती हैं, उसे अपनी बेटी ही आँखों के सामने उछलती–कूदती–नाचती नजर आती है। एक ड्राइवर बाप के लिए इससे बड़ा सुख और क्या हो सकता है, जो दिन–भर अपनी बच्ची से दूर रहने को मजबूर है। जीवन के ये छोटे-से लगने वाले छोटे लोगों के सुख जो नहीं समझ सकते, वे नागार्जुन को न समझ सकें तो क्या आश्चर्य?

नागार्जुन कविता और कविता–आन्दोलनों की तमाम चौहद्दियों को पार कर जीवन के इस प्रकृत और सहज रूप को पकड़ लेते हैं। जो लिपा–पुता, सजा-सँवरा लावण्ययुक्त है, उस पर तो सबकी निगाह जाती रही है, क्योंकि असाधारणता

का अपना एक आकर्षण होता है जो खींचता है, पर 'जहाँ न पहुँचे रवि वहाँ पहुँचे कवि' वाली उक्ति का तब कोई मतलब ही नहीं रह जाता। जानने वाले जानते हैं कि कविता का संसार कभी भी पुराना नहीं पड़ता, न ही उसका कोई ओर-छोर है। हर आने वाले कवि को आगे बढ़ने के लिए राहें खुली हुई हैं। वे और लोग होंगे, जिन्हें विषयों का टोटा सताता रहता है। सच्चा कवि तो हमेशा इनकी प्रचुरता में रहता है। हर घटना उसे भाव-विह्वल या विचलित करने पर उतारू रहती है। यही उसकी संवेदनशीलता की तरलता और सजगता का सबसे बड़ा प्रमाण है। इस दृष्टि से नागार्जुन अपने समय के सबसे ज्यादा जागरूक और तरल संवेदना के कवि हैं। इतने कि अगर कविता को अखबार के स्तर तक उतारना पड़े, तो भी उन्हें कोई संकोच या हिचक नहीं।

भारतेन्दु ने भी अपने जमाने में 'का सखि साजन ना सखि पुलिस' जैसी पंक्तियाँ और 'अँधेर नगरी' जैसा नाटक लिखकर यह संकेत दे दिया था कि सौन्दर्य एक गतिशील और परिवर्तनोन्मुखी धारणा है। तभी न फैशन की दुनिया इतनी जल्दी-जल्दी बदलती रहती है। तभी न प्रबुद्ध समाज 'आँसू' और 'पल्लव' या 'जुही की कली' के बदले 'कफ़न' और 'पूस की रात' तक उसी कोमल और द्रवणशील चित्त से संचरण कर पाता है। इसलिए शाश्वत सौन्दर्य की माँग करने वालों को यह सोचना चाहिए कि सौन्दर्य-बोध एक गतिशील और व्यापक अवधारणा है और इसका कोई एक अटल प्रतिमान नहीं हो सकता। अगर होता, तो राम, कृष्ण, युधिष्ठिर और दुष्यंत के रहते 'होरी' हमारा युग नायक कैसे बन जाता? उसी प्रकार नागार्जुन की 'हरिजन गाथा' कविता का वह हरिजन बालक कैसे हमारे आगामी युग का संदेशवाहक बनता? किन्तु यह उद्यम सिर्फ वे ही कवि कर सकते हैं, जो कविता की बनी बनाई परिपाटियों और अवधारणाओं से स्वयं को मुक्त कर पाते हैं और वे ही सहृदय आलोचक ऐसे नये प्रस्थानों को पहचान पाते हैं, शास्त्र ने जिन्हें अपना क्रीतदास नहीं बना रखा है।

क्या कारण है कि आचार्य शुक्ल जैसा साहित्य समीक्षक कबीर जैसे कवि को ठीक वैसी सहृदयता नहीं दे पाता जैसी कि रवीन्द्रनाथ, आचार्य क्षितिमोहन सेन और आचार्य हजारी प्रसाद द्विवेदी कबीर को देते हैं? इससे लगता है सहृदयों के भी कई-कई गोत्र और जातियाँ होती हैं। स्वयं मेरे गुरुदेव आचार्य वाजपेयी को मुक्तिबोध की कविताओं में चिल्लाहट सुनाई देती थी। साहित्य में ही नहीं, जीवन में भी इस प्रकार की रुचि-बाधकता काम किया करती है और नयी सौन्दर्य-छवियाँ हजारों साल तक नर्गिस की तरह अपनी बेनूरी पर रोने को

मजबूर रहा करती हैं। निराला के मुक्त छन्द को एक समय के प्रबुद्ध लोग व्यंग्य में केंचुआ और रबड़ छन्द से सम्बोधित करते थे। इसलिए आज अगर नागार्जुन की कुछ कविताएँ लोगों की निगाह में मात्र पर्चेबाजियाँ हैं, तो इसमें उनका कोई दोष नहीं; सिर्फ उनकी रुढ़िबद्ध रसिकाई आड़े आ रही है। वे कवि विशेष को अपनी रुचियों के बँधे-बँधाए आँगन में नाचते हुए पाना चाहते हैं। अफसोस, नागार्जुन कबीराना अंदाज में घर–गृहस्थी को स्वीकार करते हुए भी उसे जलाने के लिए तैयार हैं। वे जानते हैं कि फाकामस्ती और फक्कड़पन का मजा क्या है? घर-आँगन, तथाकथित अभिजातवाद, शालीन लिहाज और मन्द–मन्द मृदु मुस्कान को किन समझौतों और शर्तों के तहत अपना तेज हरण कराना पड़ रहा है, इसलिए वे कविता के इस सँकरे दायरे को तोड़कर दूर खड़े हो जाते हैं, सिर्फ यह देखने के लिए कि क्या अब भी उनमें नया कुछ रचने की ऊर्जा बची हुई है या फिर रिटायर्ड कवियों की तरह जीवन के आखिरी दिनों में पुरानी कमाई का फल चखते रहना–भर अब उनकी नियति रह गया है।

मैथिलीशरण गुप्त एक उम्र में पहुँच कर लिखना बंद कर चुके थे। उनके जीवन काल में ही उनके रचनाकार की मृत्यु हो चुकी थी। बच्चन कविता और गद्य दोनों को ही नमस्कार करके अब भी जिंदा हैं, किन्तु नागार्जुन अभी न होगा मेरा अन्त वाली शैली में आज भी हिन्दी और बंगला में निरन्तर लिखे चले जा रहे हैं। उनकी प्रतिभा का स्रोत सूखा नहीं है। बुढ़ौती में जिस तरह रवीन्द्रनाथ की ऊर्जा ने जोर मारा तो वे चित्रकला में उतर आए, उसी तरह नागार्जुन इस उम्र में बंगला भाषा में एक ताजे और अनूठे कवि के रूप में प्रवेश कर रहे हैं। संस्कृत और मैथिली में तो वे लिखते ही आ रहे थे। वहाँ वे 'यात्री' हैं। हिन्दी में नागार्जुन। एक साथ तीन–तीन नाम। एक पिता के द्वारा दिया हुआ, दो खुद के चुने हुए। परम्परा में आधुनिकता द्वारा की गई यह बढ़ोत्तरी उनके सम्पूर्ण व्यक्तित्व की पहचान है।

वे अतीत को उतना ही जानते हैं जितना किसी भी रचनाकार को जानना चाहिए, पर वे उसमें से चुनते हैं, अपने युग के लायक। उसे माँजते और चमकाते हैं। जरूरत पड़ी तो कुछ और जोड़कर उसे तरोताजा बनाते हैं या फिर पुराने को नया अर्थ देकर पुनः प्रतिष्ठित करते हैं।

तुलसीदास और निराला की तरह वे अनेक भाषाओं के साथ–साथ अनेक छन्दों और शैलियों के भी कवि हैं। 'फूले कदंब', 'धिन-धिन धा, धमक–धमक मेघ बजे' जैसे ऋतुगीत जब वे लिखते हैं, तब विद्यापति और निराला दोनों को

शामिल कर लेते हैं। जातीय काव्य–परम्परा उनके यहाँ इसी तरह धड़कती है।

सौन्दर्य-विधान के बारे में तो कुछ कहना ही नहीं। अलंकार वे इसलिए प्रयोग नहीं करते कि कविता को अधिक सजाना है, बल्कि कविता को उनकी जरूरत है। गैर-जरूरत में वे उसे सहज और प्रकृत ही छोड़ देते हैं। वस्तु-चित्रण ही जहाँ अप्रस्तुत विधान का काम कर ले, वहाँ उत्प्रेक्षा की आवश्यकता क्या? वस्तुतः वे शिल्पहीन शिल्प के शिल्पी हैं। उनका शिल्प सूर आदि कवियों या रीतिकालीनों की तरह ऊपर से थोपा हुआ नहीं है। वह वस्तु के साथ इतना रच-पच गया है कि उसे अलग से पहचानना कठिन ही नहीं, बहुत कठिन है। उनकी भाषा में अँग्रेजी, उर्दू, बंगला के अलावा आम फहम भाषा और बोलियों के इतने घुले–मिले शब्द–संस्कार हैं कि एकाध कवि समीक्षकों ने उसे सधुक्कड़ी तक कह डाला है, क्योंकि नागार्जुन घुमक्कड़ जो हैं। समीक्षा में भी ऐसी तुक तान बिठायी जाती है, यह देखकर आश्चर्य ही होता है।

मैं जो बात कहना चाहता हूँ वह बहुत सारे मित्रों को केवल चौंकाएगी, नहीं, आहत भी करेगी, किन्तु अपने अनुभूत सत्य और धारणा को प्रबुद्ध समाज के समक्ष विचारार्थ रखना कभी भी अपराध नहीं माना गया। यही सोचकर मैं यह धारणा व्यक्त करना चाहता हूँ कि नागार्जुन प्रगतिशील कविता में आदर्श हैं और अपने जातीय समकालीनों में सबसे विशिष्ट भी। रूप और शिल्प, भाषा और कथ्य के समग्र अवलोकन पर तो वे निराला के बाद के सबसे विशिष्ट और बहुआयामी कवि साबित होते हैं। उनमें क्लासिक और रोमांटिक का अद्‌भुत संयोग प्राप्त होता है, इतिहास और आधुनिकता की मैत्रीपूर्ण संगति दिखाई देती है। यहाँ प्राचीनता और नवीनता न किसी वैचारिक मतवाद या सम्प्रदायवाद का स्वरूप ग्रहण करती है, न ही इतिहासान्ध होकर चन्द कविताई लटके–झटके या भाषीय जुमलों में कैद होती है। उसमें सहज का गौरव और सामान्य का संघर्ष बहुत साफ–साफ दिखता है।

मुक्तिबोध की तरह उनकी नियति सफेदपोश मध्यमवर्ग की फैशनमुखी क्रांति-विलासिता की शरण में जाना न होकर आम जनता के बीच डोलना–टहलना और उसके स्थानीय संघर्षों में उसका साथ देना है। मुक्तिबोध की कविता आतंक, त्रास, पश्चाताप, ग्लानि, विक्षोभ और कहीं–कहीं असमंजस की कविता भी है। उनके यहाँ मध्यवर्ग और उसकी विशिष्ट खामियाँ ही मूल चिन्ता के रूप में व्यक्त हैं, जबकि नागार्जुन के यहाँ निम्नवर्ग या सचमुच का सर्वहारा वर्ग कविता का नायक हैं। रिक्शा खींचने वाला, चटकल में काम करने वाला मजदूर,

उच्चवर्ग का पुश्तैनी शिकार हरिजन, मछुआरा और महिला वर्ग, जो वर्षों नहीं, शताब्दियों से भारतीय समाज की गुलामी करने को विवश हैं, नागार्जुन की कविता के चरित नायक हैं। मुक्तिबोध स्पष्टतः पढ़े-लिखे बुद्धिजीवी समाज के कवि हैं। उनका क्रांतिधर भी वही है और वही ग्लानि, असामंजस्य, दुविधा और पश्चाताप की आग में जल भी रहा है। वही उनकी आशा का बोध-केन्द्र भी है, जबकि नागार्जुन को इस वर्ग से न तो कोई आशा है, न ही वे इसके अपने असंगत आचरण के लिए चिन्तित ही हैं; एकाध अपवादों के। उनकी मूल चिन्ता पददलित, शोषित, किन्तु करवटें लेता हुआ वह जागरूक किसान, मजदूर और हरिजन है, जो अपना भविष्य स्वयं तय करेगा।

वे मध्यकालीन रीतिवाद या छायावादी संस्कारवाद से बचकर भाषा और शिल्प के नये प्रतिमानों की तलाश करते हैं। वे मुक्तिबोध की तरह इतने भावविह्वल कवि भी नहीं हैं कि अपनी अनुभूतियों को पराकल्पना (फैण्टेसी) का लिबास पहना दें, न ही उनकी तरह विक्षोभग्रस्त ही कि 'ब्रह्मराक्षस' बन जायें। नागार्जुन की पक्षधरता जितनी स्पष्ट और पारदर्शी है, उनकी कविता भी उतनी ही प्रकट, दो टूक निखालिस और जनमुखी है। आगामी प्रगतिशील कविता के वे अन्यतम उदाहरण होंगे, मुझे इसमें कोई सन्देह नहीं।

हिन्दी की वामपंथी कविता भले ही मुक्तिबोध को कलागुरु की उपाधि दे, किन्तु अनुसरण तो वह नागार्जुन का ही करेगी, क्योंकि नागार्जुन का सर्जक व्यक्तित्व विविधतासम्पन्न और लोक की निकटस्थ पहचान से तपा और निखरा हुआ है। वे ही एक ऐसे कवि हैं, जो कभी भी किसी के द्वारा पालतू या सरकारी बनाए जाने की नियति से बच सके हैं। उनकी यह विशेषता कही जाएगी कि उन्होंने समय के तमाम कविता-रूपों और भाषा-भंगिमाओं को प्रगतिशील कविता के दायरे में शामिल कर लिया है। कहने की जरूरत नहीं कि इससे प्रगतिशील कविता का वृत्त अधिक व्यापक हुआ है। साथ ही उन्होंने कविता को गद्य के बेहद करीब लाकर खड़ा करते हुए यह जाँचने की कोशिश भी की है कि नारा कब कविता बन जाता है और ऐसी कविता मंत्र भी हो सकती है या नहीं।

उनकी काव्य-प्रेरणा सीधे जनान्दोलनों और रोजमर्रा के जीवन से चलकर आती है। वहीं से वे अपनी भाषा उठाते हैं और संगीत भी। कहने को मन होता है कि मुक्तिबोध अगर प्रगतिशील कविता के जयशंकर प्रसाद हैं, तो नागार्जुन निश्चय ही निराला के स्थानीय हैं। यों भी प्रसाद मुक्तिबोध के और निराला नागार्जुन के आदर्श कवियों में से हैं। निराला की ही तरह नागार्जुन का संघर्ष

अपने संस्कारों से जूझने का है, किन्तु निराला यह काम जिस युग की स्थापना के लिए कर रहे थे, वह छायावाद था। नागार्जुन प्रगतिवाद के सन्दर्भ में ठीक यही भूमिका निभा रहे हैं।

गोर्की की तरह वे अपने देश के आम आदमी से जुड़कर उसी की लड़ाई लड़ते हुए प्रेमचन्द की अगली कड़ी के रूप में हमारे सामने आते हैं। उनकी बहुमुखी प्रतिभा और सृजनात्मक विवेक का इससे बढ़कर और क्या प्रमाण हो सकता है कि अधीत पाण्डित्य के बावजूद वे कला और संस्कृति के भव्य शिखरों की चौंध से कभी अन्धे नहीं हुए, न ही अपनी बुद्धिजीविता के अहं में घोंघा धर्म ही स्वीकार किया। आज भी वे अकुण्ठित व्यक्तित्व के धनी हैं। जितने क्रोध में उनका व्यंग्य फूटता है, उतने ही उल्लास में वे 'धिन-धिन धा धमक-धमक मेघ बजे' के ताल पर थिरक भी उठते हैं। वे उस पूर्णजन के कवि हैं, जिसे इतिहास ने सँवारा और आधुनिकता ने ऊर्जस्वित किया है। आज भी वे भाषाओं, शैलियों और रूपों की प्रचुरता में हैं। आज भी उनकी कलम शोषण के पुरोहितों के खिलाफ संकल्पबद्ध है।[1]

मेरे यह पूछने पर—'आपने कोई प्रतिरोध दर्ज किया या नहीं?' उनका जवाब था—'उहं, कौन झमेले में डाले। मैं मजा लेता रहा।' उनका इशारा साफ था। बेचारा संपादक झमेले में पड़ जाता।

उन्हीं दिनों मैंने देखा, वे अपनी काव्य-प्रतिष्ठा के प्रश्न को लेकर जब-तब उद्विग्न हो उठा करते। उनके पास न तो कोई अखबार था, न कोई पक्षधर पत्रिका। मुक्तिबोध साहित्यिक चर्चाओं में सबसे ऊपर थे। बड़े-बड़े आलोचक बात-बात में मुक्तिबोध को रेफर करने में लगे थे। अज्ञेय प्रतिष्ठित होकर चर्चा से लगभग बाहर हो चुके थे। पन्त, महादेवी और दिनकर अपने यश के शिखर पर थे। तब नागार्जुन अपना झोला-डण्डा उठाये इस कस्बे से उस कस्बे तक नई सहृदयता और तरल संवेदनशीलता की तलाश में थे। कभी सुधीश पचौरी और कर्ण सिंह चौहान, कभी वाचस्पति (जहरीखाल) तो कभी मैं खुद। ये उनके मोबाइल किस्म के डेरे थे। इन्हीं में अर्चना डाकघर वाला कलकत्ता का डेरा और महेन्द्रू पटना वाला भी। पटना के खगेन्द्र ठाकुर।

वामपंथी पार्टी उनसे खासी नाराज़ थी। सन् बासठ के भारत-चीन युद्ध में नागार्जुन की भूमिका को लेकर अखबार घास नहीं डाल रहे थे। विश्वविद्यालयों के मूढ़मति दिग्गज आचार्यगण संवेदन-कुंद हो चुके थे। नागार्जुन की कविता की ठेठ देशी ध्वनियाँ उन्हें बेहद फूहड़ और अकाव्यपरक लग रही थीं। उनका संगीत

भी चौराहे का और वाक्य-विन्यास भी खेती-किसानी वाला। व्यवस्था के पोषक विश्वविद्यालयों को नागार्जुन का यह किसानी सौन्दर्य-बोध भला कैसे रुचता? अकेले रामविलास शर्मा थे, जिन्होंने नागार्जुन पर एक गम्भीर लेख लिखा और कहा कि वे ग्राम-संवेदना के विरले कवि हैं, पर यह अधूरा कथन था, इसे बताने या समझाने की जरूरत आज शायद ही पड़े। तब भी एक बड़े आलोचक द्वारा नागार्जुन के कवि की चर्चा का एक अर्थ तो उन दिनों था ही। फिर भी उन्हें लगता था कि उनके साथ न्याय नहीं हो पा रहा। कवि और कविता का संसार अब भी अभिजनोचित और अभिजनोन्मुख है। हिन्दी के लेखक और कवि अभी भी घिसी-पिटी साहित्यिक भाषा और रूढ़ हो उठे मुक्त गद्यवृत्त के गुलाम हैं। सड़कों, बाजारों, गली-मुहल्लों, कल-कारखानों और खेतों वाली भाषा और उसके मुहावरे अब भी लगभग अछूत माने जा रहे हैं। साहित्यिक रचनाशीलता पर अब भी वर्चस्ववादी ब्राह्मण बुद्धि हावी है। वाक्य-विन्यास और पद-रचना में घिसापिटापन है। सहज बोलचाल और उसकी जीवन्तता को प्रवेश-वर्जित कर कविता की जनपक्षधरता की लीला की जा रही है। एक दिन इसी रौब में उन्होंने मुझसे कहा, "तुम ये रजनीश क्या पढ़ते रहते हो?" एकाध बार की अनसुनी कर देने के बाद मेरे मुँह से निकल पड़ा, "जब आपने पढ़ा ही नहीं, तो मैं क्या जवाब दूँ। मुझे ढेर सारी बातें मिलती हैं उन्हें पढ़ते हुए। एक ऐसी हिन्दी मिलती है, जिसमें अर्थ की गम्भीरता के बावजूद बोलचाल की सहजता और असाधारण सम्प्रेषणशीलता है।" उन्होंने किंचित गम्भीर, किन्तु उठे हुए स्वर में कहा—"रख दो। दो-तीन दिन मैं भी इसे पढ़ कर देखता हूँ।"

मैं कॉलेज चला जाता तो वे उन किताबों को उलटते-पलटते। तीसरे या चौथे दिन चाय पर मैंने उन्हें छेड़ा- "आपने किताबें पलटी तो होंगी?" उन्होंने बगैर किसी संकोच के, बगैर समय गँवाए झट से कह डाला—"साला! तीन मकार तक तो पहुँच ही गया है, पर इसमें नया क्या है? हमारे सरहपा—कण्हपा तो पंच मकार तक पहुँचे हुए लोग हैं। उनमें से एकाध तो डोमपा भी हैं। जानते हो डोमपा का अर्थ क्या है? 'पा' तो संस्कृत का 'पाद' है। कोई डोम कन्या रही होगी, जिसके सेवन से यह नाम चला होगा। अपने सिद्ध और नाथ साधु-संन्यासी कोई देवता तो नहीं थे न?" यह कह उन्होंने चाय की चुस्की ली और बोले— "बुद्धिजीवी को अपनी सोच की दिशा भी तय करनी चाहिए कि वह किसके लिए चिन्तन कर रहा है। उसकी सोच जनोन्मुख है कि नहीं। इस मायने में वो लोहिया बहुत ठीक आदमी था। इसीलिए तो वह खुद को सत्ताधीश और मठाधीश

(नेहरू और विनोबा) से अलग कर कुजात गाँधीवादी कहा करता था। हिन्दी प्रदेश का वह अकेला आदमी था, जिसकी सोच जनोन्मुख थी।" मैंने जिज्ञासा की—"आप तो वामपंथी हैं और समर्थन लोहिया का कर रहे हैं?" "तो क्या? हम यह देखेंगे कि जनता के पक्ष का समर्थन किस बात से हो रहा है। अब यह तुम्हारा रजनीश है न? यह बड़े-बड़े धन्ना सेठों और पूँजीपतियों का चिन्तक है। पश्चिम के लोगों के लिए भारत में घुसने का एक और दरवाजा यहाँ मिल गया है, पर जिस उन्मुक्तता की बात वो कर रहा है क्या भारत का समाज उसे स्वीकारेगा?" मैंने कहा, "जो बातें आप कह रहे हैं, उन्हें लिख दूँ" तो उन्होंने हामी भर दी, पर इन्हीं बातों को व्यवस्थित ढंग से कहने में उन्होंने कई दिन लगाए। कई-कई शामें सिर्फ रिहर्सल-सी करते गुजरीं। कई इतवार अब-तब के इन्तजार में बीत गए। बीच-बीच में उनका अकस्मात् बमकना और उखड़ पड़ना भी बदस्तूर जारी रहा। मैं लाख उनके मन की चाय बनाता, दलिया की नायाब खिचड़ी पकाता, पर वे थे कि हाथ नहीं धरने देते और मूडी ऐसे कि दिन भर के मनमाफिक आराम और ऊर्जा-संग्रह के बाद वाले दिन की नींद के उपरान्त उसी कमरे में नाचने लगते और तरह-तरह के किस्से सुनाते। उनका यह नाचना मेरी पत्नी को बिल्कुल नागवार गुजरता। उसे इसमें बहुरूपियापन की गंध आती। इतना बूढ़ा और बड़ा कवि कहा जाने वाला व्यक्ति इतना हल्का-फुल्का और बच्चों जैसा मुक्त कैसे हो सकता है? उसे यह सब कुछ समझ में कैसे आता, क्योंकि उसके दिमाग में तो जयशंकर प्रसाद, मैथिलीशरण गुप्त, महादेवी और अज्ञेय, दिनकर जैसे कविगण थे। उसे गम्भीरता और आदमी का अति कामकाजी और व्यवस्थित रूप ही पसंद था। नागार्जुन इस कसौटी पर प्रायः खरे नहीं भी उतरते थे। औसत पढ़े-लिखे और छद्म किस्म के बुद्धिजीवियों का मजा लेने में उन्हें खूब आनन्द आता था। मौका पाकर वे उसे चिढ़ा बैठते थे और वह बेचारा खीझ उठता था। बात सिर्फ इतनी थी कि वे आदमी के बने-बनाए रूढ़ दिमाग और उसमें घर किए बैठे फार्मूला-बिम्बों को झटका देकर तहस-नहस कर दिया चाहते थे। इसी प्रसंग में उन्होंने एक दिन मुझे कहा था—"देखो, मैं निराला के गोत्र का आदमी नहीं हूँ। निराला में बहुत कुछ ऐसा है, जो अभिजातों के ड्राइंग रूम में सजाने लायक है, मुझमें नहीं। मेरा गोत्र औघड़ों का है। मुझे करीब बिठाने में बहुत हिम्मत की जरूरत पड़ेगी। निराला भी साहसिक हैं पर उनके साहस में सांस्कृतिक परिष्कार भी खूब है। मुझमें इस तुलना में थोड़ा फूहड़पन और ढेर सारा भदेसपन है। इसे वे सब बर्दाश्त नहीं कर पाएँगे। मैं सीधे-सीधे

गाली बक सकता हूँ नाम लेकर। निराला यही सब प्रतीकों के जरिए करेंगे। वे इस दृष्टि से आदि से अन्त तक कवि हैं। मैं इस सीमा के बाहर भी चला जाता हूँ। यानी कि तथाकथित कविताई का अतिक्रमण कर जाने वाला कवि।" वे इसे तरह-तरह से मुझे समझाते।

याद पड़ता है एक रीतिकालीन कवि ने लिखा था-'जग की कविताई के धोखे रहैं, ह्याँ प्रवीनन की मति जाति चकी।' प्रसाद-निराला आदि में कविता का जो जगत् रूप और आकार ले चुका था, नागार्जुन इस सुसभ्य और अति अभिजात दुनिया से काफी दूर एक ऐसी गँवई बस्ती बसाने में जुटे हुए थे, जिसे हम प्रायः महानगरों के आस-पास झुग्गी-झोंपड़ियों की शक्ल में देखते हैं। उनकी कविता में यह उपनगरीयता काफी है। बुद्धि के स्तर पर अति-विकसित और आत्म सजग नागार्जुन बार-बार नकली किस्म की आधुनिकता पर ठेठ देशी ढंग से हमला बोल दिया करते—'हमने तो रगड़ा है। तुमसे क्या झगड़ा है। खांसो भी। खुनको भी। बमको भी। चुप-चुप तो मौत है। पीप है कठौत है।' आदि-आदि। मैं उनकी इन बातों को सुनते हुए अचकचा उठता। वे मुझे भाँपते हुए कहते—"पहले अपनी यह प्रोफेसरी छोड़कर तुम मुझे बताओ- फिर थोड़ा रुककर मुझे नसीहत-सी देते रहते"। "सहृदयता का ठेका केवल तुम पढ़े-लिखे लोगों का नहीं है। मेरे लिए वे भी सहृदय हैं, जो पढ़ना-लिखना तो नहीं कर पाए, पर जिनके पास गम्भीर और मार्मिक बातों की समझ है।" अधिक करीब का उदाहरण लेकर वे मुझे समझाते—"वो तुम्हारे भाई बुद्धदेव हैं न? होंठों पर उँगली रखकर मुस्कराते रहते हैं। अपने रघुनाथ सिंह जी (विदिशा के प्राइमरी स्कूल के अध्यापक, शहर के प्रतिष्ठित चित्रकार और हमारी मित्र-मण्डली के सदस्य) हैं। इस तुलना में तुम्हारे कॉलेज के कितने प्रोफेसर हैं, जिन्हें कविता की मार्मिकता की खबर है?"

विदिशा आते तो मैं जब-तब उनके पास टेपरिकार्डर लेकर बैठ जाता। वे भड़क उठते—"पहले इसे हटाओ। यह क्या बात हुई। मैं नहीं बोलूँगा।" मेरी हिम्मत जवाब दे जाती। कभी-कभी तो खीझ भी आती, पर जल्दी ही पसीना भी छूट जाता। मुझे टेप उठाकर रख देना पड़ता। फिर वे आश्वस्त होकर बोलने लगते। मैं उनके पास से उठने के बाद अपनी टेबुल पर आ जाता और कही गई बातों को तत्काल नोट कर लेता। ऐसा काफी दिनों तक और कई बार करता रहा। उन्होंने देखा कि मैं मानने वाला नहीं और बेशर्मों का बेशर्म हूँ, तो वे फिर कावा काटने लगे। दिनों तक नहीं बोलना। ट्रांजिस्टर कानों से लगाए रहना या

फिर 'जनसत्ता' आदि अखबारों के पन्ने पलटते रहना। खाने के वक्त चुपचाप उठकर खा लेना और फिर बिस्तर की ओर चल देना। मिलने-जुलने वालों को मिलने-जुलने से मनाही। एक तपोवनी नीरवता की माँग और इसमें किसी तपस्वी का-सा रमंण। वो मुझे समझाते—"एकांत और क्या होता है? यही तो है एकांत। रचनाकार को इसका खूब सेवन करना चाहिए। तब उसके शब्द मंत्र या नारा बन पाते हैं।"

एकांत के इस क्षीर-सागर में विष्णु की तरह महीनों विहार करते मैंने उन्हें देखा। फिर कभी अकस्मात् वे किसी पलाश या सेमल की तरह गहगहा कर उत्फुल्ल हो उठते। लगता मौसम यक-ब-यक बदल गया है। तब उनका एकांत पक कर झरने लगता। नई से नई बातें, नये से नये ढंग में। इसमें कितने शब्द परम्परा से लिए गए होते और कितने खुद नागार्जुन के रचे हुए। अपने समय को, अपने अनुभवों को जबरदस्त मुट्ठी में कसे हुए वे आदरणीय-फादरणीय, ओलन-छोलन जैसे शब्द-युग्म रचते और इलाहाबाद से लेकर मिथिलांचल के मुहावरों की जमात इकट्ठी कर दिया करते—प्रतिभा-पुत्र, अल्ट्रालेफ्ट फ्रेंचकट दाढ़ी वाला एंग्री यंग मैन, शेयर-वेयर, कच्छो नहीं बोलिएगा, निर्गुणी शांति, प्यार का अनूठा रयासन, महाकोल की कुलिश-कामिनी, जल-जूल, सत्यानाशी दुर्बुद्धि, अक्षयवट संगम, वहाँ जमा फिर रंगारंगम-जैसे शब्द-संसार गढ़ते कि उनकी भाषा में नई जान-सी आती चली जाती और मरियल भाषा-कवि सकते में नजर आते।

अपने दीर्घ जीवन और लम्बे बुढ़ापे के बावजूद वे चिर जाग्रत, चिर किशोर, चिर युवा आत्मा के स्वामी थे। न उनकी अनुभव-प्रक्रिया बूढ़ी हुई थी, न उनकी अभिव्यक्ति प्रणाली। चीजों को देखने, छूने, परखने और उनके साथ पेश आने का उनका जाना-पहचाना अंदाज भी अदला-बदला नहीं था। वे सदाबहार वन की तरह लहराते-झूमते रहे और साबित करते रहे कि सरापा कवि एक सरापा प्राण होता है। और यह प्राण न कभी बूढ़ा होता है, न बीमार, और न इसकी मौत होती है कभी। अपनी कविता में नागार्जुन यही संदेश हमारे लिए छोड़ गए हैं।

बादल को घिरते देखा है

एक

नागार्जुन संस्कृत जानते हैं। जानते ही नहीं, उसके गहरे पंडित भी हैं। पंडित ही नहीं, संस्कृत कविता के परम रसज्ञ भी हैं। यह हम सब लोगों को तब पता चला जब वे पहली बार सागर विश्वविद्यालय के हिन्दी विभाग में कवि निराला पर बोलने आए। वहीं उनका कहा यह वाक्य भी अब तक भूला नहीं है कि मुक्त छन्द वही लिख सकता है, जिसे छन्द की गहरी और अधिकारपूर्ण जानकारी हो।

तब तक कवि नागार्जुन की दो कविता पुस्तकें छपकर हिन्दी पाठकों के हाथ आ चुकी थीं। पहली 'सतरंगे पंखोंवाली' और दूसरी 'प्यासी पथराई आँखें'। नाम से ही पता चलता है कि एक में रोमान की उड़ान, तो दूसरी में यथार्थ की चुभन और कसक होगी। नागार्जुन के ये दोनों कविता-संग्रह हिन्दी कविता के आस्वाद में बहुत कुछ नया जोड़ रहे थे।

संस्कृत साहित्य के अध्येता के रूप में नागार्जुन कालिदास जैसे कवियों से इतने प्रभावित थे कि उनकी प्रारम्भिक दो कविताओं का सम्बन्ध कालिदास से ही है। पहली 'बादल को घिरते देखा है' दूसरी 'कालिदास सच–सच बतलाना'।

पाठकों के लिए यह जानकारी भी कम महत्त्वपूर्ण नहीं होगी कि वे अपनी मातृभाषा मैथिली में 'यात्री' नाम से लिखते रहे हैं और जीवन के आखिरी दिनों में कई महत्त्वपूर्ण रचनाएँ उन्होंने बंगला में भी की। अगर कटनी (मध्य प्रदेश) शहर में कहीं जाते हुए रिक्शे पर उनका झोला छूट न गया होता और बंगला कविताओं वाली उनकी डायरी उसी में चली न गई होती, तो वे कविताएँ भी उनके सम्पादक और ज्येष्ठ पुत्र शोभाकांत की मदद से कवि के जीवन–काल में ही आ चुकी होतीं। बाद में वे आईं भी, लेकिन कितनी, कहना मुश्किल।

संस्कृत, हिन्दी, मैथिली और बंगला में लिखते हुए नागार्जुन ने एक प्रकार से करोड़ों भारतीयों के जीवनानुभवों को उनके भूगोल और इतिहास में प्रकट

किया है। उस परम्परागत जीवन को भी रचा है, जो कश्मीर और हिमालय की तराइयों से जुड़ा है। यायावरी से भरपूर अपने जीवन में उन्होंने जो विविध और विलक्षण अनुभव स्तर एकत्र किए हैं, वे उनकी रचनाओं में भी प्रतिबिम्बित हुए हैं। प्रकृति और जीवन का यह मिला-जुला ठाट उनकी कविता में यहाँ जिस रूप में प्रतिबिम्बित हुआ है, वह रूप जितना प्रत्यक्ष अनुभव से ग्रहण किया गया है, उससे कहीं अधिक उस पारम्परिक विशद् अध्ययन से, जो मिथिला की ग्रामीण पाठशाला से लेकर काशी और कोलकाता की विद्वत्मण्डली तक फैला हुआ है।

नागार्जुन ने जो देखा और जितना कुछ पढ़ा, उसका एक खूबसूरत उदाहरण उनकी यह कविता—'बादल को घिरते देखा है'—है, जिसमें कुमार सम्भव, रघुवंश और सबसे ज्यादा मेघदूत जैसे रोमानी काव्यों का छायालोक हिलोरें ले रहा है। अनुभव, कल्पना और परम्परा-ज्ञान की संयुक्त शक्ति से रची गई यह कविता- बादल को घिरते देखा है—पर्वतराज हिमालय की धवल दिव्यता और गौरव-अनुभूति से भरी हुई है। महापण्डित राहुल सांकृत्यायन के साथ भ्रमण करते हुए नागार्जुन ने हिमालय और उसके आस-पास की मनोरम प्रकृति को किस-किस निगाह से कितने-कितने रूपों में देखा और कितने स्तरों पर कैसा अनुभव किया, उसकी एक विशिष्ट झाँकी हमें इस कविता में मिलती है। सम्भव है कवि ने संस्कृत इतर भाषा-काव्यों-पालि, प्राकृत, अपभ्रंश आदि से भी कुछेक भाव-छायाएँ ग्रहण की हों।

एक संवेदनशील स्रष्टा कवि इन काव्य-छायाओं की पुनर्सृष्टि करता हुआ, अपनी कल्पना के पंखों से आकाश का कौन-कौन सा कोना छानता है, कहना कठिन है, पर इतना तो सच है कि इस कविता में कवि का समूचा संवेदन--तंत्र ऊर्जस्वित ढंग से सक्रिय है और कल्पना और यथार्थ की ऐसी अनूठी अद्वितीयता यहाँ साकार हो सकी है कि यह निर्णय करना कठिन हो उठता है कि इसे महाकाव्यात्मक गीति कहें या फिर गीतात्मक महाकाव्य।

भावानुभव, कल्पना-प्रसार, छन्द, भाषा और लय के साथ जीवन के सपनों की कल्पना-क्रीड़ा यहाँ इतनी रोमांचक और उत्तेजक है कि कविता अपने आप एक स्वाधीन अनुभव-लोक का पर्याय बन गई है।

दो

कविता कुल छह खण्डों और बहत्तर पंक्तियों की है। पहले खण्ड में कुल सात पंक्तियाँ हैं, जिनमें हिमधवल पर्वत चोटियों पर घिरे हुए बादलों के सौन्दर्य का

चित्रांकन है। इतनी ऊँचाई पर बादलों का घिरना केवल घिरना नहीं होता। कवि ने एक समूचा दृश्य–चित्र निर्मित किया है, जिसमें एक ओर तो मानसरोवर झील है, दूसरी ओर उसमें खिले हुए स्वर्ण-कमल और पाले जैसी ठण्डी ओस–बूँदें; कमलों की पंखुड़ियों पर मोती जैसी सजी हुईं। बादल धीरे–धीरे ओसकण बनकर कमलों की पंखुड़ियों पर झर रहे हैं।

यह एक परिपूर्ण प्रकृति–बिम्ब (चित्र) है, हिमालय के उस भाग का, जहाँ मानसरोवर अवस्थित है।

तुंग हिमालय के कंधों पर
छोटी–बड़ी कई झीले हैं,
उनके श्यामल नील सलिल में
समतल देशों से आ–आकर
पावस की ऊमस से आकुल
तिक्त-मधुर विस–तंतु खोजते
हंसों को तिरते देखा है...बादल को घिरते देखा है

दूसरा खण्ड कुल आठ पंक्तियों का है, जिसमें इसी बिम्ब को अधिक विस्तृत, सघन और परिपूर्ण किया गया है। इस तरह यह कविता प्रकृति–वर्णन की एक ऐसी रचना है, जिसके मार्फत कवि ने अपनी काव्य–दृष्टि और सौन्दर्य–बोध को रेखांकित किया है। कविता में वर्णन और चित्रण दोनों ही पद्धतियों का उपयोग किया गया है। हिमालय के उस भूगोल का विवरण–सा देते हुए कवि लिखता है कि मानसरोवर भले ही हिमालय की सबसे बड़ी झील हो, सो भी स्वर्ण-कमलों वाली तथापि हिमालय का विशाल कंधा अनेकों झीलों वाला है। वहाँ एक नहीं, छोटी और बड़ी झीलों की जैसे एक पूरी दुनिया ही हो। उन झीलों की खूबसूरती केवल उनका नीला गहरा जल ही नहीं, उनमें तैरने और प्रवास करने वाले वे हंस भी हैं, जो मैदानी इलाकों की गर्मी से परेशान हो–होकर इधर चले आते हैं और जल-विहार और जल–किल्लोल करते रहते हैं।

कविता के इस टुकड़े की एक और विशेषता नागार्जुन का वह लोक विख्यात स्वाद–बोध है, जो प्रायः उनकी प्रत्येक महत्त्वपूर्ण रचना में जब–तब उभर उठता है। इस खण्ड में 'तिक्त–मधुर' पद लिखकर नागार्जुन ने उसी तीखे-से कसैले--मीठे स्वाद का स्मरण किया है, जो कमल–नाल में रहता है। 'सिंदूर तिलकित भाल' जैसी अपनी अति प्रसिद्ध कविता में कवि ने गन्ना चूसने और ताल मखाना खाने का उल्लेख किया है। 'रतिनाथ की चाची' उपन्यास में नागार्जुन ने मछलियों

और आमों के नामों और स्वादों की झड़ी लगा दी है। इस कविता में यद्यपि इस इकलौते स्वाद का जिक्र है, तथापि यह इकहरा स्वाद नहीं है, दो अलग–अलग स्वादों के सम्मिश्रण से पैदा हो उठने वाले वस्तुतः तीसरे स्वाद का बखान है। आजकल का मुहावरा लें, तो खट्टा-मीठा स्वाद।

इस खण्ड में कवि ने पक्षियों के जीवन और उनकी रुचियों और संवेदन–सजगता का वर्णन भी किया है। पक्षी भी गर्मी–सर्दी का अनुभव करते हैं। वे भी अपनी मनोनुकूल जगहें ढूँढ़ते हैं, तथापि उनका सौन्दर्य-बोध कहीं न कहीं उनके स्वभाव–बोध से जुड़ा रहता है। हंसों की चर्चा कर कवि ने अपनी अभिज्ञता और संवेदनशीलता का कुछ अधिक ही विस्तार से वर्णन किया है–

ऋतु बसन्त का सुप्रभात था
मन्द–मन्द था अनिल बह रहा
बालारुण की मृदु किरणें थीं
अगल-बगल स्वर्णिम शिखर थे
एक-दूसरे से विरहित हो
अगल–बगल रहकर ही जिनको
सारी रात बितानी होगी
निशाकाल के चिर–अभिशापित
बेबस उन चकवा–चकई का
बंद हुआ क्रन्दन फिर उनमें
उस महान सरवर के तीरे
शैवालों की हरी-दरी पर
प्रणय–कलह छिड़ते देखा है
बादल को घिरते देखा है।

कविता का यह तीसरा पदबन्ध चौदह पंक्तियों का है। इसमें कवि ने हंसों के अलावा एक और पक्षी–युगल का उल्लेख किया है, जिसे लेकर लोक में कई गहरी और लुभावनी धारणाएँ हैं। माना जाता है या कहें कि लोक विश्वास है कि चकवा और चकवी दिन में प्यार और प्रणय की जो माला गूँथते हैं, रात में दुर्भाग्यवश वह ताश के महल-सी ढह या टूट-बिखर जाती है। पता नहीं यह चिर अभिशाप उन्हें किसने और क्यों दिया, पर लोक में इस अभिशाप के प्रति काफी गहरी सहानुभूति है। इसीलिए हिमालयी प्रकृति के ये संगी–साथी अवसर पाते ही जिस प्रणय–कलह में डूबते चले जाते हैं, उसका विभोरकारी वर्णन कवि ने इस खण्ड में किया है।

खण्ड की शुरुआत में बसन्त ऋतु के सुप्रभात में मन्द–मन्द बहने वाले अनिल (वायु) और बाल–अरुण (बच्चा सूरज यानी सुबह का लाल सूर्य) की किरणों से सुनहले हो उठे पर्वत–शिखरों का चित्र है। इन पर्वत-शिखरों का अधिकांश भले ही बर्फीला या हिम से ढँका हो, तथापि इनके आस–पास की अनेक झीलों के बीच महान मानसरोवर की तटीय हरीतिमा भी तब कुछ अधिक ही जीवन्त और रमणीय हो उठती है, जब चकवा–चकवी विरह के शाप से मुक्त होकर प्रणय–लीन हो उठते हैं।

पद में 'शैवालों की हरी–दरी' का बिम्ब रचकर कवि ने मानवीकरण अलंकार का प्रयोग किया है। लोक बोली में इसे 'सेवार' कहते हैं। यह वह घास या काईनुमा घास है, जो सरोवर के किनारों के जल को लगभग ढँके रहती है। कविता के इस अंश में कालिदास के विश्वविख्यात काव्य मेघदूत की विरह–वेदना की अनुगूँज भी सुनाई देती है। प्रकृति–वर्णन से चलकर कवि ने यहाँ श्रृंगार–चित्रण का प्रसंग भी जोड़ दिया है। विरह की करुण यातना से गुजर कर मिलन का सुख कुछ अधिक ही उत्तेजक और बहुरंगी हो उठता है। कवि ने इस उद्दाम अनुभव को 'प्रणय–कलह' शब्द के द्वारा व्यक्त किया है। स्मरणीय है कि इससे पहले कवि ने स्वाद के सन्दर्भ में इसी जाति का एक युग्म–पद बनाया है—तिक्त–मधुर। तीखा–मीठा। यहाँ 'प्रणय–कलह' में कई सूक्ष्म संकेत हैं। वात्स्यायन के कामसूत्र में प्रणय–प्रसंगों की इस तीव्रता और उसकी सघन परिणतियों का उल्लेख मिलता है।

हंस और चकवे दो ऐसे पक्षी हैं, जो अति लोक विख्यात हैं। हंस नीर–क्षीर विवेकी होता है, चकवा–चकवी उत्कट और बदनाम प्रेमी। प्रकृति का ऐसा ही सुरम्य वातावरण प्रणय के सन्दर्भों में उद्दीपक पृष्ठभूमि का काम करता है।

कविता का चौथा पद पक्षियों नहीं, हिमालय के जीवन का पर्याय बने उन कस्तूरी मृगों की विलक्षण क्रियाओं से जुड़ा हुआ है, जिनकी नाभि से फूट पड़ने वाली तरल सुगंध खुद उन्हें ही व्याकुल कर डालती है, पर इन भोले–भाले मृगों को कभी यह पता ही नहीं चल पाता कि जिस गंध से बेचैन हो, वे उसके ठौर–ठिकाने ढूँढ़ने निकले हैं, वह तो उनकी नाभि की अपनी ही गंध है। कवि ने इस चित्र को भी बहुत सजगता से निर्मित किया है। सबसे पहले तो उसने दुर्गम बर्फानी घाटी कह और उनकी सैकड़ों–हजारों फुट की ऊँचाई का हवाला देकर हम मैदानी इलाकों के रहने वालों के होश यों ही ठण्डे कर दिए हैं। कस्तूरी मृग हमने भले ही न देखा हो, पर कस्तूरी के बारे में सुना जरूर है और उसकी

गंध की अनुभूति भी जरूर की होगी। हिमालय केवल अपने मानसरोवर और स्वर्णकमल के लिए ख्यात् नहीं है, वह इन कस्तूरी मृगों के लिए भी जाना जाता है। कहते हैं यह प्राणी जरा-सी भी गर्मी बर्दाश्त नहीं कर पाता, फिर ऐसी घाटि यों के बीच रहता है, जहाँ सामान्य व्यक्ति या शिकारी की पहुँच तक मुश्किल है। 'दुर्गम' शब्द का यही तो सटीक प्रयोग है। कवि ने लिखा कि यह एक ऐसा मृग है, जो अपनी मादक कस्तूरी के कारण ही नहीं, अपनी तरल–तरुणाई के चलते भी मदमस्त हुआ रहता है। जैसे कोई आत्मविस्मृत युवा अपनी पगलाई हुई जवानी को ही ढूँढ़ रहा हो और उसे किसी भी स्थिति में न पाकर खुद ही खुद पर खीझ और चिढ़ रहा हो।

अक्सर हम यह मानकर चलते हैं कि हिमालय का मतलब सिर्फ बर्फ का संसार है। जीवन का कोई लक्षण हिमालय में जैसे हो ही नहीं। कविता हमें नये सिरे से यह बोध कराती है कि हिमालय केवल बर्फ का सिलसिला नहीं है, वह दुर्लभ और विरल प्राणी–समूहों की अपनी मनोरम बस्ती भी है।

पाँचवें खण्ड में कवि उस हिमालय की याद करता है, जो उसे कालिदास के ग्रंथों को पढ़ते हुए अक्सर मिला करता था। कालिदास नागार्जुन के प्रिय कवियों में से हैं। अगर कोई कवि कवियों का कवि माना जाता है, तो वह भी कालिदास ही हैं। कुमार सम्भव और मेघदूत में कवि कालिदास ने जिस तरह हिमालय की गोद में बसी अलकापुरी को याद किया है, वह भी तो एक सच है, भले ही ऐसा सच काव्य–सत्य के अन्तर्गत आता ही हो।

संस्कृत काव्य और उसकी परम्परा से अपनी काव्य–चेतना को जोड़ते हुए कवि नागार्जुन ने कवि-कल्पना की ताकत और सौन्दर्य का उद्‌घाटन किया है। प्रत्यक्ष अनुभव और परम्परा प्राप्त काव्य–अनुभव का जो संगम यहाँ दिखता है, उससे कविता वर्तमान की छोटी–सी काल-सीमा को लाँघकर उस कलान्तरता और सनातनता में प्रवेश कर जाती है, जो एक व्यक्ति नहीं, समूची जाति का बोध कराती है। नगाधिराज हिमालय ने अपने प्रत्यक्ष सौन्दर्य से जितना हमें आकर्षित और मोहित किया है उतना ही उन काल्पनिक रूपों से भी, जो नहीं होकर भी होने वाले अस्तित्वों और रूपों से कहीं ज्यादा हैं। पाँचवें खण्ड का काव्य–सौन्दर्य यही है।

यहाँ पहली पंक्ति ही इस जिज्ञासा से शुरू होती है—'कहाँ गया धनपति कुबेर वह/कहाँ गई उसकी वह अलका/' व्योम प्रवाही गंगाजल यानी उछल–उछल कर बहती हुई गंगा, जब अपरिमित ऊँचाइयों से तेज गति में भागती–उतरती

नीचे की ओर आती है, तो ऐसा लगता है, जैसे वह पहाड़ से नहीं, सचमुच ही विष्णुपद से होकर आकाशमार्ग से उतर रही हो।

कवि ने यह जिज्ञासा भी प्रकट की है कि क्या सचमुच कभी कोई कुबेर और उसकी अलकापुरी रही होगी, जिसका उल्लेख कवि कुलगुरु ने अपने कालजयी काव्य मेघदूत में किया है, पर इसका एक विश्वसनीय उत्तर वह खुद भी अनुमान-शैली में देने की चेष्टा करता है—कौन बताए वह छायामय/बरस पड़ा होगा न यहीं पर। इसमें 'छायामय' शब्द बहुत महत्त्वपूर्ण है, जो अभी है, अभी नहीं है वही तो छायामय है। बादल भी क्या छायामय नहीं है? कविवर पन्त ने अपनी बादल कविता में इसके अनेक मायावी रूपों का वर्णन और चित्रण किया है—

कभी हवा में महल बनाकर
सेतु बाँधकर कभी अपार
हम विलीन हो जाते सहसा
विभव भूति ही-से निस्सार। —पल्लव से

कवि नागार्जुन तब ठीक ही लिखते हैं कि कवि-कल्पना के पीछे यथार्थ की ताकत तो होती है, पर कोई भी यथार्थ कभी भी सनातन नहीं हुआ करता। अन्यों की तरह वह भी भौतिक होने के नाते धीरे-धीरे छीजता और बदलता है। वह बूढ़ा मेघदूत भी अपनी जीवन लीला पूरी कर जा चुका होगा जैसे कि सब जाते ही हैं। इतना सार्थक और तर्कपूर्ण उत्तर भी कवि को सन्तुष्ट नहीं कर पाता। अन्ततः वह भी उन्हीं कस्तूरी मृगों-सा अपने को समझता-समझाता यह कह बैठता है—जाने दो, वह कवि-कल्पित था, वास्तविक नहीं। शायद इसीलिए इतना मनोहर और रमणीक, किन्तु माया जनित। इस खण्ड में कुल चौदह पंक्तियाँ हैं, जिनमें से आखिरी पाँच पंक्तियों के चित्र अनुभवों के वर्तमान में दुबारा लौट आने से सम्बन्धित हैं—'मैंने तो भीषड़ जाड़ों में/नभचुम्बी कैलाश-शीर्ष पर/महामेघ को झंझानिल से/गरज गरज भिड़ते देखा है।' कुबेर, अलकापुरी, मेघदूत का सन्दर्भ याद करते हुए कुछ-कुछ ऐसा भी महसूस होता है, जैसे कवि ने खुद भी यक्ष की विरह-पीड़ा का अनुभव कर छायामय मेघ के करुणार्द्र व्यक्तित्व का समर्थन कर डाला हो। बादल क्या किसी सहृदय से कम होते हैं। वे तो हमेशा से विरही सन्तप्तों की शरण रहे हैं, पर उनका यह अकेला करुण कोमल रूप ही नहीं होता। घन-घमंडकारी रूप भी होता है। वे गरजते भी हैं और बरसते भी। इस टुकड़े में 'भीषण जाड़ों', 'नभचुम्बी कैलाश-शीर्ष यानी कि आकाश को छू लेने वाली कैलाश पर्वत की चोटी से उठे मानसूनी मेघों को तेज-तूफानी

हवाओं से दुर्दम योद्धा की तरह गरज-गरज भिड़ते भी देखा गया है। हिमालय के मेघ केवल सन्तप्त और आर्तजनों की वेदना के ही साथी नहीं हैं; वे विकट और भयानक रूप धरकर भी हमारे सामने आते हैं। कविवर पन्त उसी 'बादल' कविता में लिखते हैं–

दुहरा विद्युद्दाम चढ़ा द्रुत
इन्द्र धनुष की कर टंकार
विकट पटह से निर्घोषित हो,
बरसा विशिखों-सा आसार;

कवियों को बादल का कोमल रूप जितना लुभाता है, उतना ही वह पौरुष-दीप्त कठोर रूप भी, जो इन पंक्तियों में वर्णित है। गरज-गरजकर भिड़ने का जो चित्र यहाँ खींचा गया है, वह बेहद रोमांचक और भयकारी है। कविता इस प्रकार केवल इकहरी संवेदना की नहीं, दुहरी-तिहरी संवेदनाओं की अभिव्यक्ति करने वाली हो उठती है। कवि नागार्जुन ने इसमें परम्परा प्राप्त स्मृत हिमाचल और स्वनिर्मित और स्वानुभूत हिमालय का मणिकांचन योग रच दिया है।

कविता का अन्तिम या समापन खण्ड कुल बीस पंक्तियों का है, जिसमें कवि के अनुभवों का क्षितिज अति विस्तृत और भावों की सांस काफी लम्बी हो गई है। हिमालय केवल बादलों, पशु-पक्षियों का ठिकाना नहीं है, कवि-समयों में वर्णित रूढ़ियाँ ही हिमाचल के जीवन की पहचान नहीं है। प्रकृति और जीवन, मनुष्य और प्रकृति का गहरा हमजोलीपन भी उसकी एक पहचान है। प्रकृति यों तो अपने आप में एक स्वायत्त और आत्मनिर्भर संसार है. किन्तु इससे भी कहीं अधिक सम्पन्न और परिपूर्ण वह तब होती है जब उसके संगी-साथी अन्य प्राणी-पशु-पक्षी और मनुष्य होते हैं। यह सब ही तो हैं, जो प्रकृति की सत्ता को अधिक रसमय और सप्राण करते हैं। नागार्जुन ने हिमालय को उसकी दिव्य विभूतियों में देखते हुए उस जीवन का चित्रण भी इस कविता में किया है. जिसे भले ही उन्होंने अपनी प्रत्यक्ष आँखों से न देखा हो, पर अपने स्वाध्याय, अध्ययन-मनन और उससे पैदा हुए स्मृत-संस्कारों से गढ़ा और रचा है। पता नहीं, आज हम पाठकों को यह जीवन सचमुच हिमालय में दिख भी सकता है या नहीं, पर इतना तो सच है कि हमारी स्मृतियाँ गंधर्वों, किन्नर-किन्नरियों के किस्सों से अब भी मुक्त नहीं हुई हैं।

कविता के इस टुकड़े में नागार्जुन का यह बयान स्वाभाविक और भरोसेमन्द है कि हिमालय देवदारु-वनों का कानन है। वहाँ सैकड़ों-हजारों छोटे-बड़े निर्झर

और निर्झरणियाँ हैं। भोज–पत्रों का समूह है, जिससे स्थानीय वासी अपनी पर्णकुटियाँ छाते हैं। देवदारु और भोज–पत्रों वाले इस कानन और पर्णकुटियों से होकर बहने और झरने वाले झरने–झिरियाँ अपनी आवाजों के झर–झर, कल–कल–से समूचे वन–प्रान्तर को संगीतमय करते रहते हैं।

देवदारुओं का वर्णन हिमालय से सम्बन्धित प्रकृति की खास पहचान है। कामायनी के कवि प्रसाद ने चिन्ता सर्ग के प्रथम पृष्ठ पर ही देवदारु वृक्षों की ऊँचाई और सुडौलपन को याद करते हुए उनकी तुलना मनु-जैसे तपस्वी से की है 'उसी तपस्वी-से लम्बे थे, देवदारु दो-चार खड़े'। इसी देवदारु–कानन में शोणित (रक्तवर्णी) धवल (श्वेत रंग के) भोज–पत्रों से छाई हुई कुटियों के भीतर रहने वाले मदिरारुण आँखों (जिनकी आँखें मदिरा-पान के चलते नशीली हो उठी हैं) वाले उन्मादजीवी किन्नर–किन्नरियों की वह वंशी–धुन भी कवि ने सुनी है, जिसके पोरों पर वादकों की मृदुल मनोरम उँगलियाँ खुद–ब–खुद वाद्य–वृन्द का अभिन्न हिस्सा बन जाती हैं।

इन किन्नर–किन्नरियों की जीवन–शैली का अत्यन्त सम्मोहक और उत्तेजक चित्रण कवि ने यहाँ किया है। उनके सौन्दर्य–प्रसाधनों, खान–पान, उनकी गृहशोभाओं, समृद्धियों और सुरुचि–सम्पन्नता का जो उल्लेख कविता में मिलता है, वह हिन्दी कविता के पाठकों के सौन्दर्य–बोध और सौन्दर्य–दृष्टि को भी विकसित करता है। बड़ी या विशिष्ट समझी जाने वाली काव्यानुभूति की यही विशेषता है कि वह अपने पाठकों के जाने–पहचाने भाव–संसार और संवेदनों का विस्तार करे। कविता का यह अंश हमारी इन अपेक्षाओं की पूर्ति कदम–कदम पर करता है। यदि इसी हिस्से का वर्गीकृत अध्ययन करें, तो कवि ने सबसे पहले नदी–नालों से मुखरित देवदारु-कानन का वर्णन कर प्रकृति सौन्दर्य से उत्पन्न होने वाले संगीतमय वातावरण की सृष्टि की है। इसके बाद उसने जिस चित्र को उकेरा है वह पर्णकुटी (पत्तों से छाई हुई) का है। प्राचीन भारत के प्रायः सभी महान ग्रन्थों और काव्यों में पर्णकुटियों का उल्लेख मिलता रहा है, पर इससे कई लोग यह समझने लगते हैं, जैसे ये पर्णकुटियाँ सिर्फ तपस्वियों, राजधानियों से निर्वासित वनवासी राजकुमारों या फिर आदि वनवासियों की ही प्रवास या आवास–भूमि रही हों; जबकि पर्णकुटियों की अपनी एक भरी–पूरी संस्कृति रही है। इनमें रहने वाले लोग प्रकृति–वैभव के जानकार लोग ही नहीं थे, उसकी समृद्धि से स्वयं को समृद्ध करने की कला भी जानते थे। उनकी केश–सज्जा, उनके कंठहार, शतदल लाल कमल से सुसज्जित उनकी वेणी यह साबित करने

के लिए पर्याप्त है कि ये वे लोग थे जिनका जीवन अत्यन्त सुरुचि–सम्पन्न और विलासपूर्ण था। उन्हें रूप का ज्ञान तो था ही, गंध की खूबसूरती और विशिष्टता की भी पहचान थी। वे खुद भी रूप और आकर्षण के स्वामी–जन थे। कवि ने पारम्परिक उपमा का सहारा लेते हुए कहा–उनके गले शंख सरीखे हैं, सुघड़ हैं। शंख का रंग ईषत् पीताभ या फिर हिम–श्वेत हुआ करता है। इन रंगों की आभा के साथ इन्द्रनील मणियों की मालाएँ सचमुच उन कंठों में कितनी मनोहारी लगती होंगी। कवि की ऐन्द्रिक संवेदना का चरम यहाँ अनुभव किया जा सकता है।

गले की सुन्दरता और कमनीयता का वर्णन करके ही वह सन्तुष्ट नहीं हो जाता; वह कानों का वर्णन करते हुए अपने प्रिय कवि और कवि–कुलगुरु कालिदास की यह उक्ति भी दुहराता है–'कुवलयं नील कमलम्'। श्वेत और नील का यह अद्‌भुत-अपूर्व संयोग तब और भी रमणीय और रोमांचकारी हो उठता है, जब हम ऐसे जनों को रजत–रचित मणि-खचित कलामय पान–पात्र द्राक्षासव पूरित पात्रों से मदिरा उड़ेलकर रसपान करते हुए देखते हैं। सम्भवतः इन्द्र और कुबेर की प्रजाति के ये लोग अगर न होते, तो इनके पेय-पात्र न तो रजत (चाँदी) के होते, न मणियों से अलंकृत ही। पात्र मणि खचित किन्तु चाँदी के, पर लाल चन्दन की सुगंधित तिपाई पर रखे हुए। पात्र जितना बहुमूल्य है, उसके रखने का आधार या स्थान भी उतना ही विशिष्ट और मोक्षगामी भी।

नागार्जुन ने यह कविता जिस तरह प्रकल्पित और प्रस्तुत की है, उससे उनके पारम्परिक अभिजात मानस की सूचना मिलती है। सवाल उठेगा कि एक प्रतिबद्ध वामपंथी कवि के रूप में नागार्जुन की इस कविता का बयान उनकी प्रतिबद्ध जीवन-दृष्टि और जीवन–दर्शन की कहीं विरोधी तो नहीं है, उत्तर में बराबर कहना पड़ेगा कि नागार्जुन का दर्शन भौतिक भोगों का विरोधी नहीं बल्कि भोगवाद का विरोधी है। 'यह कैसे होगा' कविता में उन्होंने यह दर्ज कर 'भौतिक भोगमात्र सुलभ हों भूरि–भूरि' लगभग घोषित कर दिया है कि जीवन न तो शुद्ध त्याग का नाम है, न ठेठ वैराग्य का। वह सहज भोग और सहज उन्मुक्ति की साधना है। 'बादल को घिरते देखा है' जैसी कविता इस दृष्टि से हिन्दी साहित्य में वही महत्त्व रखती है, जैसा महत्त्व कुछेक कवियों की कई कविताओं को मिला हुआ है।

एक बातचीत में कवि ने कहा था कि भारत में कविता की परम्परा अत्यन्त समृद्ध है। संस्कृत कविता का अर्थ-वैभव तो अतुलनीय है। फिर जो कवि अपने बचपन से युवा–काल तक संस्कृत भाषा और साहित्य में डूबा रहेगा, वह क्या

उस महान और समृद्ध परम्परा से कभी अलग रह सकता है। प्रश्न केवल यही कि परम्परा की ओर जाते हुए वह उसे दुहराने की कोशिशें करता है या फिर उसे अपनी मौलिक सृजनशीलता से नया रूप और नया सौन्दर्य प्रदान करता है। कहने की जरूरत नहीं कि नागार्जुन ने यहाँ परम्परा का नवसृजन किया है।

इसे पढ़ते हुए हम इस अनुभव से भी गुजरते हैं कि सच्चा प्रगतिशील कवि परम्परा को नकारने के बदले उससे रचनात्मक संवाद करने में विश्वास करता है।

कविता के पद-विन्यास और भाषा-सौष्ठव पर तत्सम पदावली की सामासिक संरचना और हिमालय की स्वच्छता, शुभ्रता और दिव्यता का अनुस्मरण है। विषय और वर्णन-शैली यहाँ जिस तरह एकाकार हुए हैं, उससे यह अनुभव होता है कि कवि ने इसे अपने सम्पूर्ण व्यक्तित्व की गहरी समाधि में तन्मय होकर रचा है।

अकाल और उसके बाद

नागार्जुन शुरू से ही भारतीय समाज के दुःखों, दलितों-निपीड़ितों को विपरीत परिस्थितियों में उनकी जिजीविषा और जुझारूपन को व्यक्त और रेखांकित करने वाले कवि रहे हैं। उन्होंने जीवन के अभावों, दुःखों और उनके सन्तापों का प्रत्यक्ष अनुभव भी किया है। गरीबी और भुखमरी, बाढ़ और अकाल उनके अनुभवों का जो इतिहास रचते रहे हैं, उनकी कविताएँ धारावाहिकों की तरह उन्हें चित्रित और अंकित करती रही हैं। उनका अपना जीवन भी इस दारिद्र्य-संघर्ष का इतिहास लिए हुए है।

बिहार के जिस मिथिला अंचल में वे जन्मे, पले और बढ़े, उसमें एक ओर प्रचण्ड विद्या-साधना और ज्ञानसिद्धि है, तो दूसरी ओर कुरीतियों और रूढ़ियों का जबर्दस्त, किन्तु दुःखद समारोह भी। बाढ़ और अकाल के अनुभव इन लोक पीड़ाओं को और अधिक सघन बना डालते रहे हैं। 'अकाल' जैसी लोक विख्यात कविता इस तथ्य को और अधिक उजागर करती है कि कवि को ऐसे विपदग्रस्त अंचलों और उसमें जद्दोजहद करने वाले जीवन की मार्मिक गतिविधियों और उनके आर-पार जाने वाली कोशिशों की अत्यन्त गहरी और प्रामाणिक जानकारी है।

'अकाल' नागार्जुन की अति विख्यात, बहुपठित, बहुश्रुत और बहुप्रशंसित कविता है। सीधे-साधे, किन्तु जाने-पहचाने वास्तविक जीवन के यथार्थ अनुभवों से पैदा हुए शब्दों, लोकजीवन के यथार्थ चित्रों और प्रतिकूल-अनुकूल परिस्थितियों को भाषा देने वाली कवि-प्रतिभा ने जैसी गहरी उदासी और अप्रत्याशित जीवन-उल्लास यहाँ दो बंधों में रूपायित किया है, वो इस कविता को बहुआयामी परिप्रेक्ष्य देते हैं।

कविता कुल आठ पंक्तियों की है, जिसका दोनों बंध चार-चार पंक्तियों वाला है। शुरू की चार पंक्तियाँ अकाल, उससे पैदा हुई भूख और अन्न-संकट की भयावह उदासी और त्रासदी का बयान करती हैं। कवि ने इस बयान को स्वाभाविकता और प्रामाणिकता देने के लिए जिन अनुभव-बिम्बों को चुना है,

वे जाने–पहचाने और घरेलू हैं। चूल्हा, चक्की, कानी कुतिया, छिपकलियाँ और चूहे ये सब मिलकर जिस घर की तस्वीर तैयार करते हैं निःसन्देह वह कोई ऐसा ही घर होगा, जो गरीबी और भुखमरी की छायाओं से गुजरने का भयावह अनुभव लिए होगा। कवि ने इस बयान को अलंकारिकता प्रदान करते हुए लिखा कि अकाल की वह छाया इतनी लम्बी और गहरी थी कि आदमी तो आदमी, छिपकलियाँ और चूहे तक भूख से व्याकुल थे। अस्तित्व खो जाने के भय से परेशान थे और जीवन की भयावह तबाही के अनुभव से गुजर रहे थे। कविता की पहली चार पंक्तियाँ इसी तबाही और भयावहता का उल्लेख करती हैं—

कई दिनों तक चूल्हा रोया, चक्की रही उदास
कई दिनों तक कानी कुतिया सोई उनके पास
कई दिनों तक लगी भीत पर छिपकलियों की गश्त
कई दिनों तक चूहों की भी हालत रही शिकस्त

अकाल के दिनों में घर में एक दाना भी नहीं था कि चक्की चले और आटा गूँथ कर रोटी बनाई जा सके। इसका प्रभाव केवल आदमी पर नहीं, घर में रहने वाले उन जीव–जंतुओं पर भी दिखाई देने लगा, जो उस घर के स्वाभाविक साथी थे। कवि ने अपनी संवेदना की व्यापकता का जैसा प्रमाण यहाँ दिया है उसका उदाहरण कविता की पहली पंक्ति का दूसरा टुकड़ा है—'चक्की रही उदास'। इस टुकड़े में जो मानवीकरण अलंकार है, उसकी छाया कविता की इसी पंक्ति के शुरुआती टुकड़े में देखी जा सकती है—'चूल्हा रोया'। चक्की की उदासी और चूल्हे का रुदन देख पाने वाला यह कवि अपनी संवेदनाओं में सचमुच कितना तरल होगा, इसकी सहज कल्पना की जा सकती है। ये दोनों ही चित्र एक-दूसरे से गहरे तार्किक सन्दर्भों से जुड़े हुए हैं। चक्की यदि नहीं चली, तो मतलब यही हुआ कि अनाज सपना हो चुका था। घर में एक दाना भी नहीं था और जब चक्की ही नहीं चली, तो चूल्हा किस आधार पर जलेगा। तब घरेलू जीव–जंतुओं, खास तौर से पालतू पशुओं–जिनमें सबसे अधिक जाना–पहचाना और सम्भावित प्राणी कुत्ता हुआ करता है, की दशा भी सोचनीय थी। 'कानी कुतिया' का बिम्ब लेकर कवि ने अतिरिक्त सहानुभूति उत्पन्न करने की कोशिश यहाँ की है। वह कानी कुतिया बेचारी कभी चूल्हे के पास, तो कभी चक्की के पास इस आस से आती–जाती और उठती–बैठती रही कि कभी न कभी तो राहत का अनाज आएगा और घर में अन्न की खुशबू फैलेगी, पर उसकी यह उम्मीद रोज-रोज नाउम्मीद बनती चली गई और थक–हार के अन्ततः वह कभी

चूल्हे, तो कभी चक्की के पास लाचारी में आँखें मूँदे पड़ी रही। इस चित्र से भी अधिक भयावह चित्र है छिपकली की गश्त का। दीवारों पर रेंगने वाले कीड़े तक या तो मर चुके थे या खाये जा चुके थे। कोई भी ऐसा नहीं था, जो मौत की चपेट से बाहर हो। यहाँ तक कि वे चतुर-चालाक चूहे जो अपनी बिलों में सालों का भोजन अन्न के दानों के रूप में संग्रह करके रखते हैं, कि हालत भी देखते ही बनती थी। वे भी अकाल की मार से पिट–पिट कर अधमरे हो चले थे। चूहों की हालत अगर शिकस्त थी, तो इसीलिए।

इस सबके बावजूद एक अटूट उम्मीद सबके पास थी। जीवन को बचाने की कोशिशों में सभी एकमत थे और वे सब बुरी से बुरी और भयानक से भयानक प्रतिकूलता में भी जिन्दा रहने की तरकीबों में लगे हुए थे। कानी कुतिया का चूल्हे और चक्की के पास सोना और जागना, भीतर (दीवारों पर) छिपकलियों का गश्त लगाना यही संकेत देता है।

कविता का दूसरा और अन्तिम टुकड़ा भी पहले ही टुकड़े की तरह बेहद गम्भीर, सघन और सटीक बिम्ब योजना लिए हुए उस उदासी और निराशा को तोड़ता हुआ आता है, जो पूरे घर के वातावरण को अजगर की तरह लगभग निगल चुकी है। पहले टुकड़े में उदासी जितनी घनी और त्रासद है, दूसरे में जीवन का उल्लास उतना ही स्फूर्तिकारी और आनन्दमय है। अन्न की उपस्थिति से जीवन की रंगारंग करवटों और इनसे पैदा होने वाली हलचलों का कितना सहज, स्वाभाविक और बुनियादी रिश्ता है, इसे आखिरी चार पंक्तियाँ बखूबी बयान करती हैं—

दाने आए घर के अन्दर कई दिनों के बाद
धुआँ उठा आँगन से ऊपर कई दिनों के बाद
चमक उठीं घर भर की आँखें कई दिनों के बाद
कौए ने खुजलाई पाँखें कई दिनों के बाद

इस भाव को मूर्त करने के लिए कवि ने सबसे पहले 'घर' शब्द का प्रयोग किया है। ऊपर की चार पंक्तियों में, चूल्हा–चक्की, दीवार, चूहे–छिपकली सब हैं, पर उसे कैसे घर कहा जाय जहाँ एक दाना तक नहीं, आँगन की खपरैलों से उठता धुआँ नहीं। इसलिए कवि इस संदेश में 'घर' शब्द का बेहद सार्थक प्रयोग करता है। इस प्रकार के सावधान प्रयोगों पर पाठकों का ध्यान जाना ही चाहिए। ध्यान 'कई दिनों बाद' वाले पद की आवृत्तियों पर भी जाना चाहिए। कई दिनों तक चूल्हा नहीं जला, चक्की नहीं चली। इन्हीं 'कई दिनों' के बाद

जब घर में अनाज आया, तो वह बेचारा कौआ भी खुशी से भरकर अपनी पाँख खुजलाने लगा। दाने के आने पर घर भर की आँखों की बुझती हुईं रोशनियों में एक चमक-सी आ गई। यह अन्न के स्वाद और भूख की मार खाए हुए, किन्तु जीवन की जिद पाले बैठे उछाहित मन की चमक थी, जो आँखों के समुद्र में हिलोरें ले रही थी। 'आँखों में चमक' का आना क्या तब तक सम्भव है जब तक कि हमारा मन पूरी तरह आश्वस्त न हो जाय। यह चमक अन्न की है, जिसे भारतीय ग्रन्थों में ब्रह्म कहा गया है। इस रूप में यह अनुभव भी किसी अलौकिक ब्रह्मानंदी अनुभव से कम नहीं। लोक में तो यह विश्वास बरसों से प्रचलित है कि अन्न है, तो जीवन है। जीवन है तभी तो ब्रह्म का बोध है। कवि ने इस मुहावरे में ये सारे अर्थ–संकेत भर दिए हैं।

एक ओर घर भर के लोगों की आँखों में चमक का उठना है, दूसरी ओर कौए का पंख खुजलाना है। दोनों ही बिम्ब बहुत सटीक हैं। 'आँगन से ऊपर' धुआँ के उठने का जो दृश्य है, वह जैसे समूचे वातावरण में अन्न के होने की दिव्य–घोषणा-सी कर रहा है। धुएँ से आग का गहरा रिश्ता है। यह एक प्रकार से ऐसी बिम्ब-रचना है, जो दूरदर्शी दृश्यमाला जैसी है और जिसका दर्शन दूर से भी किया जा सकता है। घर के भीतर दोनों के आने से घर भर की आँखों में जो चमक व्यापी हुई है, वह तो दूर के लोग नहीं देख सकते, पर आँगन से उठने वाले धुएँ और छज्जों या मुंडेरों पर बैठे कौए की पांखें खुजलाने की खुशी तो उनकी समझ में भी आ जाएगी, जो घर के बाहर के लोग हैं।

अकाल, उसका दुःख, उस दुःख से पैदा हुई उदासी और लाचारी का अनुभव सहसा दिखने लगता है जब हम अकाल के बाद आए अन्न, चमकतीं आँखें और घर से ऊपर उठते धुएँ के घेरे को देखते हैं।

कविता में अलंकारों और मुहावरों का इतना स्वाभाविक प्रयोग किया गया है कि अलंकार, अलंकार और मुहावरे, मुहावरे नहीं लगते। सच्ची कविता वस्तुतः निरलंकृत और प्रकृत अनुभवों और भावों की भाषा लिए हुए साकार होती है। इस कविता में हम इस जीवन सत्य का साक्षात्कार कर सकते हैं।

नागार्जुन जिस विपन्न अंचल की दारुण आपदा का चित्रण इस कविता में कर रहे हैं, वह उनकी अपार सहृदयता और भावुकता का प्रमाण है। छिपकली, चूहे, कानी कुतिया के द्वारा उन्होंने अपनी काव्य–संवेदना का जैसा तरल विस्तार किया है, वह साधारण नहीं है। बड़े–बड़े चरित्रों, चमकीले दृश्यों और विस्मयकारी घटनाओं से काव्य–प्रभाव पैदा करने के बदले, तुच्छ और न कुछ-से माने जाने

वाले काव्य- बिम्बों के सहयोग से नागार्जुन जैसी संवेदना उत्पन्न करते हैं, वह बेजोड़ है।

इस कविता की एक और विशेषता कवि का वह विरल अनुभव है, जो लोकजीवन के प्रति गहरे समर्पण और प्रतिश्रुति से चलकर आया है। लय और छन्द बेहद सटीक और संगत हैं। भाषा अत्यन्त मर्मगर्भी और सारवान। कविता जैसे जीवन का सटीक बयान बन गई हो।

हरिजन गाथा से पहले, हरिजन गाथा के बाद

कवि नागार्जुन के बारे में सोचता हूँ तो पाता हूँ कि उनमें आदिकवि जैसी असाधारण करुणा और महाभारतकार जैसा दारुण विक्षोभ और गुस्सा है। कई बार वे अपने को दुर्वासा कहते भी हैं। यह भी इशारा करते हैं कि कड़वा सच बोलना ही दुर्वासा को दुर्वासा बनाया करता था। दुर्वासा को लेकर इसीलिए तो बस्तियाँ घबरा उठा करती थीं। वे मन ही मन मनातीं थीं कि हे भगवान, यह विपत्ति किसी तरह जल्दी टल जाय। मौज में आकर नागार्जुन कभी–कभी समझाते कि दुर्वासा का यह नाम शायद लोक का दिया हुआ है। दूर रखने लायक आदमी। या फिर ऐसा, जिसका कोई भी वास कहीं भी दुष्कर हो उठे। कारण सिर्फ एक, वही कड़वा और कठोर सच, जिसे कोई भी सुनने को तैयार नहीं। 'मंत्र' कविता के नागार्जुन यही तो हैं। समकालीनों के बीच नवदुर्वासा की तरह।

नागार्जुन को पढ़ते हुए क्रोध और करुणा का यह भवसागर बार–बार सामने आता है। जीवन के बीहड़ और भयावह सच से हमारा सामना कराती उनकी कविता, हमारे भीतर छोटे–छोटे ही सही–वाल्मीकि, वेदव्यास और दुर्वासाओं को जन्म देती चलती है। कविता का काम और उसकी सार्थकता भी सचमुच यही है कि वह अपने पाठकों/श्रोताओं का मानसिक अथवा भावात्मक रूपान्तरण किया करे।

नागार्जुन–जैसे कवियों को पढ़ते हुए हम क्रोध की मनोदशा में भी जाते हैं, किन्तु इससे भी कहीं अधिक दया और करुणा की भाव–दशा में। इसका एक कारण तो यह कि कवि की तरह हमारा अपना भी एक समाज और मर्यादा–बोध है, जिसे वैदिक साहित्य में ऋत कहा गया। एक ऐसी स्वतःस्फूर्त नैतिक व्यवस्था, जो अपनी ही तरह अपने परिसर में साँस लेते, प्रत्येक प्राणी से वैसी ही मर्यादा की माँग करती है। सब जानते हैं, समुद्र के अमर्यादित हो उठने के खतरे क्या हैं। नागार्जुन की कविता भी न केवल ब्रह्माण्ड-व्यवस्था, बल्कि लोक–व्यवस्था और समाज से हमारे अपने नैतिक रिश्तों की जरूरी परिभाषाएँ गढ़ती है। इसी रूप में वह लोक की संपत्ति बनती है और लोक की प्रकाशिका भी।

पिछले दिनों मैं जब कवि की एक कविता एक नदी को लेकर पढ़ रहा था, जिसका शीर्षक है—'वह फिर जी उठी', तो देखा कि वह नदी बेहद गुस्से में है। कुछ लोगों ने उसकी धार में मुरझाए फूलों की मालाएँ फेंक दी हैं और एक साँड़, जब-तब आ-आकर उसके किनारे की मुलायम मिट्टी को अपने खुरों और सींग से उकेर जाता है। नदी प्रतिवाद की भाषा में कहती है—'बंद कर दूँगी मैं तो अब बहना।' और एक दिन उसने सचमुच अपना प्रवाह समेट लिया। बचा रहा सिर्फ पाँक और पाँक। कीचड़ ही कीचड़। नागार्जुन कहते हैं—एक नदी के प्राण के सूख जाने पर सिर्फ नदी नहीं, बहुत कुछ सूख जाता है। नागार्जुन उसी कविता में यह भी चित्रित करते हैं- 'खड़े थे उदास तटवर्ती पेड़, दिखती थी रेत-ही-रेत, मर गई थी नदी, बिछी थी बालुकामय लाश, मच गया हल्ला सारे प्रदेश में, मर गई थी नदी!...दुःखी था किसान...मर गई थी नदी।'

किसान के दुःख का सन्दर्भ देने के बाद वे यह नहीं बताते कि उस के इस तरह दुःखी होने और दुःख में डूब जाने का दुष्परिणाम कौन-कौन और कैसे-कैसे भुगतेगा, पर यह तो इशारों-इशारों में वे कविता के पहले हिस्सों में कह चुके हैं। एक नदी के जिंदा रहने पर एक पूरी जीवन- संस्कृति कैसे हरी-भरी रहती है; इसे वे इन शब्दों में रखते हैं—'सभी देखते हैं अपना-अपना चेहरा—नदी के पानी में। रात को झाँकते हैं आसमान के तारे। जगमगाती है दिन के वक्त उड़ते पंछियों की परछाईं। नदी क्या है, आईना है'...इतना ही क्यों इस पानी से जो सबके लिए अमृत है—'कलियों को मिलती है सतरंगी रौनक। लेते हैं अंगड़ाइयाँ मोती- फलियों के अन्दर छीमियों के अन्दर ढलते हैं स्वादों के जादू फलित रसों की रूह में।'...इसी कविता में नागार्जुन एक जगह लिखते हैं—'साथिन हैं सुख-दुःख की, सब कुछ है। क्या नहीं है वह अपनी जनता के लेखे।' अपने इस स्वरूप में पहुँचकर कविता लोक-शिक्षण का पर्याय हो उठती है।

नदी पर लिखी यह कविता मोटे तौर पर पर्यावरण विषयक चिन्ता की कविता है, पर यह भी तो अब एक घिसा-पिटा राजनीतिक मुहावरा बचा। जो लोग इस मुहावरे को रामनामी की तरह ओढ़े हुए हैं, कविता उनके बारे में शायद बहुत कम कहती है। कथित आधुनिक और उत्तर आधुनिक सभ्यताओं का समूचा व्यवहार ही पर्यावरणघाती है। ये सभ्यताएँ प्रकृति को समझने में प्रायः नाकाम रही हैं, पर संस्कृति के इतिहास में इन सभ्यताओं का ध्वंस भी खूब वर्णित है। कामायनी जैसे महाकाव्य का प्रथम सर्ग तो इसी ध्वंस की करुण गाथा है। नवेदववाद की ओर बढ़ता अपने को आधुनिक कहलाने वाला मनुष्य या फिर

उसकी नवसभ्यता अपने और प्रकृति के बीच किसी नैतिक सम्बन्ध को मंजूर करने पर न जाने क्यों फिर भी राजी नहीं है।

नागार्जुन ने इस कविता द्वारा यह संदेश किया है कि लोक और सभ्यता का सुख–दुःख इसी नदी अर्थात् ऋत् से बँधा है। इसलिए लोक और सभ्यता को भी नदी के साथ अपनी नैतिक मर्यादाएँ बाँधनी चाहिए। यदि ऐसा नहीं किया गया, तो सिर्फ नदी की मृत्यु नहीं होगी, सभ्यता की मृत्यु भी हो जाएगी।

पुराने वैदिक ऋषियों की तरह कविता हमें सिखाती है कि प्रकृति की इन सत्ताओं के साथ कैसा व्यवहार हमें करना चाहिए। नागार्जुन ने इस कविता में जितनी बहुरंगी और बहुआयामी कोमल और मधुर, तिक्त और क्षोभयुक्त कल्पनाएँ की हैं, वे सब यथार्थधर्मी और लोकानुभव प्रेरित हैं। प्रश्न यह कि नागार्जुन जैसे प्रतिबद्ध कवि इस बात को लेकर भी क्यों चिन्तित हैं कि जहाँ एक ओर लोगों की आवाजाही शुरू हो, वहीं नदी के कछारों में वन्य-जन्तुओं के पैरों की छाप भी दर्ज होती रहे। तटवर्ती अंचलों की लड़कियाँ दोने भर–भर कर दीप इसमें प्रवाहित किया करें। नागार्जुन यह सब क्यों सोचते हैं?

आज जिस प्रकार की प्रतिबद्धता की माँग प्रतिबद्धतावादी अक्सर अपने कवियों से कर रहे हैं, नागार्जुन हमेशा से उसका अतिक्रमण कर जाने वाले कवि रहे हैं। चाओ–माओ पर लिखी उनकी कविताओं के अलावा 'पछाड़ दिया मेरे आस्तिक ने मेरे नास्तिक को', भी ऐसी ही कविता का उदाहरण है। एक बड़ा कवि प्रायः अपने समय की इन संकीर्ण और जड़ हो उठीं काव्य–मर्यादाओं का अतिक्रमण कर तमाम बँधी–बँधाई सीमाओं को लाँघ जाता है। उसकी सोच व्यवस्था के व्यवहारवादी विचारों की सीमाएँ भी भाँप लेती है। व्यवस्था के कुटिल और जटिल रूपों के बीच रोज–रोज संवेदनशून्य होती जाती मानवता को लक्ष्य कर वह उसे पुनः उन संवेदनात्मक ठिकानों तक ले आने की मुहिम शुरू करता है। कविता तब उसके लिए इस अभियान का एक कारगर औजार बन जाती है। नागार्जुन की 'मंत्र कविता' इसका एक सटीक उदाहरण है।

कवि की कई लम्बी कविताओं में से एक 'हरिजन गाथा' कई दृष्टियों से महत्त्वपूर्ण है। पहले तो इसलिए कि यह कविता बिहार में हुए एक सामूहिक हरिजन-दहन की भयानक घटना से जन्मी है, जो हमारा ध्यान अति पुरातन भारतीय समाज की वर्ण-व्यवस्था और जाति–पाति के हिंसक विद्वेषों को रेखांकित करती है, जो मटमैली आजादी और लोकतांत्रिक समाज के कदाचरणों पर चिन्ता और क्षोभ से भरी हुई है। दूसरे यह दलितों और हरिजनों के प्रति सवर्णजातियों

के राक्षसी आचरणों का बयान करती है। किन्तु कविता यहीं तक नहीं है। वह भावी हरिजनों की ऐसी गाथा भी है, जिसे इस संगठित सवर्ण जातियों की हिंसा का बदला हिंसा के रास्ते पर चलते हुए चुकाना भी है। इस रूप में यह कविता दलितों के भावी संगठनों और अत्याचारी सवर्ण जातियों की हिंसा के विरुद्ध उठ खड़ी होने वाली दलितों की हिंसक सेनाओं के सपनों से भरी हुई भी है।

हिन्दी दलित लेखकों और विचारकों के बीच, मार्क्सवादी वर्ग–शास्त्र से अलग यह धारणा है कि वर्ग ही नहीं, वर्ण और जाति भी इस समाज में जीते–जागते यथार्थ हैं। मार्क्सवादियों में से कई इसे अब मानने लग गए हैं। दलित लेखकों में से कइयों की यह सोच भी है कि केवल दलित लेखक ही दलित जातियों की पीड़ाओं का प्रामाणिक बयान कर सकता है। इस विचार के बावजूद सियाराम शरण गुप्त लिखित 'एक फूल की चाह' आदम गोंडवी की कविता 'चमारों की गली में' के बीच 'हरिजन गाथा' कविता दलित वेदना और जीवन–दर्शन की एक महत्त्वपूर्ण गाथा है।

'एक फूल की चाह' में कई दिनों से बीमार एक अछूत कन्या ज्वर में विह्वल हो अपने पिता से देवी के प्रसाद का एक फूल लाकर देने को कहती है, जिसे सुनकर वह घबरा उठता है और अपनी सामाजिक स्थिति की दयनीयता और समाज में व्याप्त अस्पृश्यता की याद करते हुए अपनी बेटी सुखिया से कहता है—'मैं अछूत हूँ, मुझे कौन हाँ! मन्दिर में जाने देगा।'

गाँधी और अम्बेडकर के जीवन–काल में अछूतों के मन्दिर प्रवेश को लेकर कई आन्दोलन भी हुए थे। कविता उन आन्दोलनों की याद भी प्रकारान्तर से दिलाती है। यह इस विडम्बना की ओर भी इशारे करती है कि जिन मन्दिरों की देहली तक पर अछूत परिवारों की पहुँच अपराध मानी जाती है, उन्हीं के गर्भगृह में प्रतिष्ठित देवी–देवताओं के प्रति अछूत जातियों का विश्वास अन्धविश्वास की हदों तक क्योंकर फैला हुआ है। कविता में बार–बार सुखिया का यह विश्वास किसी गतिभार की तरह दुहरा जा रहा है 'मुझको देवी के प्रसाद का–एक फूल तुम दो लाकर।'

आठ खण्डों में लिखी गई इस कविता के पाँचवें खण्ड में अपनी बेटी के प्रति ममत्व से भर वह संकल्प लेता है—'कुछ हो देवी के प्रसाद का/एक फूल तो लाऊँगा/ इतना ही नहीं वह यहाँ तक सोच लेता है—'देखूँ देवी के मन्दिर में रोक सकेगा मुझको कौन।' अपने निश्चय के अनुसार वह जाता है और पुजारी से प्रसाद के रूप में फूल भी पा लेता है, किन्तु आँगन से मन्दिर के द्वार तक

भी वह नहीं पहुँच पाया कि शोर मच गया। भक्तों द्वारा वह अछूत पकड़ा और पीटा जाता है। देवी का प्रसाद तो इस सबमें वहीं आँगन में बिखर गया। कविता समाज की उस न्याय-व्यवस्था के अन्याय की ओर भी इशारा करती है, जो उसे इस अपराध के लिए सात दिन के कारावास में डाल देती है। इस बीच मृत बेटी को उसके परिजन फूँक चुके हैं। जेल से छूट वह बेटी की चिता तक जाता है और कविता अपने पाठकों को करुणा से घेर लेती है। एक अछूत पिता का दिक्घोषी चीत्कार हमें यहाँ सुनाई देता रहता है—'एक फूल माँ का प्रसाद भी तुझको दे न सका मैं हा!' इससे कहीं अधिक दिशाओं में वे प्रश्न गूँजते सुनाई देते हैं, जिनका सम्बन्ध सामाजिक विषमताओं, जातिगत संकीर्णताओं और जातीय भेदभाव और अस्पृश्यता से हैं।

इस सन्दर्भ में दूसरी जो कविता याद आती है, वह अदम (रामनाथ सिंह) गोंडवी की 'चमारों की गली' शीर्षक से है। इसे पढ़ते हुए भी हम व्यवस्था की अमानवीयता और जड़ता ही नहीं, उससे पैदा होने वाली हिंसा और हिंसक सवर्णों के प्रति कविता में उभरती घृणा से रू-ब-रू होते हैं। रामनाथ सिंह (गोंडवी) ठाकुर जाति के सदस्य होकर भी यहाँ चमारों के साथ होने वाले अत्याचारों और इन्हें करने वाले अत्याचारियों के खिलाफ खड़े हैं। यह कैसे कहा जा सकता है कि उनकी कविता संवेदना की सच्चाई नहीं दिखावा मात्र है। कविता का प्रत्येक शब्द कवि की भावनाओं की ईमानदारी और सच्चाई का बयान करता है। कवि यहाँ न तो ठाकुर है, न हरिजन। वाल्मीकि की तरह करुणा और क्षोभ से भरा-पूरा मनुष्य है वह। वही उसकी जाति है। इसी आधार पर वह सदाचार और अनाचार की पहचान कर सकने की क्षमता से सम्पन्न है। जिस तरह अत्याचारी की कोई जात नहीं होती, वह सिर्फ अत्याचारी होता है, उसी तर्क से यह भी मानना होगा कि कवि की भी कोई जाति नहीं होती, वह सिर्फ कवि होता है।

कवियों और लेखकों को जातियों में बाँटकर देखने और उनके भाव-संसार पर शक करने वाले कहीं ज्यादा जातिवादी हैं। यह जातिवाद तब भी घृणित है, जब किसी सवर्ण में दिखता होता है, तब भी जब किसी एक दलित लेखक, चिन्तक या बुद्धिजीवी में। यह तर्क भी कितना लचर है कि जो भोगता है, वही लिख सकता है। क्या भोगने का अर्थ यही है, जो इन दिनों बताया जा रहा है? क्या सचमुच ऐसा कोई भेद खड़ा किया जा सकता है? साहित्य और कलाओं में भोगने का अर्थ अगर यही है, तो संवेदना और कवि-कल्पना के मायने क्या रह जाते हैं?

इस बात से इनकार नहीं किया जा सकता कि जिन्हें दलित माना गया उनके

प्रति क्रूर और अमानवीय व्यवहार निरन्तर किए जाते रहे; लगभग मनुष्य न मानने की हदों तक, लेकिन कविता और कला के इतिहास में ऐसे उदाहरण विरले हैं, जब मनुष्य को उसकी मनुष्यता के बल पर न्याय न मिला हो और किसी भी स्थिति में अन्याय का समर्थन किया गया हो। अदम गोंडवी की 'चमारों की गली' कविता भी एक सत्य-दुर्घटना पर आधारित है। एक ठाकुर के लड़के ने हरखू चमार की जवान और खूबसूरत बेटी, कवि की निगाह में सरजू पार की मोनालिसा-सी कृष्णा को अकेली पाकर उसके साथ बलात्कार किया। इसकी प्रतिक्रिया में जब मंगल, हरखू आदि ने प्रतिशोध का संकल्प लिया, तो समूची ठाकुर बिरादरी सरपंच के नेतृत्व में एकजुट हो गई। विडम्बना यह कि थाने का दरोगा और पुलिस भी मंगल के खिलाफ और ठाकुरों के साथ खड़ी हो गई। उसे घेरकर पहले तो लाठियों से पीटा गया, फिर टाँग कर इस झूठे इल्जाम में थाने ले जाया गया कि उसने चोरी की है।

कवि ने कविता के वर्णन को जिस तरह से प्रस्तुत किया है, मानों वह उस सारी घटना का चश्मदीद गवाह हो। रपट की शैली में आँखों देखा वर्णन कर रहा हो। कविता पढ़ते हुए कवि की करुणा और क्रोध से हमारा सामना एक साथ होता है। हरिजनों के प्रति उसकी गहरी करुणा और अपनी ही जाति के ठाकुरों के प्रति आक्रामक क्षोभ और गुस्सा कविता में इस कदर है कि वह उनके लिए 'भेड़ियों' और 'दरिंदा' शब्द का प्रयोग करता है। यह भी गौर करने की बात है कि कवि स्वयं ग्रामवासी है और उसकी कविता अपनी ही संगठित बिरादरी के अन्यायों के खिलाफ खड़ी है। यह किसी सत्यधर्मी का विरल साहस ही कहा जायेगा। कहा नहीं जा सकता कि साहित्य-समीक्षा के क्षेत्र में इसे सच्ची दलित कविता माना जाएगा या फिर कल्पित औपचारिक फैशनेबुल काव्य-सृष्टि। इसका निर्णय कैसे होगा? क्या संवेदनाओं की भी अपनी कोई जाति होती है?

भारत में लिखी गई आदि कविता तो किसी अन्याय-पीड़ित मनुष्य के प्रति उपजी करुणा से नहीं, बल्कि वह तो मिथुन-रत क्रौंच पक्षी के निर्दय वध के विरुद्ध आदि कवि के कोप की गहनता और करुणा से पैदा हुई है। स्वयं दलित लेखन भी कभी इस विराट करुणा का प्रमाण दे पाएगा कि नहीं, यह एक और सवाल है। मैत्रेयी पुष्पा नामक लेखिका ने इस सन्दर्भ में एक और टिप्पणी की है—'आज जब कुछ दलित आत्मकथाएँ पढ़ती हूँ, तो वहाँ कुंठा का बोलबाला पाती हूँ।...अपने प्रति घृणा और वितृष्णा ने इन्हें भाव-शून्य बना दिया है।' इस दृष्टि से विधवा और भिक्षुक वाले निराला हों, या एक फूल की चाह वाले सियाराम

शरण गुप्त, उनकी संवेदना के चरित्र पर सन्देह नहीं किया जा सकता। प्रेमचन्द सवर्ण होकर भी सवर्णों के ही विरुद्ध लिखते रहे। अदम गोंडवी भी कवि के रूप में न तो किसी जाति के जबरन खिलाफ हैं, न दिखावे के लिए किसी जाति के जबरन पक्षधर। किसी भी ईमानदार कविता का पहला चरित्र यही है कि वह एक निष्पक्ष, निष्पाप और पारदर्शी मन से फूटी हो। बुद्धि-नियोजित न होकर आत्मप्रेरित और लोक-द्रवित हो। ऐसी कविता तभी सम्भव है, जब कवि तमाम तरह की सामाजिक और राजनीतिक संकीर्णताओं और स्वार्थ-भूमियों से ऊपर उठ चुका हो। जहाँ वह न तो 'जाति' हो, न संस्थाबद्ध 'धर्म'। न 'ऊँचा' हो, न 'नीचा'। उसका भाव-विस्तार समुद्र की तरह अपार और अतलांत हो। शुक्ल जी के मुहावरे में कहा जाय, तो 'मनुष्यता की वह उच्च भूमि' जहाँ मानव मन प्रकृत दशा में पहुँचा हुआ हो। भाव योग की वह ऊँची कक्षा, जहाँ कवि स्वयं एक प्रजापति होता है और समूची सृष्टि उसकी अपनी सगी सन्तानों जैसी। शुक्ल जी ठीक ही लिखते हैं कि तब कवि की 'अलग भाव सत्ता' नहीं रह जाती। उसकी अश्रुधारा में जगत की अश्रुधारा का, उसके हास-विलास में जगत के आनंद नृत्य का, उसके गर्जन-तर्जन में जगत के गर्जन-तर्जन का आभास मिलता है। कवि-चित्त की इस भाव-तल्लीनता और एकाकारिता से कविता जन्म लेती है।

इस आधार पर विचार करें, तो अदम गोंडवी की यह कविता उनके इसी 'प्रकृत हृदय' का विक्षोभपूर्ण, किन्तु पवित्र विस्फोट है। कवि-मन का यह साहसिक विस्फोट कविता की इन पंक्तियों में स्थायी रूप से दर्ज है—

मैं निमन्त्रण दे रहा हूँ, आयें मेरे गाँव में
गाँव जिसमें आज पांचाली उघारी जा रही
या अहिंसा की जहाँ पर नथ उतारी जा रही
हैं तरसते कितने ही मंगल लँगोटी के लिए
बेचती हैं जिस्म कितनी कृष्णा रोटी के लिए

इस कविता में एक और पंक्ति हैं—'सड़ रहे जनतंत्र के मक्कार पैरोकार को।' क्या हम इसे हिन्दी कविता की अति भावुकता कहें, या उसकी निंदापरक प्रवृत्ति या फिर अन्याय-अत्याचार की ऐसी दुर्घटनाओं को देख द्रवित हो उठने वाले सच्चे कवि-हृदय की पहचान?

कवि की समूची सहानुभूति यहाँ उस दलित समाज के प्रति है, जो सदियों से सवर्णों के अन्यायों का शिकार रहा आया है और आजादी मिल जाने के बाद आज भी उन्हीं के अत्याचारों का शिकार है। कविता यह सवाल करती है कि

जो आजादी समूचे समाज को नये सिरे से नई व्यवस्था देने को प्रतिश्रुत थी, वह कैसे आज भी उन्हीं सामंतों की मिज़ाजपोशी में खड़ी है।

कविता में एक लोक-गुहार का भाव भी है। जागरण की भाषा भी। वह उन तमाम संवेदनशील लोगों के लिए आवाहन और एकजुटता का प्रस्ताव भी लिए हुए हैं, जो स्वयं को इस नये समाज का ठेकेदार और अगुआ मानते हैं और उसे शोषणमुक्त नयी व्यवस्था देना चाहते हैं। ख्यात पत्रकार और कवि राजकिशोर अपने काव्य-संग्रह 'पाप के दिन' में लिखते हैं-'लुप्त हो गए होंगे महा आख्यान/लघु आख्यानों की राह में, कौन सी बाधा है।' क्या लोगों को साँप सूँघ गया है या आघात सहते-सहते कुंद हो गई हैं उनकी संवेदना/आखिर—इतना अन्याय, ऐसा दमन, इतना अभाव, ऐसी विषमता, फिर भी, कैसी शांति, कितना सन्नाटा। 'चमारों की गली' और 'एक फूल की चाह' जैसी लघु आख्यानमूलक कविताएँ इस सन्नाटे को तोड़ती हैं। और तब तोड़ती हैं, जब दलित-लेखन की हिन्दी में इतनी गूँज नहीं थी। इस सिलसिले में जब नागार्जुन की 'हरिजन गाथा' कविता पर सोचता हूँ, तो कई दृष्टियों से यह मुझे ऐतिहासिक तौर पर असाधारण और महत्वपूर्ण लगती है।

तीन खण्डों और दो सौ इकहत्तर काव्य-पंक्तियों की यह कविता समूचे आख्यान को तथ्यपरक यथार्थ की भूमि से उठाकर कल्पना की जिस स्वप्नदर्शी भावभूमि पर ले जाती है, वह भूमि, भारतीय समाज के वर्चस्वशाली वर्णों के विरुद्ध शोषित और दलित तबकों की भूमिगत राजनीतिक एकजुटता और हिंसक युद्ध की रणनीतियों का बयान करती है।

कविता बिहार की अतिक्रूर निर्दयी हिंसा के फलस्वरूप पैदा हुई, जिसमें बेलछी गाँव के तेरह हरिजनों को सवर्णों द्वारा तैयार किए गए विराट चिताकुंड में ऐसे झोंक दिया गया था, जैसे होलिकादहन में सूखी लकड़ियाँ झोंक दी जाती हैं। नागार्जुन ने इस 'पैशाचिक दुष्कांड' का वर्णन करते हुए लिखा—'ऊँची जातियों वाली वो समूची आबादी/आ गई होली वाले 'सुपर मौज' के मूड में, और इस तरह जिंदा झोंक दिए गए हों...तेरह के तेरह अभागे मनुपुत्र/सौ सौ भाग्यवान मनुपुत्रों द्वारा...ऐसा तो कभी नहीं हुआ था...ऐसा तो कभी नहीं हुआ था...।'

'ऐसा तो कभी नहीं हुआ था' वाली पंक्ति से कविता शुरू भी होती है। यह पंक्ति उस दुधारी तलवार की तरह है, जो दोनों तरफ की मार करती है। बेलछी हत्याकांड जैसा सामूहिक पैशाचिक नरसंहार भारतीय लोक-समाज में पहले कभी घटित नहीं हुआ था। एक ऐसी दरिंदगी, जिसमें परोक्ष रूप से थानेदार और थाना

शामिल होकर निरन्तर चलतीं तैयारियों की अनदेखी कर रहा हो, जबकि सवर्ण बिरादरी उल्लासपूर्वक किरासिन के कनस्तर, मोटे-मोटे लक्कड़, उपलों के ढेर, सूखा घास-फूस के पूले जुटाती हुई, विराट चिता कुण्ड के लिए, हँस-हँसकर गड्ढे खोदने में लगी हो। कवि लिखता है—

ऐसा तो कभी नहीं हुआ था कि
महज दस मील पड़ता हो थाना
और दरोगाजी तक बार-बार
खबरें पहुँचा दी गयी हों सम्भावित दुर्घटनाओं की

'ऐसा तो कभी नहीं हुआ था' वाली पंक्ति यहाँ उस तंत्र की निर्ममता, जड़ता, क्रूरता, अमानवीयता और अनुत्तरदायित्व-बोध को उजागर करती है, जो अत्याचारी सवर्णों की हिंसा और आक्रामकता को प्रकारांतर से समर्थन दे रही है। कवि फिर लिखता है—'ऐसा तो कभी नहीं हुआ था।'

इस पंक्ति में कई प्रकार की अनहोनियाँ एक साथ सूचित हैं। पहली, तो तेरह जिन्दा हरिजनों को इस तरह जलाया जाना। दूसरे, थानेदार का इस प्रकार की अत्याचारपूर्ण लोमहर्षक घटना के प्रति कान बंद किए बैठे रहना। ये दोनों ही सत्य इस पंक्ति को गहरी अर्थवत्ता प्रदान करते हैं। न कभी यह सोचा जा सकता था कि अपने को सवर्ण और अति उच्च कहने और मानने वाली जातियों के लोग इतना निर्मम और पैशाचिक दुष्कांड करेंगे, न यह कल्पना ही की जा सकती थी कि थाने को खबर हो और वह इस प्रकार की पैशाचिकता को रोक सकने की प्रशासनिक जिम्मेदारी न निभाए। आखिर यह एक लोकतांत्रिक समाज की कैसी व्यवस्था है?

कविता अपने पाठकों को इस पंक्ति के मार्फत सिर्फ यह सूचित नहीं करना चाहती कि एक अनहोनी और दुखद घटना घट गई, बल्कि उस समय और समाज की मानसिकता से हमारा सामना कराती है, जहाँ अब जातीय हिंसा-प्रतिहिंसा की दुर्घटनाएँ और अधिक घटित होने को हैं।

कविता ने यह खुलासा तो नहीं किया है कि—आखिर सवर्णों का यह गुस्सा किन कारणों के चलते उपजा? हरिजनों का अपराध क्या था? कहीं वे धीरे-धीरे अपने सामाजिक और लोकतांत्रिक अधिकारों के प्रति सचेत और संगठित तो नहीं हो रहे थे, कहीं यही उनका सबसे बड़ा अपराध तो नहीं था कि वे स्वाभिमान और आत्मसम्मान से भरते जा रहे थे? कविता इस ओर से आँखें क्या मूँदे हुए है, अगर यह सवाल करें, तो कहा जा सकता है कि कवि की आवेग-

अतिशयता के चलते। कवि यह तो बताता है कि विराट चिता कुण्ड रचने की तैयारियाँ कई दिनों तक चल रही थीं, किन्तु यह खुलासा नहीं करता कि ऊँची जातियों की इस पैशाचिकता के पीछे कारण क्या थे? सामाजिक उथल-पुथल की वे अन्तर्धाराएँ कौन-सी थीं, जिनके ताप और दाह से कोप और प्रतिकोप के ये भयावह ज्वालामुखी फूटे। लगता है कवि इतना आवेग-विकल हो उठा कि तलाश विवेचन और विश्लेषण की उसे परवाह ही नहीं रही या फिर अपनी आवेगकुलता के चलते वह एक ही दिशा की ओर बढ़ता चला गया।

नागार्जुन के बारे में अक्सर यह कहा और माना जाता है कि उनकी भावाकुलता का चरित्र भी कहीं न कहीं छायावादियों के आस-पास है। बहुत कुछ निराला जैसा, किन्तु निराला की आवेगशीलता जहाँ औदात्य विकसित करती हुई दार्शनिक ऊँचाइयों की ओर बढ़ती है, नागार्जुन की पक्षधरता राजनीतिक रास्ते से प्रतिशोध और प्रतिहिंसा की ओर। रोमान और यथार्थ का ऐसा मिला-जुला रूप, जहाँ समय और समाज, धूप और छाँह की तरह विन्यस्त हैं, किन्तु यह भी कम बड़ी सच्चाई नहीं कि नागार्जुन की कविता का मूल बोध सामाजिक और राजनीतिक है। 'हरिजन-गाथा' उसी बोध को प्रतिबिम्बित करती है।

कवि बार-बार यह याद करके दहल उठता है कि 'झोंक दिए गए तेरह निरपराध हरिजन, सुसज्जित चिता में...', 'हाल ही में घटित हुआ था, वो विराट दुष्कांड।' इन पंक्तियों से कविता पाठकों के मन में भी भय और सिहरन पैदा करती है, पर उसकी स्थायी भाव-मुद्रा तो क्रोध और क्षोभ की है। यह भाव-दशा कविता के पहले शब्द से लेकर आखिरी शब्द तक में व्यापी हुई है।

बेलछी का यह पैशाचिक दुष्कांड, कवि नागार्जुन के लिए आदि कवि की वेदना से कुछ कम नहीं है। इसलिए इसका क्रोध और इसकी करुणा की मात्रा भी कम क्यों होगी, पर आदि कवि ने इसे व्यक्त करने के लिए जो प्रविधि चुनी है, वह महाकाव्यात्मक है और एक ऐसी पूर्व प्रचलित, पूर्व ज्ञात लोकगाथा, जो न्याय-अन्याय, पाप-पुण्य, कर्त्तव्य-अकर्त्तव्य के विशद् और गम्भीर अनुभव-व्यापारों से होकर गुजरती हुई एक ऐसे सार्वभौमिक सच को स्थापित करती हैं, जो कालांतर में लोकादर्श की सत्ता ग्रहण करता है। वाल्मीकि जैसे ऋषि कवियों के समक्ष राजनीतिक पक्षधरता या प्रतिबद्धता का जड़ दायरा ही अगर एकमात्र काव्य-व्यवहार होता, तो वे शायद ही कभी राम द्वारा शंबूक के वध वाले प्रसंग को इस गाथा में समाविष्ट करते। सत्ता कोई भी हो, किन्हीं न किन्हीं स्थितियों में वह लोक-विरोध और लोक-घात पर उतर ही आती है। जनता की कसम

खाकर भी वह सत्ता में आने के बाद जनविरोधी आचरण करने लगती है। यहाँ तक कि पिछड़े और दलित भी जब सत्तासीन होते हैं, प्रायः यह भूलने लगते हैं कि उनकी प्रतिज्ञाएँ और प्रतिबद्धताएँ क्या हैं। इसलिए प्रतिबद्धता की स्थितिशीलता भी एक खतरनाक स्थिति है। ठीक उसी तरह जिस तरह प्रतिबद्धता को संकीर्ण और साम्प्रदायिक कहकर सर्वथा नकारना एक दूसरे प्रकार का अतिवाद।

हरिजन गाथा में प्रतिबद्धता का जो स्वरूप है वो शास्त्र-निर्देशित नहीं है। यों भारतीय नीतिशास्त्र की निगाह से देखें, तो जैसे को तैसा भी एक नीति रही है। प्रतिशोध इसी से पैदा होता है। प्रतिहिंसा भी। इस कविता का मूल भाव-बोध यही प्रतिहिंसा है। नागार्जुन ने इसे भावावेग में दर्ज किया हो, ऐसा भी नहीं कहा जा सकता। पहले और बाद में भी उन्होंने कई बार यह कहा कि प्रतिहिंसा उनके कवि का स्थायी भाव है। यह कविता उसी भाव से प्रेरित और परिचालित है।

यह मानने में मुझे कोई आपत्ति नहीं है कि भारतीय मूल्य व्यवस्था में यह अनुदात्त मूल्य बोध नहीं है। हाँ, आपात स्थितियों में यह जब-तब जरूरी भी माना गया है। इस अवसर पर मुझे कवि मुकुट बिहारी 'सरोज' की पंक्तियाँ याद आ रही हैं, जो उन्होंने इसी विचार-सन्दर्भ में कभी लिखी होंगी—'अब तुम कहो कि यह तो हिंसा है, होगी, लेकिन बहुत जरूरी है।' प्रश्न यह कि नागार्जुन के लिए भी क्यों यह बहुत जरूरी और एकमात्र उपचार या रास्ता लगा? क्या इससे नयी सामाजिक संरचना का आधार तैयार किया जा सकना सम्भव है? अथवा नागार्जुन, लेनिन और माओ के रास्ते चल पड़े हैं, यहाँ?

कवि नागार्जुन यहाँ इस बहस में नहीं पड़ते। वे तो सीधे अपनी सोची-समझी राह पर चल पड़ते हैं और कविता आकार लेने लगती है।

जिस ग्रामांचल में वह पैशाचिक नरमेध हुआ था, उसी के एक हरिजन-परिवार में एक नवजातक, किसी अवतार-सा जन्म लेता है। कवि उस नवजातक का चित्रण करते हुए लिखता है—

> ऐसा नवजातक
> न तो देखा था, न सुना ही था आज तक!
>
> ....
>
> पैदा हुआ है बेचारा
> भूमिहीन बँधुआ मजदूरों के घर में
>
> ....
>
> अधपेटा रहेगा अधनंगा डोलेगा

तोतला होगा कि साफ-साफ बोलेगा
जाने क्या करेगा

....

सोचन लगे बार–बार...
कैसे तो अनोखे हैं अभागे के हाथ–पैर
रामजी ही करेंगे इसकी खैर...

कविता यहाँ उस भय, आतंक और चिन्ता को रेखांकित करती है, जो उस हत्याकाण्ड के बाद हरिजन बिरादरी में गहरे व्यापी हुई थी। 'फिक्र की तलैया में खाने लगे गोते/वयस्क बुजुर्ग दोनों, एक ही बिरादरी के हरिजन।' यह फ़िक्र, जो घट चुका उसके परिणामस्वरूप तो पैदा हुई ही थी, उन आशंकाओं को लेकर भी है, जो आगे घट सकती हैं। आशंकाओं का यह चित्रण कविता के पाठकों को भी चिन्ता से भरता है। दिल दहला कर रख देने वाली यह हिंसा इतना ही नहीं करती, कई सवालों से हमें घेरती भी है। आजादी के बाद की जातिवादी राजनीति, उसकी मुठभेड़ें और उसके हिंसक रूप भी हमारी चेतना को अपने आतंक के साये में ले लेते हैं। आज तो जातियाँ स्वयं सामाजिक श्रेणियाँ न रहकर राजनीतिक श्रेणियाँ बनती जा रही हैं। तब यह सवाल भी उठ खड़ा हुआ है कि वे राजनीति का इस्तेमाल कर रही हैं या सत्ता–स्वार्थों की राजनीति के द्वारा इस्तेमाल की जा रही हैं।

भारत के वामपंथी शास्त्रवादियों को, जिन्होंने लोक–यथार्थ का अध्ययन दर–किनार कर शास्त्र–कथन को ही सर्वोपरि सच मान रखा है, उनकी कठिनाई यह है कि विकासमान यथार्थ को एक साफ–सुथरे मॉडल में सरलीकृत करके रखकर देखने की आदत के वे शिकार हो चुके हैं। इन्हीं में वे दूसरी तरह के प्रगतिशील अर्थशास्त्री भी हैं, जो जातियों से जुड़ी हर बात को प्रतिक्रियावादी कहते हैं और प्रत्येक परिवर्तन को जाति से वर्ग सम्बन्धों की तरफ गतिशील मानते हैं। तीसरे सिरे पर वे हैं, जो जाति को राजनीति के प्रदूषण से बचाना अपना फर्ज समझते हैं। सवाल यह कि नागार्जुन की कविता क्या इसी प्रकार के दृष्टिकोणों की उपज है या फिर इसके पीछे कोई अन्य दृष्टि भी काम कर रही है? वे क्या यह मान चुके हैं कि अहिंसा, हृदय–परिवर्तन और वर्ग–सहयोग की बातें बेमानी हैं और शोषक सामंतवाद और पूँजीवादी व्यवस्था को समाप्त करने के लिए सशस्त्र क्रांति के अलावा और कोई चारा नहीं है?

कविता में भले ही यह बहस न उठाई गई हो, पर उसे पढ़ते हुए यह धारणा

तो बलवती होती ही है कि नये समतावादी समाज की रचना के लिए शोषण से जुड़ीं सभी जातियों और व्यवस्थाओं को जड़मूल से उखाड़ना बुनियादी जरूरत है। यह सिर्फ हिंसक पद्धति से ही सम्भव होगा, जिसका सपना यहाँ इस कविता में देखा गया है।

कवि ने जो कल्पनाएँ की हैं, उनके पीछे कुछ मिथकीय आधार भी हैं। कृष्ण का जन्म भी ऐसी परिस्थितियों में हुआ था। उन्हें भी सुरक्षित पालन-पोषण के लिए चुपचाप गोकुल ले जाया गया था। निस्सन्देह काव्य-संरचना और उसकी कल्पना में कवि की यह स्मृति सक्रिय है। कृष्ण जन्म कथा के साथ नारद मुनि की सलाहें और निर्देश भी हैं, तो यहाँ अधेड़ सन्त गरीबदास—जो चमार टोली के गुरु महाराज के रूप में—अगले नहीं, उससे अगले रोज पधारते हैं। उस रैदासी सन्त का चित्रण कवि ने इस प्रकार किया है–

> बकरी वाली गंगा-जमनी दाढ़ी थी
> लटक रहा था गले से
> अँगूठानुमा जरा-सा टुकड़ा तुलसी काठ का
> कद का नाटा, सूरत भी साँवली
> कपाट पर, बाईं तरफ घोड़े के खुर
> का निशान था
> चेहरा था गोल-मटोल, आँखें थी घुच्ची
> बदन कटमस्त था...

रैदासी सन्त का कवि नागार्जुन द्वारा किया गया यह रूप-वर्णन जितना फोटोजनिक है, उतना ही यथार्थपरक और अभिनव भी। इस चित्रण में न तो किसी प्रकार की दिव्यता या भव्यता है, न महिमा मंडन। विपरीत इसके हद दरजे की विश्वसनीयता और अनूठापन है। नागार्जुन जैसे अगाध पंडित और अनुभवी कवि की लोकदृष्टि की गहराई यहाँ अनुभव की जा सकती है। इससे पहले की कविताओं में भी वे जिस कल्पना-पथ का प्रयोग करते हैं, वह जीवन की वास्तविकताओं के सच के बीच से होकर जाता है। आँखों से देखे और प्रौढ़ काव्य-विवेक द्वारा आत्मसात् किए हुए इस काव्यबिम्ब में एक गहरी प्रशान्तता और सुस्थिरता है। काव्य-वस्तु के अनुकूल बिम्ब-सृष्टि किसी सिद्ध मानस की ही सामर्थ्य है। कवि नागार्जुन ने उस सामर्थ्य का यहाँ भरपूर परिचय दिया है। न केवल बिम्ब; बल्कि वर्ण्य-भाषा भी स्वाभाविकता के सौन्दर्य से जगमग है।

सन्त गरीबदास के कथन नाटकीय-चमत्कृति लिए हुए हैं और कविता को उत्तेजक गतिशीलता देते हैं। नवजात कलुए की किस्मत का भाष्य करते हुए सन्त गरीबदास भी व्याज निंन्दा के बहाने व्याज स्तुति करते हुए हरिजन-टोले के लोगों से कहते हैं—अरे भगाओ इस बालक को/होगा यह भारी उत्पाती/ जुलुम मिटाएँ धरती से/इसके साथी और संगाती/ यह उन सबका लीडर होगा/ नाम छपेगा अखबारों में/बड़े-बड़े मिलने आएँगे/लद-लद कर मोटरकारों में।

सन्त इतना ही नहीं कहते। उसके परिजनों के समक्ष न केवल उसके; बल्कि समूचे शोषित-समाज के भविष्य की वह रूपरेखा भी प्रस्तुत करते हैं, जिसकी रचना की अगुवाई इस नवजातक के मार्फत होनी है—

श्याम सलोना यह अछूत शिशु हम सबका उद्धार करेगा
आज यही सम्पूर्ण क्रांति का सचमुच बेड़ा पार करेगा
हिंसा और अहिंसा दोनों बहनें इसको प्यार करेंगी
इसके आगे आपस में वे कभी नहीं तकरार करेंगी...

किसी भी वर्ण समूह में साधु-सन्तों और वैरागियों के द्वारा क्रांति मार्ग की अगुवाई करना, भारत के लिए कोई नया अनुभव नहीं कहा जा सकता। 'आनंदमठ' बंकिम चंद्र का ऐसा ही उपन्यास है, जिसमें क्रांति की अगुवाई संन्यासी समूहों के सन्तान दल करते हैं। नागार्जुन इस परम्परा से खूब परिचित हैं। उन्हें यह भी पता है कि सत्ता का खेल खेलने वाली चुनावी राजनीति के परिवर्तन की बात करने वाले दाँत हाथी के हैं। वे यह भी अनुभव करते हैं कि दलित और शोषित तबके जब तक क्रांति की अगुवाई खुद करने नहीं आएँगे, न तो क्रांति घटित होगी न वह मुक्ति साकार होगी, जिसकी आकांक्षा लिए ये समूह बरसों से मर और जी रहे हैं।

कविता के भीतर अधेड़ सन्त गरीबदास की कल्पना कर नागार्जुन बाबा ने हरिजनों को मुक्ति के जिस रास्ते की ओर इशारा किया है, वह मुक्ति पथ जितना गरीबदास का है, उससे कहीं अधिक कवि नागार्जुन का।

कविता के एक हिस्से में सामुद्रिक ज्योतिष का प्रयोग करते हुए कवि ने सन्त के हवाले से जो फंतासी रची है वह यों है—

आड़ी-तिरछी रेखाओं में हथियारों के ही निशान हैं

खुखरी है, बम है, असि भी है, गंडासा-भाला प्रधान हैं। कुछ अति प्रगतिशील काव्य-विज्ञानी यह आपत्ति साधिकार दर्ज कर सकते हैं कि कवि ने यहाँ एक अन्धविश्वास को अनावश्यक तौर पर क्यों पनपाना चाहा है। यह भी कि प्रगतिशील

सौन्दर्यशास्त्र में इस तरह के कल्पना-प्रसंग प्रतिगामी विचारों को क्या बढ़ावा नहीं देंगे। इस सन्दर्भ में कई समाज-विज्ञानियों और लोकवेत्ताओं का यह कथन ज़्यादा गौरतलब है कि 'यथार्थ पूर्ववर्ती समाज से सम्बन्धित मोटे-मोटे अनुमानों और पूर्व निर्धारित विचार- ृंखलाओं पर आधारित नहीं होता। वह एक गतिमान परिस्थिति के घटकों की निरन्तर परिवर्तनशील अन्योन्य क्रिया पर निर्भर करता है। जाति और राजनीति के विशेष सन्दर्भ में तो यह बात भी आंशिक रूप से ही प्रासंगिक है।' यही लेखक यह भी लिखता है कि इस तरह के बुद्धिजीवी भी हैं, जिन्होंने ऐसे विसर्जनवादी आग्रहों से बचते हुए समकालीन भारतीय समाज में होने वाले परिवर्तनों की यथार्थ समझ प्रदर्शित की है।...इन लोगों को सोचने की ट्रेनिंग कुछ इस तरह मिली है कि वे मूलतः परिभाषावादी बन गए हैं।

अर्थशास्त्री इसे जटिल यथार्थ का सरलीकृत सामान्यीकरण कहते हैं, जबकि यथार्थ बहुपरतदार और जटिल होता है। नागार्जुन ही क्यों, 'कफ़न' कहानी के अन्त में जब प्रेमचन्द 'ठगिनी क्यों नैना झमकावै' या कहानी के बीच स्वर्ग-नरक का सन्दर्भ खड़ा करते हैं, या फिर 'गोदान' में होरी जैसे मजदूर से गोदान करवाते हैं, तब स्थूल यथार्थ की परतों के नीचे सक्रिय परतदार सूक्ष्म सांस्कृतिक यथार्थ की भंगिमाएँ भी समझ में आने लगती हैं।

यह कविता इस जटिल और परतदार बहुकोणीय यथार्थ को प्रस्तुत करती है। साथ ही प्राचीन काव्यों/पुराणों आदि में भविष्यवाणी की शैली का उपयोग और प्रयोग करती हुई वे सारी बातें कहती हैं, जो कवि नागार्जुन के मन में बरसों से पल और अंगारों-सी धधक रही हैं। कविता में ये दोनों ही दृश्य घूम-घूम कर आते हैं—

दिल ने कहा—अरे हम तो बस पिटते आए रोते आए!
बकरी के खुर जितना पानी उसमें सौ-सौ गोते खाएँ!
दिल ने कहा—अरे यह बालक निम्नवर्ग का नायक होगा!
नयी ऋचाओं का निर्माता नये वेद का गायक होगा!
दिल ने कहा—अरे इस शिशु को दुनिया भर में कीर्ति मिलेगी!
इस कलुए की तदबीरों से शोषण की बुनियाद हिलेगी!

कविता यहाँ अपने असली मकसद—भविष्य संदेश—तक पहुँच रही है। इस रूप में यह एक संदेशपरक रचना है। यह संदेशपरकता कहीं न कहीं हमें उस नक्सलवाद तक ले जाती है, जो सशस्त्र क्रांति के मार्फत अन्याय-पीड़ित वर्गों की मुक्ति का आकांक्षी है। 'होंगे इसके सौ सहयोद्धा, लाख-लाखजन अनुचर

होंगे' कहकर कवि ने यह शुभकामना-सी व्यक्त कर दी है कि भारत का अगला इतिहास इन्हीं मुक्ति-योद्धाओं की क्रांतिकारी गतिविधियों से लिखा जाएगा।

कविता हमारे अन्तःमानस में बहुत भरोसे के साथ यह धारणा बिठाती है कि दलित समूह राजनीतिक प्रक्रिया छोड़ने को तैयार नहीं है। उनकी चेतना में चाहे जितनी दहशत हो, पर इससे भी कई गुना अधिक उनमें मुक्ति की वह प्रबल आकांक्षा है, जिसके बगैर जीने का कोई अर्थ नहीं है। वे यह भी समझ चुके हैं कि इस कार्य में उनकी मदद न तो ईश्वर करने वाला है, न कोई सत्तामुखी दल। वह चुनिंदा अभिजन, जो स्वयं को बुद्धिजीवी कहता है या फिर सबसे संवेदनशील तबका, उससे भी कोई उम्मीद अब इस दलित तबके को नहीं है। सम्भवतः उस संसदीय वामपंथ से भी नहीं, जो तरह-तरह के अवसरवादी तालमेल का उपहासास्पद उदाहरण बनकर रह गया है। सम्भवतः यही कारण है कि कविता इनके प्रति किंचित कोई उम्मीद नहीं जताती और सशस्त्र संघर्ष की रणनीति की ओर इशारे करती हुई आगे बढ़ती है।

तीसरा टुकड़ा, सन्त गरीबदास द्वारा निर्दिष्ट रणनीति का क्रियात्मक पक्ष बयान करता है। खदेरन, अपने से उम्र में बड़े (लगभग सत्तर साला) बुद्धू से गुरु महाराज के निर्देशानुसार यह प्रस्ताव रखता है कि 'बच्चे को माँ-सहित हटा देना है कहीं फौरन...'। कहानी आगे बढ़ती है। खदेरन माँ-बच्चे के साथ, चना-चबेना रख, शाम की गाड़ी से चुपचाप निकल पड़ता है। उसके निकलने से पहले बुद्धू की इस जिज्ञासा का कि 'कहाँ रखोगे छोकरे को? वहीं न? जहाँ, अपनी बिरादरी के कुली-मजदूर होंगे सौ-पचास?' 'चार-छः महीने के बाद ही कोई काम पकड़ लेगी सुखिया भी...' फिर अपने-आप से धीमी आवाज में कहने लगा बुद्धू—'छोकरे की बदनसीबी तो देखो, माँ के पेट में था तभी इसका बाप भी झोंक दिया गया उसी आग में...'—इन पंक्तियों में गहरी करुणा और उदासी की स्मृति है, किन्तु इससे कहीं अधिक वह मर्मवेधी वेदना, जो बुद्धू की चिन्ताओं में तड़फड़ा रही है, इसकी संपुष्टि कविता की आखिरी पंक्तियों में होती है—

बढ़ आया बुद्धू अपने छप्पर की तरफ
नाचते रहे लेकिन माथे के अन्दर
गुरु महाराज के मुँह से निकले हुए
हथियारों के नाम और आकार-प्रकार
खुखरी, माला, गंडासा, बम, तलवार...
तलवार, बम, गंडासा, माला, खुखरी...

तब क्या यह कविता दलित जातियों को सशस्त्र हिंसक क्रांति का संदेश नहीं देती है? क्या यह आगामी छापामार युद्ध की कार्रवाई प्रस्तावित करती है? क्या हरिजन–तबकों को यह मुक्ति का ऐसा मार्ग दिखाती है, जो संसदीय प्रणालियों से अलग है? क्या संसदीय लोकतंत्र से कवि का विश्वास बिल्कुल उठ गया है? इसके उत्तर, कविता में औपचारिक तौर पर भले ही मौजूद न हों, पर सांकेतिक तौर पर तो मौजूद हैं।

बेशक समूची कविता सशस्त्र हिंसक क्रांति की वैचारिक अगुवाई करती है। इसे कहने के लिए जिस कथा का सहारा वह लेती है, उसके प्रमुख चरित्रों में यह नवजात शिशु और रैदासी सन्त गरीबदास हैं, जो आतंक के साये में जीते–मरते हरिजनों को न केवल ढाँढ़स बँधाते हैं, बल्कि उनके पथ-प्रदर्शक का काम भी करते हैं। कहने को रैदासी सम्प्रदाय वैष्णव सम्प्रदाय का ही एक हिस्सा है, किन्तु वैष्णवता के कई रंग हैं। राम और कृष्ण भी– इसी वैष्णवता के प्रतीक हैं। कौन नहीं जानता कि कभी–कभी अन्तिम उपाय के रूप में वे भी हिंसक माध्यमों का उपयोग करने को विवश पाए गए हैं। इसलिए यह आपत्ति नहीं ही उठाई जा सकती कि सन्त गरीबदास ने इस तरह का मार्ग–निर्देश कर वैष्णवता–विरोधी मत प्रतिपादित किया है।

निस्सन्देह कविता में भविष्य कथन बहुत हैं–जो कवि की आशावादिता को प्रकट करते हैं। कविता में किंचित चमत्कार–प्रदर्शन भी है—

बिजली की फुर्ती से बाबा, उठा वहाँ से बाहर आया
वह था मानों पीछे–पीछे आगे थी भास्वर शिशु छाया
लौटा नहीं कुटी में बाबा नदी किनारे निकल गया
लेकिन इन दोनों को तो अब लगता था सब कुछ नया–नया

दिल ने कहा—'दलित माँओं के सब बच्चे अब बागी होंगे। अग्निपुत्र होंगे वे, अन्तिम विप्लव में सहभागी होंगे।'

कवि ने कविता में यह भविष्यवाणी कर दलित जातियों को जो रास्ता दिखाया है, वह एक इतिहास–लेख की तरह यहाँ दर्ज है। यह भी कि 'हरिजन गाथा', कोरी कवि–कल्पना से उपजी कविता नहीं है। वह सामाजिक जीवन के इतिहास के अन्यायी चेहरों की पहचान से उपजी कविता है। लेकिन 'एक फूल की चाह' की तरह वह केवल वर्ण–विषमता और छुआछूत वाली सामाजिकता को प्रक्षेपित नहीं करती। वर्ण–द्वेष तो निश्चय ही वहाँ भी है, किन्तु यहाँ इससे भी अधिक बड़ा आधार वर्ग–द्वेष और वर्ग-हिंसा का है। इसके पीछे बिहार का

वह बेलछी काण्ड है, जिसमें एक दर्जन से अधिक 'अकिंचन मनुपुत्र', 'प्रचण्ड अग्नि की विकराल लपटों' के हवाले कुछ इस तरह झोंक दिए गए थे, जैसे होली की जलतीं लपटों में सूखी लकड़ियाँ झोंकीं जाती हैं।

याद आता है कवि शमशेर ने 'हरिजन गाथा' का ज़िक्र छेड़ते हुए कहा था, 'नागार्जुन की इस कविता को पढ़ते हुए हमारा सामना एक महाकवि की संवेदना से होता है, जिसमें अथाह करुणा भरी हुई है।' नागार्जुन की अछोर करुणा से जन्मी हुई यह रचना हमें भविष्य का समाज-दर्शन भी कराती है। कवि की यह पंक्ति बार-बार हमारी चेतना में कौंध जाती है—'दलित माँओं के सब बच्चे अब बागी होंगे।' इन पंक्तियों को लिखते हुए कवि नागार्जुन इन क्रांतिकारी विचारों के पास जा खड़े हैं कि वर्ग-शत्रु का सफाया वर्ग-संघर्ष का उच्चतर रूप है और गुरिल्ला युद्ध तथा जनयुद्ध की शुरुआत है। नक्सली नेताओं ने तब तक यह समझ लिया था 'सफाए की लड़ाई' ही इन समस्याओं का एकमात्र समाधान है। कविता इसी संकल्प से उपजकर समाधान तक आती है और बरसों पुरानी अन्यायी व्यवस्था को नकारती हुई नयी लोकसृष्टि की माँग करती है। साहित्य की जिम्मेदारियों की चर्चा करते हुए आचार्य हजारी प्रसाद द्विवेदी लिखते हैं–दो सौ वर्षों की राजनैतिक गुलामी को तोड़ने में हमें जितना प्रयास करना पड़ा है, उससे कहीं अधिक प्रयास करना पड़ेगा इस सहस्राधिक वर्षों की सामाजिक और आध्यात्मिक गुलामी की जंजीरों को तोड़ने में। इसके लिए कौन से प्रयास कारगर होंगे, यह विवादास्पद है।

कवि ने बहुत पहले सावधान किया है—जिसे तुमने नीचे फेंक रखा है, वह तुम्हें नीचे से जकड़कर बाँध लेगा; जिसे पीछे डाल रखा है, वह पीछे खींचेगा; अज्ञान के अन्धकार की आड़ में जिसे तुमने ढक रखा है, वह तुम्हारे समस्त मंगल को ढक कर घोर व्यवधान की सृष्टि करेगा। हे मेरे दुर्भाग्यग्रस्त देश! अपमान में तुम्हें समस्त अपमानितों के समान होना पड़ेगा।

नागार्जुन की 'हरिजन गाथा' कविता शताब्दियों के इस विकट अपमान की संकल्पपूर्ण और कठोर प्रतिक्रिया है। अब यह और बात है कि इसे न तो ओमप्रकाश वाल्मीकि ने लिखा है, न मोहनदास नैमिषराय ने। सम्भवतः उन्हें उस वक्त यह सब सूझा ही न हो। तब हिन्दी में दलित लेखन एक फैशन भी नहीं बना था, आन्दोलन तो वह आज भी ठीक से नहीं बन पाया है। उसका यह रूप तो केवल मराठी में उभर सका है, पर एक बड़ी प्रतिभा, जिसका बड़प्पन उसकी अपार संवेदनशीलता से ही प्रमाणित होता है, अपनी इन्हीं अति संवेदनाओं से

प्रेरित और परिचालित होती है। नागार्जुन की 'हरिजन गाथा', उनकी इसी कोटि की असाधारण संवेदना का असाधारण उदाहरण है।

कविता के शिल्प में जो नाटकीय कथात्मकता है, वही इसे महत्त्वपूर्ण बनाता है। भाषा में एक ऐसी गम्भीर सादगी है, जो अनुभव-सन्दर्भों को विश्वसनीयता प्रदान करती है। कहानी का जो रूप-विधान है, उसमें पुराणों की चमत्कारप्रियता का इस्तेमाल करते हुए कवि ने जैसी फंतासी रची है, वह एक अर्थ में परम्परा का पुनर्सृजन और पुनर्कथन भी कहा जा सकता है।

तब भी, यह कहने की गुंजाइश बची रहती है कि कवि ने इसे जल्दबाजी में रचा है। इसके पीछे उसका असंयमित क्रोध तो काम कर ही रहा था, अनियंत्रित प्रतिशोधवृत्ति भी काम कर रही थी। अगर यह रचना अपने काव्य-व्यवहार में कुछ अधिक सपाट, सरल और कल्पनापरक हो उठी है, तो कारण यही कि कवि ने उस धैर्य से काम शायद नहीं लिया, जिसे कवि का धैर्य कहा जाता है।

मंत्र कविता : एक और पाठ

यह 71-72 की बात है जब नागार्जुन, विदिशा के तीसरे प्रवास पर थे और मैं अड़तालीस स्वर्णकार कॉलोनी वाले मकान में आकर रहने लगा था। इस मकान में मेरे जीवन का सबसे लम्बा काल-खण्ड गुजरा। कुल तीस साल। इन तीस सालों में कवि नागार्जुन छब्बीस-सत्ताईस सालों तक साल में एक या दो बार आते ही रहे। एक-दो बार की बात छोड़ दें, तो इन सत्ताईस बरसों में कविता शायद ही उन्होंने कभी सुनाई हो। दिन के अधिकांश हिस्से में वे या तो अखबार और पत्र-पत्रिकाएँ उलटते-पुलटते रहते, या फिर लेटे-लेटे अपने हैण्डी (मिनी) ट्रांजिस्टर से किसी अरबी या ईरानी देश का अबूझ संगीत सुना करते। हाँ! बी.बी.सी. सुनने का उनका अभ्यास लगभग रोज का था। सुबह छह-सवा छह बजे चाय पीते-पीते इन समाचारों को सुनना उन्हें अच्छा लगता था। जीवन के आखिरी दिनों में. जब वे मदद के लिए छड़ी लेकर चलने लगे थे, उनका बी.बी.सी सुनना बंद हो गया था। मैंने एक दिन पूछा—'बाबा! आज-कल आप बी.बी.सी. नहीं सुनते, जवाब आया—'मन खराब हो जाता है। रोज कोई न कोई बुरी खबर या दुर्घटना या फिर हिंसा, रक्तपात के समाचार रहते हैं। सवेरे से ही मन खराब हो जाता है।'

अखबार पढ़ या समाचार सुन, मन खराब होने वालों की आबादी होगी तो जरूर, पर बेहद कम। नागार्जुन का मन सचमुच इतना ही संवेदनशील था; ठीक हमारे वैदिक ऋषियों की तरह या फिर कविता के आधुनिक ऋषि निराला की तरह। अपनी संवेदनशीलता में नागार्जुन आधुनिक कवियों में सबसे ज्यादा निराला के निकट ही मुझे जान पड़ते थे। करुणा और क्षोभ भी उनमें लगभग वैसा ही था। विषय-वैविध्य और विस्तार भी। मैं जब उनकी कविता नेवला, बच्चा चिनार या मादा सूअर-जो गंगा की रेती पर लेटी अपने दर्जन-भर छौनों को दूध पिला रही है और कवि कहता है यह भी तो है, उसी मादरे-हिन्द की बेटी, तब लगता है निराला ने हिन्दी कविता को संवेदनात्मक विस्तार देने की

जो पहल प्रारम्भ की थी, नागार्जुन ने उस शुरुआत को और अधिक समृद्ध किया और आगे बढ़ाया।

बातचीत में नागार्जुन जिन दो-तीन समकालीन वरिष्ठों की याद किया करते थे, उनमें सबसे ज्यादा निराला ही थे। बंगला के काज़ी नज़रुल इस्लाम भी थे। काज़ी को लेकर वे मुझे बताते—'जिन दिनों बीमार हो चले थे, उनकी आवाज़ जाती रही थी। उनके पुत्र सव्यसाची, उनके गालों पर हल्की चपत जमा, उनका मुँह खुलवाते और उसमें भोजन का कौर डालते।' नागार्जुन इस सबको याद कर वेदना-विह्वल हो उठा करते। इन क्षणों में मैं उनसे कुछ पूछता तो नहीं, फिर भी उनके चेहरे की ओर इस तरह देखता जैसे कि वे आगे भी कुछ कहेंगे। आज सोचता हूँ तो याद आता है काज़ी नज़रूल इस्लाम की उस मानसिक दुर्दशा के पीछे के कारणों पर सोचते हुए वे कितने दुःखी और उदास हो जाया करते थे। बार-बार उस क्षोभ में वे जाते और कह उठते-'नजरूल इस्लाम की ऐसी दशा अपने आप नहीं हुई है।' उनका इशारा साफ था। आज़ादी के बाद की राजनीतिक और सामाजिक परिस्थितियों की अप्रत्याशित भयावहता ने ही उन्हें गूँगा बनाया है। 'विजय बाबू! इसमें तो कोई भी संवेदनशील आदमी गूँगा ही हो जाएगा।'

मुझे सुनाकर वे जब यह कह रहे होते, तो जैसे सारी दुनिया से कह रहे होते। यह एक प्रकार की ऐसी उद्विग्नताकारी बड़बड़ाहट थी, जो निरन्तर पागल-प्रतीकों में कही जा रही थी। मुक्तिबोध ने ब्रह्मराक्षस वाली कविता में इस बड़बड़ाहट का विशद् बिम्ब दिया है—

और...होंठों से
अनोखा स्त्रोत कोई क्रुद्ध मंत्रोच्चार
अथवा शुद्ध संस्कृत गालियों का ज्वार
बुन रहीं
आलोचना के चमकते तार!!
उस अखण्ड स्नान का पागल प्रवाह
प्राण में संवेदना है स्याह!!

मुक्तिबोध सम्भवतः पहले हिन्दी कवि हैं, जो कवि की इस 'स्याह संवेदना' की खबर देते हैं। इस प्रकार जब आचार्यों ने वीभत्स और रौद्र या करुण रसों की कल्पना की होगी, ये विचारानुभव जरूर इसके पीछे से सक्रिय रहे होंगे।

साहित्य की ये 'स्याह संवेदनाएँ' अनेक कवियों की रचनाओं में घनीभूत हो उठी हैं। खुद निराला ने 'सरोज-स्मृति' और 'राम की शक्तिपूजा' में इनका

चित्रण किया है। मुक्तिबोध की उदासी, व्यथा, आत्मधिक्कार और विस्फोटक क्षोभ के पीछे भी यही संवेदनाएँ रही होंगी।

आजादी के बाद स्वार्थी, सुविधावादी, मौकापरस्त, पढ़े–लिखे, किन्तु रीढ़हीन मध्यवर्ग के चारित्रिक ह्रास और पतन के बावजूद समूची लोकतांत्रिक व्यवस्था पर भोगी देवताओं की तरह एक खास राजनीतिक प्रजाति का छा जाना अकेले नज़रूल इस्लाम और मुक्तिबोध ने ही नहीं अनुभव किया, नागार्जुन भी करते रहे।

पन्द्रह अगस्त उन्नीस सौ सैंतालीस को अगर इन अनुभवों की विभाजक रेखा मान लें, तो यह समझना आसान हो जाता है कि महानायक गाँधी और प्रधान मंत्री नेहरू का समय कितना अलग–अलग है।

यह भी लक्ष्य करने की जरूरत है कि नेहरू, गाँधी के बाद के सबसे लोकप्रिय राजपुरुष थे, किन्तु यह कौन भूलना चाहेगा कि नेहरू इसी सुविधाजीवी बुद्धिवादी मध्यवर्ग के मॉडल–पुरुष भी थे। आजादी मिलने के बाद इस मध्यवर्ग ने समाज-विज्ञानियों की निगाह में जो रोल अदा किया वह इतना निंदनीय और घृणित है कि उसे इन विचारकों ने लगभग गाली–सी देते हुए परजीवी और दलाल बुद्धिजीवी कहना ही उचित समझा।

यह समाजविज्ञानी पूरनचन्द जोशी ही हैं, जिन्होंने लिखा—'आज राजसत्ता पर हावी जो वर्ग हैं, उनका जनता से किये गए अपने ऐतिहासिक वायदों, प्रतिज्ञाओं और वचनबद्धताओं से नाता टूटता चला जा रहा है, जिनके द्वारा इन्होंने जन--साधारण से समर्थन और विश्वास पाया था और जिनके द्वारा इनकी प्रमुख आकांक्षा को वैधता मिली थी।' यह वर्ग भोगवादी है और नेतृत्व की भूमिका निभाने में सर्वथा असमर्थ भी। यह न समाज की पुरानी संरचना बदल सकता है, न किसी प्रकार का भविष्य ही रच सकता है।

सुप्रसिद्ध समाजविज्ञानी धर्मपाल ने अपने अनेक शोधपरक लेखों में यह विचार व्यक्त किया है कि हम किसी अन्य के द्वारा निर्मित व्यवस्था में रहने लगे हैं। किन्तु उनका दृढ़ विश्वास है कि हमें बेहतर भविष्य तो तभी मिल पाएगा, जब हम अपना स्वयं का रास्ता ढूँढ़ेंगे और उस पर चलेंगे। पंडित नेहरू ने जो रास्ता चुना वह उनका अपना खोजा हुआ नहीं, बल्कि पश्चिम की नकल का था। एक प्रकार का सत्तासेवी राजमार्ग।

इस चिन्तनीय पृष्ठभूमि पर जब मैं नागार्जुन की 'मंत्र कविता' का पुनर्पाठ करता हूँ, तो मेरे लिए उन मनःस्थितियों को समझना आसान हो उठता है, जिनमें कवि नागार्जुन जी रहे थे।

ठीक तारीख और सन् तो याद नहीं, पर इकहत्तर–बहत्तर की बात रही होगी जब मेरे अपने ही निवास, विदिशा में हुई एक मित्र गोष्ठी में यह कविता पहली बार उन्होंने सुनाई थी। श्रोताओं में मुश्किल से सात–आठ या दस लोग रहे होंगे। कविता सुनने के बाद मेरी तात्कालिक प्रतिक्रियाएँ (जो अब याद आती हैं) यही थीं शायद–

1. कवि कितने विस्फोटक गुस्से में है।

2. क्या वह कविता को अभिशाप की भाषा बनाना चाहता है?

3. यदि ऐसा है, तो इसमें नया क्या है? आदि कवि भी तो अभिशाप–कथन से ही कविता की शुरुआत करते हैं।

4. क्या यह कविता हमें परम्परा और उसकी ताकतों की याद दिलाती है?

5. इसमें समय का तीखा यथार्थ बोध और कवि के दुस्साहसिक बयानों की प्रतिद्वन्द्वितापूर्ण असाधारण अभिव्यक्ति है।

6. प्रतिभा का यह कैसा नवोन्मेष है, जिसकी आधुनिकता में परम्परा और अतीत की वे सारी टकराहटें बिम्ब–गुम्फित होकर एक साथ प्रतिध्वनित हो रही हैं?

7. क्या बड़ी प्रतिभाएँ वैयक्तिक अहं को दरकिनार कर परम्परा की सामर्थ्य और सृजनशीलता की पुनर्सृष्टि करती हैं और यह साबित करती हैं कि परम्परा और लोक या लोक और वेद की गवाहियों से अपने समय की भीषण से भीषण प्रतिकूलताओं से न केवल मुठभेड़ की जा सकती है, बल्कि उनके विरुद्ध अपने पुरुषार्थ की दुर्दमता और अपराजेयता की घोषणा भी की जा सकती है?

8. यह ख्याल तो आया ही कि कोमल और उदात्त ही नहीं, खुरदरा और अनगढ़, अनुदात्त और तुच्छतम का भी सौन्दर्य होता है। मुक्तिबोध के शब्दों में काले बंजर स्याह पठार में भी एक भयानक रमणीयता होती है। नागार्जुन यहाँ सौन्दर्य के पुराने सेंसर्स तोड़ रहे थे।

बाद में नागार्जुन की यह राय भी सुनने को मिली कि यह उनकी सबसे बड़ी प्रयोगवादी कविता है। उन्होंने यह भी कहा कि ऐसा वही कर सकता है, जिसे परम्परा की गहरी जानकारी हो। इसी बयान में उन्होंने यह भी जोड़ा कि प्रयोगवादियों के लिए यह न सौ सुनार की बल्कि एक लोहार की कविता है।

उस दिन कवि ने जब यह कविता सुनाई, तो कुछेक अन्य बहानों को लेकर वे गोष्ठी के बाद मुझ पर खूब बरसे भी थे। मैं तब उनके साथ रहने का ढंग और उन्हें सहने की कला सीख ही रहा था। इस मार्फत वे मुझे संकेत कर रहे थे कि हिन्दी कविता को समय के किन खूँखार इलाकों से अब गुजरना पड़

रहा है। यह भी कि ऐसे समय से मुठभेड़ और संवाद की भाषा ही नहीं, शैली भी भिन्न होगी। जिस दौरान मंत्र कविता वे पढ़ रहे थे, उनके हाथों की शिराएँ फूल आई थीं और आँखें लाल-लाल हो उठी थीं। होंठ कुछ कठोर और नीले हो चले थे। यह सब उस कविता की यंत्रणाकारी अनुभूतियों का ही असर था।

कविता पढ़ते हुए कभी तो वे ऋषि लगते, कभी तांत्रिक, कभी कापालिक। कभी ओझा, तो कभी 'चारुचन्द्रलेख' के सीदी मौला जैसे सिद्ध फकीर- (यह कहते हुए) कि 'नाश हो जाएगा इस सल्तनत का, गाँठ बाँध लो महाराज।' ऐसी भूकम्पकारी कविता मैंने उनके मुँह से पहले कभी नहीं सुनी थी। 'अँधेरे में' और 'भूल-गलती' जैसी कविताओं को पढ़ते हुए भी यथार्थ की ऐसी विकट प्रत्यक्षता और आवेगों की ऐसा बेरोकटोक, सघन विस्फोट मेरे अनुभवों में नहीं था।

जिस शाम मैंने नागार्जुन के मुँह से यह कविता सुनी थी, मैं सोचता रहा कि बड़ी कविता तब तक सम्भव नहीं है, जब तक कवि में अपने काल से सामना करने का बेजोड़ साहस न हो। सामान्य और औसत साहस या फिर दिखावटी शब्दों के शोर का थोथापन, कविता को कभी भी बड़ा नहीं बनाता। वह तो प्राण की ईमानदार साहसिक भंगिमा से ही पैदा हो सकती है। प्राणों को तटस्थ या अलग रख, काव्य-विवेक की जानी-पहचानी राहों के सहारे जो कविता लिखी जाती है, उसमें रस, छन्द, अलंकार, यथार्थ और आदर्श का जाना-पहचाना कर्मकांड या सब कुछ हो सकता है पर तो भी वह निष्प्राण है। इसलिए वह वैसा प्रभाव नहीं पैदा कर पाती जैसी कि एक सप्राण कविता करती है।

यह भी कि सप्राण कविता सुनते या पढ़ते ही वह हमें आँधी या तूफान की तरह चारों ओर से घेरकर अपने साथ बहा ले जाती है या फिर घटा की तरह हमारी चेतना पर महीनों और कभी-कभी तो सालों-साल छाई रहती है। जब भी हमारा जीवन रेगिस्तान होने लगता है, वह बरसने लगती है और हमारे समय और जीवन की मुरझाती हुई बेलें फिर हरी-भरी हो उठती हैं।

प्रत्येक समय में ऐसी हजारों कविताएँ सुनने-पढ़ने को मिलती है, जिनमें सब कुछ के बावजूद निर्जीविता का यह आलम पहले शब्द से लेकर अन्तिम अक्षर तक व्यापा रहता है या फिर चमत्कृत करने वाली एक ऐसी कला, जिससे चौंधियाकर हम बार-बार चकित हो उठते हैं। पद्माकर या फिर कभी-कभी बिहारी आदि रीति कवियों के पाठकों को यह अनुभव प्रायः होता रहता है। ये सब काव्यशास्त्र निष्णात, काव्य-विवेकी रचनाकार हैं, जिनकी अगुवाई केशवदास जैसे कवि करते रहे हैं। सच तो यह कि रीतिकालीन कवियों का सौन्दर्य जीवन

के अनुभवों की अद्वितीयता में नहीं, उनकी शास्त्रीय अभिज्ञता और अभिव्यंजना की विलक्षणता में है। ये सब चतुर या सयाने किस्म के लोग हैं और सत्ता और व्यवस्था के लिए बहुत अनुकूल साबित होते आए हैं।

हमारे अपने समय में कवियों की एक और पीढ़ी आई, जो आधा देखती और आधा सच कहने में सिद्ध है। एक तरफ वह जरूरत से कुछ ज्यादा देखती, तो दूसरी तरफ से बिल्कुल आँखें मूँदे हुए चलती है। उसे यथार्थ, यथार्थ नहीं, भाषा और काव्य-कल्पना का खेल दिखता है। वह जब धर्म निरपेक्षता, साम्प्रदायिकता या फिर मजदूर और गरीब की बात करती है तब उसकी काव्य-दृष्टि एक खास प्रकार की सत्ता-राजनीति और उसके मतवाद से बँधी होती है। मसलन वह उस सत्ता-राजनीति के प्रति अपनी आँखें मूँदे और जुबान बंद रखती है, जो उसे तरह-तरह से अनुकूलित कर चुकी है। यह हमारे समय की अधिकांश जन-पक्षधर कविता की चारित्रिक विडम्बना है। किसी भी काल की कविता के लिए यह आत्मघाती आचरण है। कविता का चेहरा इससे प्रायः दागदार हो उठता है।

कभी-कभी यह पूछने का मन होता है, कि पिछले तीस-चालीस बरसों के दौरान लिखी जाती रही इस हिन्दी कविता के दो-चार वाक्य भी हिन्दी भाषी समाज के आपदाकरी समयों में क्यों नहीं उसकी स्मृतियों में कौंधे और उसके होंठों पर आए; क्यों नहीं जरूरत पड़ने पर अभिशाप, प्रार्थना, गाली या स्तुति की तरह फूट पड़े; क्यों यह कविता अपने ही भाषा-समाज के लिए कवियों का निजी शगल बनी रही? कयों हिन्दी भाषी समाज अपनी ऐसी जरूरतों के समय में मीर-ओ-ग़ालिब, फैज़, फ़िराक या फिर 'साये में धूप' जैसी ग़ज़लों के शायरों के पास जा खड़ा हुआ?

क्यों हमारे समय के अनेक कवि धुरंधर कविता लिखकर उतने सन्तुष्ट नहीं दिखते जितने कि कोई प्रादेशिक या राष्ट्रीय पुरस्कार और प्रतिष्ठा-पद पाकर? क्या यह समय भी एक भिन्न प्रकार के सत्तावादी दरबारी कवियों का समय है? क्या नागार्जुन जैसे कवि को भी हम इसी हुजूम का कवि कह सकने की हिमाकत कर सकते हैं? उत्तर होगा—नहीं। नागार्जुन ने अपने कवि-जीवन में कई बार यह प्रमाणित किया कि उनकी काव्य-प्रज्ञा किसी भी प्रकार की सत्ता द्वारा अनुकूलित नहीं की जा सकती। वह सत्ता चाहे दाएँ बाजू की हो, चाहे बाएँ बाजू की। उसे न स्वपक्षवाद मोहांध कर सकता है, न परपक्षवाद भयभीत। नागार्जुन की निडरता, निर्भ्रान्तता और स्वाधीनता इस दृष्टि से अतुलनीय है।

यथार्थ को देखने, पहचानने और समझने की उनकी सामर्थ्य भी अद्‌भुत है।

वे हमारे समय के अकेले ऐसे दुर्दम कवि हैं, जो तीखे से तीखे सच को, उसकी भरपूर तीक्ष्णता के साथ अपनी रचना में साध पाते हैं, लगभग अभिधात्मकता तक उतर कर। वे माओ के हुए, नहीं भी हुए। जे.पी. की सम्पूर्ण क्रांति में कथाकार रेणु के साथ जा खड़े हुए। बाद में उसे सम्पूर्ण भ्रान्ति करार देकर बाहर आ गए। इससे पहले वे महापंडित राहुल और स्वामी सहजानंद के किसान आन्दोलन के कार्यकर्त्ता बने और जेल गए। इन्दिरा गाँधी की तानाशाही प्रवृत्तियों के विरुद्ध नुक्कड़ कविताएँ लिखीं। गली–चौराहों पर उनका पाठ भी किया। वे सारे लोग, जो माओ को गालियाँ देने पर नागार्जुन को भटका हुआ कह रहे थे, वे सब आपातकाल लागू करने वाली इन्दिरा गाँधी के साथ जा खड़े हुए थे। तब भी नागार्जुन ने स्वाधीन विवेक से काम लिया।

एक सवाल के जवाब में नागार्जुन ने मुझसे कहा था, 'जनवाहिनी ही मेरी पथ-प्रदर्शिका है। वह सत्ता कदापि नहीं, जो हर बार 'रणनीति' के नाम पर अपनी चालें और पैंतरे बदल लेती है। वह राजनीति भी नहीं, येन–केन-प्रकारेण सत्ता ही जिसका एकमात्र लक्ष्य है।

अपने समय के सत्तासीन राजनेताओं पर आक्रामक और बेबाक कविताएँ लिखने वाले कवि नागार्जुन समूचे परिदृश्य पर अकेले हैं। अपने आस्था–केन्द्रों के विचलनों और अपने ही साथ खड़े दिखने वाले साथियों के छद्मों के प्रति इस कवि ने जैसी असंदिग्ध सजगता और निर्मम तटस्थता का परिचय दिया है, वह मुक्तिबोध की लिखी डायरी के पन्नों की याद दिलाता है। यह वह निगाह है, जिससे न तो कोई छूटता है और न बच पाता है। जो न किसी से पराभूत होती है, न भयभीत। न स्वार्थांध होती है, न कभी धुँधली पड़ती है। जो परम्परा और शास्त्र के गौरव–ठिकानों से परिचित है, लोक की जीवंत गतिशीलता और जुझारूपन से भरी हुई भी।

तुलना करने का कोई प्रसंग तो नहीं उठता, किन्तु यह वह कविता है, जिसका रचयिता शास्त्रों और दर्शनों का ज्ञाता है, किन्तु जिसकी दृष्टि लोकानुभव, प्रेरित और लोक-प्रवर्तित है। यह वह मध्यवर्गीय कवि-दृष्टि नहीं है, जो इसी धारा के दो–एक ऐसे कवियों में सक्रिय और गतिशील है, जिन्होंने उसे अपने ज्ञानार्जन और काव्य–साधना के बल पर प्रयत्नपूर्वक अधिगृहीत–सा कर लिया है किन्तु जिनकी रचना का कोई भी पाठ उस जनवाहिनी के उपयोग–योग्य नहीं है, जिसे अपने लोकतांत्रिक भविष्य की रक्षा के साथ–साथ, अपने आस–पास, अगल–बगल, उठते–बैठते शत्रुओं की पहचान करनी है।

अपने इन रहस्यधर्मी और अमूर्ततावादी साथी कवियों के बीच नागार्जुन का स्पष्टतावाद और सच्चाई का यह तीखा बयान उन्हें ऐसे कवियों/लेखकों की बिरादरी में बिठाता है, जो अनुभवों की सच्चाई के तीखे बयान को हमेशा कविता का परम धर्म मानते आए हैं।

नागार्जुन की मंत्र कविता को जब हम इस पृष्ठभूमि पर दुबारा-तिबारा पढ़ते हैं, तो सबसे पहले यह पंक्ति ही हमारा ध्यान खींच लेती है—'ओं शब्द ही ब्रह्म है।' कविता की इस पहली पंक्ति को अगर हम स्तुतिपरक प्रस्तावना भी मान लें या मंगलाचरण आदि, तो शब्द और ब्रह्म के गहरे और सनातन रिश्तों की चिर स्मृतियाँ हमें सहज ही घेर लेती हैं। सृष्टि नादमय या शब्दमय तो है ही, कविता भी बगैर शब्द के कहाँ सम्भव है? शब्दों के नाद और निनाद से निर्मित शरीर को ही तो कविता कहते हैं। कवि ने आगे की दो पंक्तियों में इसे और भी स्पष्ट करने का उल्लास प्रदर्शित किया है—

ओं शब्द, और शब्द, और शब्द, और शब्द
ओं प्रणव, ओं नाद, ओं मुद्राएँ।

इन तीनों ही पंक्तियों में भारतीय परम्परा, उसकी काव्य-सम्बन्धी सोच, कवि की परम्परा-साधना और भाषा-सिद्धि का स्मरण हो उठता है। परम्परा की स्मृतियों से लदा-फँदा, उसकी दिव्य समृद्धियों से चमत्कृत कोई कवि, जिस क्षण यह अनुभव करता है कि सारी शब्दमयी, नादमयी सृष्टि, चतुर व्यवस्थाओं की छद्म मुद्राओं में परिणत हो चुकी है, तब उसे परम्परा के तेज और उसके क्षरण का विषाद घेरने लगता है। यह भी कि क्या ऐसी तेजस्वी परम्परा अब किसी भी काम लायक नहीं बची? या परम्परा वही है, जो हर स्थिति में काम लायक बची रहती है, सवाल यह कि हमें उसके साथ सजग, सचेत और सृजनशील व्यवहार करना आता है या नहीं, उसके क्षरण और ह्रास के बावजूद उसकी अन्तरंग ऊर्जा का अनुभव करने का सामर्थ्य हममे है कि नहीं? यह भी कि परम्परा शरीर नहीं, एक परतदार अव्याहत चेतना-प्रवाह है। यह वह इतिहास नहीं है, जो अतीत में घटी घटनाओं को एक क्रमिक सूची में ढालकर उन्हें याद रखता या लिपिबद्ध कर लेता है। यह भिन्न बात है कि ऐतिहासिक दस्तावेज़ों में भी परम्परा हो सकती है। सम्भव है कि कहीं किसी अदृश्य गन्ध की तरह वह उनमें छिपी बैठी हो। फिर भी दस्तावेज़ परम्परा नहीं है। इससे कहीं अधिक तो वह कल्पना प्रसूत उन काव्यों और पुराणों में जीवित रहती है, जिनकी निकट स्थता में बने रहने की आकांक्षा प्रत्येक समय का सम्बन्धित समाज अपने मन

की भीतरी सतहों में पाले रहता है, जिसके बगैर उसे अपनी पहचान के खो जाने का भय बना रहता है। परम्परा उन सामाजिक विश्वासों का घोषणा-पत्र हुआ करती है, जिनके निर्देश में एक सांस्कृतिक कहा जाने वाला जीवन-समूह अपने प्रवाह का सातत्य बनाये रहता है।

कविता की शुरुआती पंक्तियों में यह सातत्य हमारे सोये हुए संस्कारों को जगाता है; हमें अपने तात्कालिक वर्तमान से उठाकर उस अतीत की चेतना से जोड़ देता है, जिसकी धुँधली आभा-छायाएँ हमारी विभिन्न जीवन-भंगिमाओं में प्रायः झिलमिलाती रहती हैं।

ऊपर की तीन पंक्तियों को पढ़ चुकने के बाद हम हठात् वर्तमान के स्याह अँधेरे में आ गिरते हैं। भाषा का वह प्रकाश, जो हमें दिव्य उजाले की याद करा रहा था, धीरे-धीरे अब उसके गहरे विषाद और चीख में बदल गया लगता है—

ओं वक्तव्य, ओं उद्‌गार, ओं घोषणाएँ
ओं भाषण...
ओं प्रवचन...
ओं आस्फालन, ओं इंगित, ओं इशारे
ओं नारे, और नारे, और नारे, और नारे

एक ओर भाषण, दूसरी ओर प्रवचन हैं। एक ओर फुस-फुसाहट है, फुत्कार है, तो दूसरी ओर चीत्कार और शोर है। पर यह सब सतह पर है। केवल जुलूसी नारों की तरह; और शब्द अब ब्रह्म नहीं, नारा भर बचा है। इस तर्क से सृष्टि भी नारे के अलावा तब क्या बची है? कविता की अगली पंक्तियाँ कितनी सटीक हैं—

ओं सब-कुछ, सब-कुछ, सब-कुछ
ओं कुछ नहीं, कुछ नहीं, कुछ नहीं

सब कुछ पत्थर पर की दूब या खरगोश की सींग की तरह असम्भव हो चुका है। कारण, आजादी के बाद सामूहिक जीवन-चेतना लुप्तप्राय हो चली है। राष्ट्रीयता-बोध लुप्त है। व्यक्तिवादिता चरम पर है। सामूहिकता बेमानी—'ओं हमी हम ठोस, बाकी सब फूटे ढोल।' कवि के यथार्थ-बोध की पीड़ा सचमुच कितनी गहरी है। भाषा यहाँ जैसे सच्चाई की मार से सिसक रही हो।

अगली पंक्तियों को पढ़ते हुए यह विचार भी करना पड़ता है कि एक कवि जो अपना कथन-प्रकार परम्पराओं से लेना चाहता है, कि योग्यता कैसी होनी चाहिए? इसका एक उदाहरणपरक उत्तर 'साकेत' और 'राम की शक्ति पूजा' के

हवाले से दिया जा सकता है। क्या कारण है कि साकेत एक मोटा पोथा होकर भी सजीव रामकथा नहीं बन पाया, जबकि निराला की राम की शक्ति पूजा में वर्णित राम–कथा अतिरिक्त प्राणवत्ता से भरी हुई है? निराला ने परम्परा को जिस तरह अर्जित किया और रचा है, वह 'तरह' साकेत में कवि की विनयशीलता के बावजूद अनुपस्थित क्यों है? परम्परा कहीं उसी वर्तमान का वरण तो नहीं करती है, जो उसे अपने कर्मठ पौरुष और धधकती ऊर्जा से नवीनता प्रदान कर सके, यह अन्धे मूर्तिपूजकों और श्रद्धांध सन्तानों को शायद ही कभी अंगीकार कर पायी हो।

कविता की अगली पंक्तियों में नागार्जुन वैदिक वाणियों तक जाकर यजमान, पुरोहित, राजा और कवि–सबकी स्थितिशीलता, छद्म और मरणोन्मुखता की ओर अपने पाठकों का ध्यान खींचते हैं। ये सब एक ऐसे भ्रांतिपूर्ण संसार के पुरोहित और यजमान हैं, जहाँ या तो घृणास्पद बेहूदे समझौते हैं या फिर दबाव की राजनीति। या तो हटाओ–हटाओ का शोर है या फिर बचाओ–बचाओ की कातर पुकारें। इनमें से कोई भी आपे में नहीं है, न भरोसे के योग्य। ये आपे से कहीं अधिक अगर हैं, तो गहरे स्यापे में। इस सन्दर्भ में नेहरू शासनकाल में लिखी गई मुक्तिबोध की कविता अँधेरे में की से पंक्तियाँ याद हो आती हैं—'कहीं आग लग गई, कहीं गोली चल गई।' निराला ने 'राम की शक्ति पूजा' में फिर भी यह वैचारिक साहस और आत्मबल रेखांकित किया—

> रावण अशुद्ध होकर भी यदि कर सका त्रस्त
> तो निश्चय तुम ही सिद्ध करोगे उसे ध्वस्त
> शक्ति की करो मौलिक कल्पना...

जुझारू कविता को शक्ति की यह 'मौलिक कल्पना' बार–बार करनी ही पड़ती है। नागार्जुन ने भी मंत्र की शक्ति की यहाँ मौलिक कल्पना की है। इसी को तो वे कवि का साहस कहते हैं। सच्ची कविता मंत्र से कम तो कभी होती भी नहीं।

यह प्रसंग नागार्जुन ने मुझे अपने जीवन के आखिरी दिनों में सुनाया था कि मंत्र-कविता से काशी के पुराणपंथी पंडित और बाबा टाइप लोग बहुत नाराज हुए थे। उन्होंने इसकी होली जलाई थी। यह भी तय किया था कि नागार्जुन जब आए, तो उसका मुँह काला करो। उसने अपराध किया है। क्या हमारी परम्परा में, मंत्र यही है जो उसने किया है? वह अगर संस्कृत जानता है, तो क्या उसे मंत्र से जुड़ीं हमारी आस्थाओं से खिलवाड़ करने का, उसको नष्ट करने का अधिकार मिल गया है?

इस कविता ने भले ही तरह–तरह की सत्ताओं को परेशान और क्षुब्ध न किया हो, पर उन्हें तो किया ही, जो व्यवस्था की जड़ हो उठी सत्ता के दलदलों में ऊभ–चूभ करने को अपना जीवन–सौन्दर्य मान रहे थे। ये वही पुरोहित किस्म के लोग थे, जिनको 'ओं पुरोहित' कह कविता में लक्ष्य किया गया है। मंत्र की ब्रह्मता को विकृत अर्थों का दलदल बना डालने वाला यह वर्ग कोई दूसरा नहीं, यही समूह था। नागार्जुन ब्राह्मण होकर भी जीवन–भर इस पुरोहितवाद के खिलाफ लिखते और बोलते रहे। इस रूप में वे हमेशा प्रतिपक्ष के विद्रोही कवि रहे।

तात्कालिक राजनीतिक सन्दर्भों के सहारे कवि ने कविता को जिस तरह से आगे बुना है, उसे सिर्फ वे ही समझ पाएँगे, जिन्हें अपने समय की दिन–प्रतिदिन की राजनीतिक उठा–पटक, गतिविधियों और दुर्गतियों के बीच गुम होते जाते समय के मानवीय चेहरे और उसकी आधारभूत चिन्ताओं की कोई खबर या उनसे कोई वास्ता हो।

कविता में कुल बासठ काव्य–पंक्तियाँ और छह बंध हैं। चौथा बंध, जो दस पंक्तियों का है, राष्ट्रीयकरण से लेकर तुष्टीकरण की भ्रष्ट राजनीति की चर्चा करता है, उसके छल–छन्द का भी, पर इस बंध की सबसे महत्त्वपूर्ण काव्य–पंक्ति है 'ओं ट्रिव्यूनल/ओं आश्वासन।' लोक के विश्वासों की थकान और ऊब की यह सबसे मार्मिक और व्यंजक अभिव्यक्ति है। सच तो यह कि अब सारी समकालीन राजनीति बकौल नागार्जुन 'ओं बकवास' है। क्रमशः यह हिंसा और प्रतिहिंसा की ओर बढ़ रही है। कविता सीधे–सीधे अगले बंध में यह बयान करने से गुरेज नहीं करती—'ओं मार मार मार वार न जाए खाली/ओं अपनी खुशहाली/ओं दुश्मनों की पामाली।'

कविता प्रधानमंत्री इन्दिरा गाँधी के शासनकाल की प्रारंभिक गतिविधियों की स्मृति–प्रबलता भी लिए हुए है। चौथे बंध में भी 'गद्दी पर आजन्म वज्रासन' और पाँचवें में 'हमेशा-हमेशा करेगा राज मेरा पोता' कहकर उन दिनों की सर्वसत्तावादी, वंशवादी राजनीति को इस कवि ने उजागर कर दिया है। राजनीति में पनपते इस गर्हित वंशवाद की ओर इंगित कर कवि ने अपने समाज और लोकतंत्रवादियों को आगाह करना चाहा है। इतना ही क्यों—'ओं हम चबाएँगे तिलक और गाँधी की टाँग' कह कर स्वाधीनता के उन प्रहरियों और सेनानियों की याद भी की गई है, जिनकी उज्ज्वल विरासत को इन दिनों बुरी तरह ध्वस्त और मटियामेट किया जा रहा है। बेशर्मी और नंगई का ऐसा नंगा नाच, जो कभी अकल्पनीय लगा करता था, अब ठीक हमारी इन्हीं आँखों के सामने हो रहा है। संसद अब

जनता द्वारा चुने सांसदों, सत्ता और विपक्ष की लोक पंचायत नहीं, एक-दूसरे के जानी दुश्मनों और संविधान के चेहरे पर कालिख पोतते लम्पटों का रण-क्षेत्र हो चुकी है। अहिंसा अब एक बेमानी-सा शब्द है। साधन और साध्य की पवित्रता की माँग ऐसे में पागलपन है। युद्ध और प्रेम में सब कुछ को जायज मानने वाली यह बिरादरी राष्ट्रीय आन्दोलन की सारी मर्यादाएँ बुरी तरह रौंद और कुचल डालने को तैयार है।

कविता का पाँचवाँ बंध इस दृष्टि से अपेक्षाकृत अन्य बंधों से लम्बा है और विविधतापूर्ण बिम्बों की जटिलता और विस्तार लिए हुए है। काली से शुरू होकर यह डॉलर, रुबल, पाउण्ड तक के समय तक चला आया है। इस बंध में बूढ़े की आँख, छोकरी का काजल, शेर के दाँत, भालू के नाखून, मर्कट का पोता भी चित्रित है। हमारे देवगण भी अन्ततः किस काम आते रहे हैं और समूची विरासत इस तरह के मंत्रों के रूप में कैसे हमारे द्वारा ही निरर्थक और बेमानी कर दी जाती रही है।

कविता में वर्तमान-बोध सबसे प्रबल है। इससे भी अधिक प्रबल है वह भविष्य-दृष्टि, जो कवि की त्रिकालदर्शी दृष्टि का प्रमाण है।

छठवें बंध में कुछ पंक्तियाँ बेहद गुस्से में लिखी गई हैं। ज़माने-भर का गुस्सा यहाँ जैसे एक साथ उतर आया हो और कवि ने अपनी भाषा को गाली और अभिशाप की भाषा का तेवर दे दिया हो, तथापि जो शैली यहाँ अपनाई गई है, उसका अन्तर्निहित शिल्प कैसे भी विध्वस्त नहीं होने पाया है। कवि ने पिछले बंध में बंदूक का टोटा, पिस्तौल की नली और डॉलर-रुबल, पाउण्ड का साथ-साथ उल्लेख किया है। यह उस विश्व साम्राज्यवाद की तैयारी का काल था, जब कविता लिखी जा रही थी। आज तो यह उसके सफल आक्रामक हमले का काल है, जिसमें 'धरती' और 'व्योम' सब उसके शरणागत हो चुके हैं या फिर अनुगत। कवि नागार्जुन ने लिखा—'ओं धरती, धरती, धरती, व्योम व्योम व्योम।' धरती से व्योम तक बाज की तरह उड़ान भरते और आतंक का पर्याय बन चुके नव पूँजीवाद के इस आक्रामक अभियान में, विकासशील आबादी वाले तीसरी दुनिया के देशों की स्वाधीनता और स्वतंत्रता का अस्तित्व आज खतरे में पड़ चुका है। भारत का मध्य और उच्च मध्यवर्ग, जो पश्चिम की सभ्यता के रंग में रंग कर उसी की चाल-ढाल में ढल गया है, अपने ही देश की उस विशाल श्रमिक आबादी के लिए सबसे बड़ा खतरा है, जो ब्रिटिश साम्राज्यवाद से कुर्बानियों की हद तक जाकर अपने देश और उसकी आजादी के लिए लड़ती

रही थी। कविता में नागार्जुन इसे प्रतीकात्मक रूप से लगभग गाली की भाषा में याद करते हैं—

ओं अष्टधातुओं की ईंटों के भट्ठे
ओं महा महिम, महामहो उल्लू के पट्ठे

यों सामान्यतः कहा जा सकता है कि कविता यहाँ भाषा की तमाम शिष्ट मर्यादाओं को लाँघ गई है। वह बेहद अभद्र और अश्लील हो उठी है। वह अभिशाप से गाली की भाषा पर उतर आई है, पर इस कविता से पहले जो कविता भूखी पीढ़ी और दिगम्बर पीढ़ी के नाम से आई थी, या फिर अकविता के नाम से, उसकी फूहड़ता और आक्रामकता के सामने तो यह फिर भी कुछ नहीं है।

काफी पहले उर्दू शायरी 'हर शाख पर उल्लू बैठा है, अंजामे गुलिस्ताँ क्या होगा' में तो उल्लू का प्रयोग किया ही जाता रहा है। कहा जा सकता है, यह प्रयोग एक गनीमत है, एक नरम-सी गाली, पर नागार्जुन तो सीधे हथौड़ेनुमा गाली का प्रयोग करते हैं—'महामहिम महामहो उल्लू के पट्ठे।'

यह भी गौर करने की बात है कि पहले विशेषण से वे जहाँ राजनीतिक क्षेत्रों के मुखियाओं पर हमला करते हैं, वहीं दूसरे विशेषण से बौद्धिक और सांस्कृतिक क्षेत्रों के सिरमौरों पर भी।

कविता में नागार्जुन का यह गुस्सा, जो अब तक व्यंग्य की परोक्ष शैली में था, यहाँ प्रत्यक्ष शैली में प्रकट हो फूट पड़ा है; लगभग अभिशाप बनकर। निस्सन्देह परोक्षता की व्यंग्य-शैली का अपना सौन्दर्य होता है और आधुनिक खड़ी बोली कविता में नागार्जुन की व्यंग्य-प्रतिभा का मुकाबला गद्य के व्यंग्य लेखक सिर्फ परसाई से ही हो सकता है। दोनों की मार समान है। शिकार केवल छटपटाता और तड़फड़ाता ही नहीं, कभी-कभी तो शर्म से गड़कर आत्मघात करने की मुद्रा में आ जाता है। व्यंग्य की मार का कमाल ही यही है, पर कभी-कभी यह व्यंग्य अपने शिकार को बुरी तरह मारता है; रोने किन्तु फिर भी नहीं देता। कोई कह सकता है कि यह किसी संगीन जुर्म में फँसे अपराधी के साथ पुलिसिया तहकीकात जैसी थर्ड डिग्री वाली एक कार्रवाई है। कैदी के सारे कपड़े उतरवा कर एक ओर तो उसके मुँह पर बर्फीले पानी की तेज बौछारें मारी जाती है, दूसरी ओर उसे औंधे लिटाकर पुट्ठों पर बेंत घाली जाती है। व्यंग्य भी अपने लक्ष्य के प्रति लगभग इसी तरह का व्यवहार करता है। होश वह लगभग खोने नहीं देता और खून की एक बूँद गिराए बगैर भीतर ही भीतर लहूलुहान कर डालता है। कवि या लेखक की भाषा और शैली के मार्फत यह सबसे ज्यादा

हिंसक कार्रवाई है। शैली की कुसुमवत कोमलता के बदले यहाँ उसकी कँटीली चुभन की पीड़ा और छटपटाहट महसूस होती है, लेकिन कभी-कभी यह गुस्सा जितना शिकार को उधेड़ता और नंगा करता है, उतना ही शिकारी को भी अपने कपड़े उतार डालने को मजबूर कर डालता है। व्यंग्य तो वक्ता के गुस्से का सबसे कलात्मक बयान है, किन्तु उसका चरम क्रोध गाली है। एक ऐसा प्रत्यक्ष बयान जहाँ परोक्ष बयान रचनात्मक सन्तुष्टि नहीं दे पाते। लक्षणा से उठकर व्यंजना के शिखरों को छूती हुई भाषा अभिधात्मक प्रत्यक्ष कथनों पर उतर आती है। सम्भवतः इसीलिए कभी-कभी कहा गया कि अभिधा सर्वोत्तम कला है।

सवाल यह कि क्या हम गालियों को लक्षणा मानें या अभिधा। इसका स्पष्ट और निर्विवाद उत्तर होगा—लक्षणा। अधिकांश गालियाँ प्रायः लाक्षणिक भाषा-प्रयोगों के अन्तर्गत आती हैं। 'उल्लू का पट्ठा' भी एक लाक्षणिक प्रयोग ही है, किन्तु लाक्षणिक प्रयोग भी अति प्रयोग के बाद लगभग अभिधात्मक हो उठते हैं। रोजमर्रा की बोलचाल में वे इतने अधिक चल चुके होते हैं कि सीधे तीर की तरह काम करते हैं; गो कि चलाए वे तिरछे गए होते हैं। 'महामहिम महामहो उल्लू के पट्ठे' में जगह-जगह कठपुतलियों की तरह बैठे राज्यपालों, राष्ट्रपतियों, कथित मूर्द्धन्य बुद्धिजीवियों और बुद्धि सम्राटों की निष्प्रभता, निकम्मापन, व्यर्थता यहाँ तक कि होना न होना बराबर जैसी दुखद वास्तविकता की ओर इशारे करती यह पंक्ति केवल देश नहीं, उस काल के प्रति भी हमारा ध्यान खींचती है, जिसकी पहचान कराने वाले अब ऐसे ही लोग बचे रह गए हैं। बांग्ला भाषा के कवि जीवनानंद दास ने अपनी एक कविता वनलतासेन में लिखा कि यह ऐसा समय है, जिसमें जो अन्धे हैं उन्हें ही सबसे ज्यादा दूर तक दिखाई दे रहा है। इस कहने में जो तीखा समय बोध और गहरी पीड़ा है, कवि नागार्जुन ने अपने एक कथन से उसे यहाँ चरमता दे दी है। भाषा अपनी मार की क्षमता के उत्कर्ष पर पहुँच गई है, लेकिन भाषा ही क्यों, स्वयं कविता भी क्यों नहीं?

ब्रह्म की शब्दमयी सृष्टि से शुरू होने वाली यह कविता, कवि के अपने राजनीतिक और सांस्कृतिक समय का चौमुखी मुआइना करते हुए, अन्ततः उस भयावह भविष्य के पास आ खड़ी है, जहाँ एक ओर नवसाम्राज्यवाद के हिंसक हथियार हैं, तो दूसरी ओर खूँखार नृशंस और उत्तर पूँजीवाद। एक ओर तीसरी और चौथी दुनिया की विपन्न आबादियाँ हैं, तो दूसरी ओर डॉलर और पाउण्ड से अपना दबदबा जाहिर करते बहुराष्ट्रीय निगमों वाला भूमण्डल। कवि इस खतरनाक नाकेबंदी को महसूस करता है और दुनिया-भर के तमाम सर्वहाराओं

को इससे बचने की अग्रिम चेतावनी देता है—

ओं दुर्गा, दुर्गा, दुर्गा, तारा, तारा, तारा
ओं इसी पेट के अन्दर समा जाये सर्वहारा

पूछा जाय कि यह मंत्र पाठ किस ऋत्विक की ओर से है, तो क्या जवाब होगा इसका? सर्वहारा को चबाकर डकार भी न लेने वाला पुरोहिती–यज्ञवाद और नवपूँजीवाद सचमुच आपस में कितने मिले हुए लगते हैं। 'राम की शक्ति पूजा' में ही तो निराला ने राम के मुँह से कहलवाया है—'अन्याय जिधर है उधर शक्ति।' दैवी शक्तियाँ प्रायः अन्यायी और आसुरी शक्तियों के समर्थन में पहले से खड़ी मिलती हैं। खुद नागार्जुन अपनी एक और कविता 'काली माई' में सवाल करते हैं—

कितना खून पिया है, जाती नहीं खुमारी।
सुर्ख और लम्बी है मइया जीभ तुम्हारी।
मुण्डमाल के लिए गरीबों पर निगाह है
धनपतियों के लिए दया की खुली राह है
पैरों के नीचे शंकर करुणावतार है–
नंगी हो माँ, तुम पर पागलपन सवार है

यहाँ 'नंगी हो माँ' जैसा काव्य–पद ध्यान देने लायक है। 'नंगी' यहाँ लक्षणार्थ के रूप में प्रयुक्त है न कि अभिधार्थ में नंगई पर उतरी हुई शख्सियत। यह भी एक देशी गाली ही है, देवी माँ काली के लिए। 'कुकुरमुत्ता' जैसी कविता छोड़ दें, तो निराला का गुस्सा कहीं भी गालियों तक नहीं उतरता। नागार्जुन यह अभिजात बाना उतार फेंक लोक में प्रयुक्त की जाने वाली गालियों पर अक्सर उतर आते हैं। नंगई पर उतरी हुई इन देवसत्ताओं और इनके अन्धे पुजारियों का लेखा–जोखा प्रेमचन्द ने भी कुछ कम प्रस्तुत नहीं किया है। 'कामायनी' के पहले सर्ग में प्रसाद ने देव सभ्यता का जो प्रतीकात्मक चित्रण किया है, वह देवाचरणों के प्रति हमारी आँखें नये सिरे से खोल देता है। इसलिए जब नागार्जुन अपनी मंत्र कविता में शक्ति की दो महादेवियों- दुर्गा और तारा को—धनपिशाचों की पूजाओं के मोह में, उनकी हिंसक प्रार्थनाओं के अनुसार आचरण करते दिखाते हैं तब यह सुस्पष्ट हो जाता है कि पहले भी गरीब आबादी का भविष्य सामंतवाद के जबड़े में फँसा हुआ था, आज भी वह आर्थिक साम्राज्यवादियों के मुँह का अगला कौर बना हुआ है। तब यह समय भी क्या उसी विश्वपूँजीवाद और साम्राज्यवाद का नहीं, जिसके सरगना अमेरिका आदि देश हैं?

कविता इस ओर इशारा करती हुई देशी प्रतिक्रियावादी ताकतों और विदेशी पूँजीवादी महाशक्तियों की सम्भावित एकजुटता और समान लक्ष्यबद्धता की ओर इशारा करती है। ये इशारे आज कितने सही हैं, इसे साबित करने की भी जरूरत नहीं रही। दुनिया–भर की वे मानवीय स्वाधीनताएँ और उनके लोकतंत्र आज सचमुच कितने खतरे में हैं।

आज से चार दशक पूर्व लिखी गई यह कविता अपने उस वर्तमान से आज के इस भविष्य को कितनी सफाई से देख पा रही थी। इक्कीसवीं सदी के इस पहले दशक में दुनिया–भर के तमाम शिल्पियों, कारीगरों, अपने श्रम से रोजगार कमाने और अपनी स्वाधीनता को सर्वस्व समझने वाली आबादी का भविष्य कितना अन्धकारमय हो उठा है। यह वह आबादी है, जिसमें भारत के भी अस्सी प्रतिशत जन आते हैं और जिनके बहुमत से सरकारें बनती हैं। कैसी विडम्बना है कि ये ही सरकारें पूँजीवादी बाजारों के सामने मातहतों की तरह घुटने टेक रही हैं और अपने 'भाग्य विधाताओं' के साथ विश्वासघात कर रही हैं। मंत्र कविता हमें इन अर्थों तक ले आती है और उस विशाल आबादी को आगाह करती है। इस दृष्टि से यह एक बेहद महत्त्वपूर्ण कविता है।

सच है कि यह एक बेहद खुरदरी ज़ुबान में है और तमाम तरह के लीला–यथार्थों के जिस्म में जहाँ–तहाँ से अपने नश्तर चुभाती हुई देश और काल की भीषणता से हमारा सामना कराती है। उस लोक-चेतना और लोक-शक्ति की याद भी यह कराती है, जो अपने भविष्य का निर्माण प्रत्येक विपत्ति–काल में कर सकने में समर्थता प्रदर्शित करती रही है।

औघड़ी हमलों वाली यह कविता हमारा मार्गदर्शन करती हुई कहती है कि लोकतंत्र की प्राप्ति और रक्षा के लिए सत्ता और पूँजी के दलालों पर भरोसा करना घातक होगा। जन–बिरादरी को अपना भविष्य अपने हाथों में लेना होगा जैसे कि कवि की हामी भरते प्रसिद्ध अर्थशास्त्री रजनी कोठारी लिखते हैं—

'हम अनिश्चितता में जरूर घिरे हुए हैं, पर हमें उसी में से वर्तमान और भविष्य की योजनाएँ खोज निकालनी होंगी। यह कार्यभार हम अपने नैतिक और मूल्यगत मानदण्डों के अनुसार पूरा करेंगे, ताकि उसी आधार पर एक सच्चे मानवीय भविष्य की रचना की जा सके।'

'मंत्र' कविता इसी मानवीय भविष्य की रचना की ओर बढ़ता एक ऐसा कदम है, जिसे खतरों से खतरों की भाषा में ही खेलना आता है और खतरों के बीच अडिग और निष्कंप रहना भी।

नागार्जुन का सौन्दर्यबोध

हिन्दी में दो ही कवि ऐसे हुए हैं, जो समकालीन कविता के सौन्दर्यबोध को बदलने की सजग चेष्टा में अपनी काव्य-प्रतिभा का प्रमाण देते हैं। एक मुक्तिबोध, तो दूसरे नागार्जुन। एक बीहड़ता, बंजरता और पठारों की सख़्त चुप्पियों का कवि है, तो दूसरा खुरदरेपन और तुच्छता का। 'नई कविता का आत्मसंघर्ष' में कविता की सांस्कृतिक प्रक्रिया पर विचार करते हुए मुक्तिबोध ने लिखा है कि यदि लेखक आज ईमानदार है, तो उसे अपने प्रति और अपने युग के प्रति अधिक उत्तरदायी होना होगा। उसे अपनी सौन्दर्याभिरुचि के सेंसर्स जरा ढीले करने होंगे, विषय-संकलन को स्वानुभूत विवेक से विश्व-चेतस हाथों में सौंपना होगा, अभिव्यक्ति-क्षमता बढ़ाने के लिए अनेक प्रयास करना होगा। अधिक साहस और ज़्यादा हिम्मत से काम लेना जरूरी है। अपनी सौन्दर्याभिरुचि के सेंसर्स के वशीभूत होना ठीक नहीं है। अनुभव-वृद्धि के साथ-साथ सौन्दर्याभिरुचि का विस्तार और पुनः-पुनः संस्कार होना आवश्यक है।

मुक्तिबोध उस 'नई' कही जाने वाली कविता का भी तटस्थ और निर्मम विश्लेषण करते हुए लिखते हैं—'आप मुझे क्षमा करेंगे, यदि मैं यह कहूँ कि नई कविता में, आवेश के पंख काट दिए गए, कल्पना को अपने पिंजरे में पालकर रखा गया, क्योंकि वह एक विशेष प्रकार की भद्रजनोचित सौन्दर्याभिरुचि के फ्रेम के खिलाफ जाती थी।' आगे के वाक्यों में वे यह लिखना भी अपना फर्ज समझते हैं कि 'व्यक्ति मन की बात करके, आत्मा की महान, दुर्दम, विप्लवकारिणी ज्ञानमूलक शक्ति को भुला दिया गया' 'लघु मानव' के सिद्धांत का प्रचार किया गया। संक्षेप में विषम ह्रासग्रस्त सभ्यता को उलटने वाली महान भावनाओं को परित्यक्त करके, तथाकथित आधुनिक भावबोध को उद्‌घोषित किया गया।' मुक्तिबोध के इन कथनों में कविता और बौद्धिकता के उन रिश्तों का समर्थन नहीं मिलता, जिसका दावा लेकर नई कविता चल रही थी। यह भी कम आश्चर्यजनक नहीं है कि मुक्तिबोध, व्यक्तिमन के बदले बार-बार आत्मा की विप्लवकारिणी

शक्तियों और भावनाओं की बात करते हैं, किन्तु हमारे लिए यहाँ उनका कहा हुआ यह वाक्य बहुत महत्त्वपूर्ण है कि 'भद्रजनोचित सौन्दर्याभिरुचि के फ्रेम' बन गए हैं, और अपने को नया घोषित करने वाला कवियों का समूह इस फ्रेम को तोड़ नहीं पा रहा है। वे यह इशारा भी करते हैं कि सच्ची रचनात्मक शक्ति तो बँधे-बँधाए, बने-बनाए फ्रेम को तोड़ नये फ्रेम की ओर बढ़ने से साबित होती है।

सौन्दर्य की अपनी बनी-बनाई लीकें और पटरियाँ रचनात्मकता का कितना नुकसान करती हैं, इसे हम रीतिकालीन कवियों की कविता में तो देखते ही हैं, आधुनिक हिन्दी की समकालीन खड़ी बोली कविता में भी देख सकते हैं। परिणामतः हजारों कवियों के सक्रिय रहते हुए भी हिन्दी कविता में व्यक्तित्व की दुर्लभता हो उठी है। एक काव्य-पाठ के दौरान कवि भवानी प्रसाद मिश्र ने कहा था-'कविताएँ तो हजारों की संख्या में अब भी लिखी जा रही हैं, पर कवि एक भी नहीं दिखता।' तब, मुक्तिबोध के पास लौटकर फिर आना पड़ता है, यह पूछने के लिए कि कवि में जिस अधिक साहस और ज्यादा हिम्मत की बात वे कर रहे हैं, उसका अर्थ क्या है। विषय-संकलन को स्वानुभूत विवेक के विश्व-चेतस् हाथों में सौंपने का जो निर्देश वे दे रहे हैं, वह क्या है? अभिव्यक्ति की क्षमता को बढ़ाने के अथक प्रयास कौन से हैं, जिनकी माँग वे अपने समय के साथी कवियों से कर रहे हैं? आगाह करने की भाषा में वे अपने प्रिय साथियों से कहते हैं-'अपनी सौन्दर्याभिरुचि के सेंसर्स के वशीभूत होना ठीक नहीं है।' वही मुक्तिबोध अन्यत्र यह भी लिखते हैं-'सौन्दर्यानुभव जीवन के सारस्वरूप का प्रगाढ़ मार्मिक अनुभव है, किन्तु वह तभी प्राप्त होता है, जब मनुष्य के पास अपने परे जाने, अपने से ऊपर उठने, तटस्थ होने, निजबद्धता से मुक्त होने के साथ-साथ (और एक साथ) तन्मय होने का, विलीन हो जाने का मानवीय गुण और गुण का सामर्थ्य प्राप्त हो, तभी वह विशिष्ट की सामान्य में परिणति की मुक्त आत्मीयता का आनंद ले सकेगा। यू वे निर्णायक अंदाज में लिखते हैं-'सौन्दर्यानुभव का यह स्वरूप है। वह आह्लादकारी दशा है। इन्हीं सब बातों के कारण सौन्दर्यानुभव की अपनी स्वायत्तता है।'

कहने की जरूरत नहीं कि इस 'स्वायत्तता' के लोक की सृष्टि सिर्फ वे ही प्रतिभाएँ कर पाती हैं, जिनमें प्रबल स्वानुभूत काव्य-विवेक, विरल साहस और सघन आत्मविश्वास होता है।

नागार्जुन में यह स्वानुभूत काव्य-विवेक, यह साहस कितना था और कहाँ से चलकर आता था, इसे समझने के कुछ आधार और सूत्र तो मिलते भी हैं, किन्तु

कुछ रहस्यमय ढंग से विलक्षण भी जान पड़ते हैं। ऐसा ही एक प्रसंग उन दिनों का है जब वे अध्यापक होकर आज के पाकिस्तान, किन्तु तब के अविभाजित हिन्दुस्तान के हैदराबाद नामक नगर में थे। उनके घर के सामने से स्कूल और कॉलेज जाने वाले किशोर-किशोरियों के झुण्ड गुजरा करते थे। कवि उनके किशोर सौन्दर्य को देखने के लिए जब–तब छज्जे पर आ खड़ा होता। उसने सोचा, जब ये किशोरियाँ अपने सौन्दर्य से मुझे मोहती हैं, तो ये किशोर मेरी पत्नी अपराजिता को भी क्यों नहीं मोहेंगे? उसने अपनी पत्नी को आवाज़ दे छज्जे पर बुला बगल में खड़ा कर लिया और कहा—'तुम भी देखो।' कवि नागार्जुन का यह प्रस्ताव सुन अपराजिता देवी झुँझला उठीं और गुस्से में वापस लौट गईं।

नागार्जुन ने यह किस्सा जिन दिनों मुझे सुनाया, मैं देर तक सोचता रहा कि क्या एक कवि की आत्मा इतनी उन्मुक्त और उदार होती है। क्या वह तमाम लौकिक प्रतीतियों और स्वार्थ–सम्बन्धों के पार विचरण करती है? क्या वह संकीर्ण जीवन–मर्यादाओं और लोक–व्यवहारों से ऊपर उठकर ही अपने काव्य–विवेक की स्वाधीनता की रक्षा कर पाता है? क्या वह सर्जनात्मक चेतना में व्यक्ति–चित्त की तमाम चहारदीवारियों को लाँघ विश्व–चेतना का उदात्त आकाश हो पाता है?

नागार्जुन ने यह किस्सा मुझे जब सुनाया तब वे व्यक्ति थे या समष्टि; एक बँधे–बँधाए समाज के सामान्य गृहस्थ या कुछ और; क्या कवि की चेतना भी दोगली और कपटपूर्ण होती है–वह अपने लिए अन्य और अन्यों के लिए अन्य मानदण्ड रखता है–क्या वह विश्व की बुनियादी एकता के विचारानुभवों से अपरिचित रहता है या जान–बूझकर चतुराइयाँ बरत रहा होता है; अगर वह ऐसा कर रहा है, तो उसकी रची शब्द–सृष्टि क्या किसी भरोसे की रह पाएगी–सोचते हुए मैं इन्हीं निष्कर्षों पर पहुँचा कि कविता और कला के अनुभवों का विश्व अगर मुक्तिबोध की निगाह में स्वायत्त विश्व है तो इसीलिए कि वह एक निरावृत्त विश्व सत्य है। कोई भी कला या कविता इसकी अनदेखी कर देर तक अपना असर बनाए नहीं रख सकती। वह चाहे आदर्शवादी हो या यथार्थवादी, प्रगतिशील हो अथवा प्रयोगशील, अन्ततः उसकी कसौटी वही आधारभूत मनुष्यता होगी, जिसके बगैर किसी को मनुष्य के रूप में पहचानना और मनुष्य कह पाना तक सम्भव नहीं। इसलिए नागार्जुन हों या निराला, कालिदास हों या भवभूति, मीर हों या ग़ालिब सबकी कसौटी यही गतिशील सहज मनुष्यता है। प्रत्येक युग की नई परिस्थितियों के बीच वह नया अवतार लेती रहती है। अवतारों के चेहरे–मोहरे, रूप–रंग, आकार–प्रकार बदलते हैं, किन्तु उन सबका ध्येय यही

होता है कि कुरूपता का वर्चस्व खत्म हो और स्वभाव-धर्म के सौन्दर्य की स्थापना की जा सके।

मानव-बोध और विचार का यह दायरा जैसे-जैसे बढ़ता जाता है, अनुभवों का संसार और विशद होता चलता है। पहले के लिखे काव्यों और कथाओं में यह दायरा कुछ अधिक बड़ा है। वहाँ केवल मनुष्य नहीं है, पशु-पक्षी जगत भी साथ है। पेड़-पौधे, नदी-नाले, वन-उपवन, बाग-बगीचे भी साथ हैं। पंचतंत्र की कहानियों में पहले से पशुओं के माध्यम से ही धर्म, राजनीति, नीति और कूट नीति के साथ अन्य विद्याओं की शिक्षा दी गई है। हमारे समय के महान कथाकार प्रेमचन्द के लेखन में भी कुछेक पशु-पक्षियों की उपस्थिति सहज सम्भव हो सकी है, किन्तु यह प्रश्न कई बार मन में आता है कि महान संवेदना के स्वामियों में मनुष्येतर संसार की उपस्थिति इतनी क्षीण और निराशाजनक क्यों है? मनुष्येतर जीवन क्यों हमारी रचनाओं से लुप्त होता गया है? क्या मान लें कि वह अब उपस्थित ही नहीं है या फिर यह कि हमारी संवेदनाओं की पगडंडियाँ अत्यंत संकरी हो उठी हैं। समूचे आधुनिक हिन्दी लेखन की ओर से अगर जवाब देना पड़े, तो नागार्जुन अकेले ऐसे कवि हैं, जो हमारी मदद को आएँगे। उनके यहाँ चूहे, कौए, कछुए, छिपकलियाँ, कानी कुतिया, बिलौटा, मादा सूअर और नेवला इस तरह उपस्थित हैं जैसे नागार्जुन की कविता, कविता न होकर प्राणी जगत का उनका अपना घर हो। पूस की गुनगुनी धूप में मखमली दूब पर पसरकर लेटी, मोटी-तगड़ी, अधेड़ मादा-सूअर का चित्र खींचते हुए नागार्जुन की संवेदना का अछोर सागर लहरें लेने लगता है। जमना-किनारे मखमली दूबों पर लेट अपने छौनों को दूध पिलाती सूअर के बारे में वे लिखते हैं—भूरे-भूरे बारह थनों वाली यह मोटी मादरे-हिन्द की बेटी है, मन-मिजाज ठीक है, कर रही है आराम। मोटी-तगड़ी अधेड़ शब्दों का प्रयोग करते हुए नागार्जुन जिस मानवीय दृष्टि से उसे देखते हैं, वह हिन्दी कविता में बेजोड़ है।

कवि की एक और लम्बी कविता है 'नेवला'। आपातकाल के दिनों में बंदी बना जेल में डाल दिए गए कवि का मूड उन दिनों की राजनीतिक परिस्थितियों को लेकर उदास था। अपनी एक कविता 'खल गई होली इस साल' में अपने प्रियजनों से दूर रहने की कटु वास्तविकता उसे साल रही है—

> जिन नाजुक गालों पर मला करते थे गुलाल
> और जिन्हें गालियाँ देकर होते थे निहाल
> हाय वो सामने नहीं थे इस साल

किन्तु जीवन के ऐसे ही कठिन दिनों में न केवल कवि को, बल्कि सबको अपनी घनघोर जिजीविषा का परिचय देना पड़ता है। 'नेवला' कविता में उसकी इस जिजीविषा की किरणें चतुर्दिक फैली हुई हैं; जीवन की वे असंख्य भंगिमाएँ भी, जो अभी तक हिन्दी कविता में अव्यक्त थीं। मोतिया नामक इस नेवले की विविध गतिविधियों का चित्रण कविता इस भाव से करती है, जैसे कि वह कोई मानव चरित्र हो। नागार्जुन ने संबोधनों और विशेषणों, जिनमें कुछ आत्मीय गालियां भी प्रयुक्त हैं–के द्वारा कविता को एक प्रसन्न भाव-विस्तार दिया है। ऐसे भावों को कवि सूरदास ने कदाचित् किन्हीं अन्य भंगिमाओं में कृष्ण के वात्सल्य वर्णन में पकड़ा है। उछलना, कूदना, मचलना और नटखटपन से भरी चुहल और खूबसूरत खुराफातें, नेवले के मार्फत इस कविता में चित्रित हैं। कवि ने शुरुआत में ही लिखा—

कौन नहीं खुश होता है
इसकी आँखों में आँखें डालकर?
जम्बू, जमूरा, मोतिया, दुलरुआ...
न जाने कितने नाम मिल गए हैं इसे।
—हम सारे ही बंदियों का,
बड़ा ही लाडला खिलौना है यह तरुण नेवला।

कवि का पुलक से भरा यह वात्सल्य संवेदना की जानी-पहचानी हदों को पार कर गया है। कविता में बंदी साथी अखलाक का यह कहना कि बेहद सेंटि मेंटल हो उठते हैं बाबा आप तो 'जमूरे को पाकर', कविता की अन्तरंग लय में रची उसी अति भावुकता का प्रमाण है।

नागार्जुन के सौन्दर्यबोध में यह अति भावुकता कहीं किसी झरने-सी उछाल लेती, तो कभी किसी नदी-सी पूर पर आती, कवि के भाव-संयम को नया विस्तार और क्षितिज देती, तो कभी-कभी किसी पहाड़ी नदी-सी कठिन भयावह चट्टानों के बीच प्रशांत गति से बहती हुई आत्ममुग्ध-सी भी दिखती है।

पहले की अपनी किताबों में मैं यह कह चुका हूँ कि नागार्जुन जितने गहरे भोक्ता हैं, उतने ही जबरदस्त द्रष्टा भी। उनकी लिप्तता जितनी सघन है, निर्लिप्तता भी उतनी ही निर्मम और अविचल। एक प्रसंग में नसीहत-सी देते हुए उन्होंने मुझसे कहा था—'पिछले कई सालों से मैंने उसकी तरफ नहीं देखा तो नहीं देखा, जो कि वह उसी शहर में रहती है। और एक तुम हो कि अपना स्वाभिमान तक नहीं बचा पा रहे हो।' थोड़ी देर रुककर उन्होंने फिर कहा था,

'आसक्ति ही नहीं, विरक्ति की निष्ठुरता भी जरूरी है।'

आसक्ति तो उनमें इतनी थी कि वे किसी भी वस्तु या रूप पर मचल उठते थे। उनकी आँखें हर बार नया दृश्य और काव्य-बिम्ब रच डालने में समर्थ थीं। कान नए स्वरों को पकड़ कंठ और होंठों की मदद से नया छन्द गढ़ डालते थे। वे एक ऐसे सर्जक थे, जिसे थकान कभी घेर नहीं पाती थी। जिसकी कल्पनाएँ कभी नई उड़ानें भरना बंद नहीं करती थीं और जो हर बार जानी-पहचानी सौन्दर्य-मर्यादाओं की आँखों में अपनी प्रतिभा की आँधी की धूल झोंकता, ऐसे नए सौन्दर्य-क्षितिज रच दिया करता था कि काव्य-परम्पराएँ विस्मित और चकित हो उठा करती थीं।

जीवन की आखिरी सांसों तक सक्रिय रहकर अपनी अजस्र प्रतिभा का जैसा प्रमाण उन्होंने दिया है उसे आखिरी दिनों में उनकी लिखी 'अन्त-श्रावण का यह मेघ', कविता में देखा जा सकता है। इसे हम ऋतु-कविता कहें या अपने समय को नए रूप से रेखांकित करती यथार्थ बोध की। या फिर कुछ न कहें, बस कविता के प्रभाव में धीमे-धीमे भीगते रहें। कविता है—बरसता रहे इसी तरह/दिनभर, रातभर/अन्त-श्रावण का यह मेघ/भिगोता रहे इसी तरह/खेतिहर मजदूर-मजदूरनियों के अंग-अंग/अन्त-श्रावण का यह मेघ/सुनता रहे इसी तरह/रिक्शावाले दिलफेंक छोकरे की गाली/अन्त-श्रावण का यह मेघ/लोको के आस-पास/अर्द्धदग्ध छिटके-फिंके कोयले चुनती/बड़ी आँखों वाली छोकरी का उलाहना भी/ सुनता रहे इसी तरह/ अन्त-श्रावण का यह मेघ/तर-ब-तर करता रहे इसी तरह/अलसी के तेल से चिकनाया उसका जूड़ा/अन्त-श्रावण का यह मेघ...।

कविता को पढ़ चुकने के बाद लगता है कि जीवन के प्रति कितनी सघन आसक्ति यहाँ फैली हुई है। बरसता रहे, सुनता रहे जैसे दृश्य और श्रव्य-बिम्बों के साथ भौतिक जीवन की लोकव्यापी कर्मठता का इतना गुंफित और चुनिन्दा सौन्दर्य, जहाँ एक ओर खेत, तो दूसरी ओर सड़क, शहर, रेलवे-यार्ड। इस भूगोल में जो इतिहास घटनाओं की तरह घट रहा है, वह खेत में धान रोपते, सड़क पर सवारियाँ ढोते, लोको-यार्ड में कोयला चुनतीं बड़ी आँखों वाली छोकरियों, खेतिहर मजदूर-मजदूरनियों और दिलफेंक रिक्शेवाले छोकरे की गालियों से लेकर छोकरियों के उलाहनों तक किसी रंगीन वितान की तरह फैला है।

यों तो कविता कवि की आकांक्षा के मोहक जाल-सी फैली हुई है, किन्तु यह आकांक्षा जीवन और समय के जिस आँखों देखे यथार्थ के बल पर जन्मी है,

वह पाठकों को श्रमजीवी बिरादरी की निर्द्वन्द्व कर्मठता और परम्परागत प्रकृति-राग से परिचित कराती है। रिक्शेवाले दिलफेंक छोकरे की उलाहना सुनता अन्त-श्रावण का मेघ भी क्या करे। क्या बरसना छोड़ दे? कविता के भीतर यह सवाल संदेश की तरह व्यापा हुआ है कि जीवन किसी भी स्थिति में नहीं थमता, जैसे कि धरती, आकाश, हवा और बादल। गाली देता हुआ रिक्शेवाला न पैडल मारना बंद करता है, न धान की रोपनी बंद होती है, न छोकरियाँ भीगने के डर से कोयला चुनना रोकती हैं।

गाँव से शहर, कृषि से उद्योग-लोको तक किसी इन्द्रधनुष-सी खींची यह कविता जीवन के जितने रंगों में डूबी हुई है, उसमें आकांक्षा की परतें तो हैं ही, कर्मठता के भी देखे-समझे रूप हैं। कुल तीन बिम्बों के द्वारा कवि ने कल्पना का जैसा समर्थ उपयोग किया है, उसे देखते हुए यह कहा जा सकता है कि अतिभावुक कवि नागार्जुन अति भाव-संयमी और व्यंजना-विहारी भी हैं।

तत्सम्, तद्भव, भाषा और बोल-चाल के शब्दों का जैसा सिद्ध रसायन वे तैयार करते हैं, वह अपूर्व है। इस अपूर्वता में न कोई अनियोजन है, न जबरन की श्रम-साध्यता। वस्तुतः यह नागार्जुन की वह समर्पित प्रतिबद्ध काव्य-दृष्टि है जो जीवन को शास्त्रीय नियमों, रूढ़ मर्यादाओं और किताबी अनुभवों के बल पर ग्रहण नहीं करती। वह उन सूचियों से भी मदद नहीं लेती, जो जमाने के कवियों के लिए मार्गदर्शिका मानी जाती हैं। मेहनत और पसीने से जुड़ी बिरादरी के अन्तरंग और बहिरंग की जैसी प्रामाणिक अभिज्ञता इस कवि के पास है, वह अन्यों में इसलिए सम्भव नहीं हो पाई कि उनमें से कुछ आन्दोलन के झाग में डूबे रहे, कुछ विचारधारा से आक्रांत हो उसी की अन्धछाया में बैठे रहे और कुछ खतरनाक अनुभवों के आक्रामक तीखेपन से बचते हुए विवादी स्वरों की अपेक्षा संवादी स्वरों को अपने कवि-स्वभाव के कहीं अधिक निकट पाते रहे। कवि एक सांस्कृतिक योद्धा भी होता है, इसकी चिन्ता कम ही की गई। अभिजात रुचियों के आस-पास अपना काव्य-संसार बसाना और जाने-अनजाने उनके साथ तदाकारिता प्रदर्शित करना यथार्थवादी कविता की बिडम्बना रही है। न होती, तो ओ मेरे आदर्शवादी मन और मेरे सिद्धांतवादी मन को सम्बोधित कर मुक्तिबोध को यह क्यों पूछना पड़ता—'अब तक क्या किया जीवन क्या जिया?'

कविता की क्रांति-दृष्टि क्रांति की पोथियों से नहीं, जीवन के क्रांतिकारी अनुभवों और उनसे जुड़े यथार्थ अनुभवों से आती है। यह यथार्थ जितना संघर्षपूर्ण और लोक-संगत होगा, काव्य-भाषा जितनी सटीक, भरोसेमन्द, जीवनदर्शी और

लोकगामी होगी, वह रचना उतनी ही सम्प्रेषणधर्मी और संवाद-विकल भी होगी।

इस छोटी-सी कविता में, जो कुल सत्तरह पंक्तियों की है, नागार्जुन ने जैसे ओर-छोर एकत्र कर दिया है। प्रचुर स्मृति-सन्दर्भों के विपुल और अक्षय स्रोत वाले कवि ने कविता का आरंभ खेतिहर मजदूर-मजदूरनी से किया है, किन्तु जहाँ यह समाप्त की गई है वहाँ बड़ी आँखों वाली छोकरी का अलसी के तेल से चिकनाया जूड़ा मेघ द्वारा तर-ब-तर किया जा रहा है।

कविता पढ़ते हुए कालिदास के मेघदूत में वर्णित कृषक बालाओं के चित्र याद आते हैं, किन्तु दिलफेंक रिक्शेवाले का बिम्ब हमें याद दिलाता है कि यह परम्परा की आवृत्ति नहीं है। यह 'लोको' का काल खण्ड है। सभ्यता रेल की पटरियों पर दौड़ रही है। फिर भी जीवन की विषमताएँ कम नहीं हुई हैं। आम आबादी को अभाव चतुर्दिक घेरे हुए हैं। क्या इन कटखने अभावों के बावजूद जीवन का रस बढ़ने के बजाय घटकर सूख गया है? नागार्जुन कहते हैं, न सही जवा कुसुम और हिमताज, न सही कोई और सुगंधित आंवला भृंगराज, श्रमिका के जूड़े की चिकनाई तो अलसी के तेल से भी निखारी जा सकती है। यही तो इस कवि की नई सौन्दर्य-दृष्टि और उसका विधान है।

सुविधाओं को ही सच्चा जीवन मानने वाले लोग इस दृष्टि को कैसे समझ सकेंगे, जहाँ विकट अभाव जीवन का पर्याय बना बैठा हो। न सही जवा कुसुम, जीवन का संगीत तो अलसी के तेल से भी सजाया जा सकता है।

अलसी के तेल से चिकनाया हुआ जूड़ा छायावाद में तो सम्भव था ही नहीं, उस प्रयोगवाद और प्रगतिवाद में भी सम्भव नहीं हो सका, जो सूक्ष्मता, कलात्मक अद्वितीयता और जीवन-यथार्थ के दावों से उफनता रहा। यह नागार्जुन ही थे, जिन्होंने वास्तविक जीवन को उसके करीब जाकर देखा और लिखने से पहले उसकी साखी ली।

जीवन और कविता का यह सहगमन और संश्लेष हमें जिस सौन्दर्य दृष्टि के पास ले जाकर खड़ा करता है, वह दृष्टि बुद्धि-प्रसूत नहीं है। वह केवल आँखों से देखी हुई भी नहीं है। यह उन आँखों से देखी गई है, जिनमें हजारों साल की विषमता और अभाव के बावजूद जीवन की निष्ठाएँ बरकरार हैं, उद्यमशीलता जिन्दा है, प्रकृति से रिश्तों का अटूट राग विद्यमान है और सबसे ज्यादा तो वह आस्था, जिसके बगैर जीवन बेमानी हो उठता है।

नागार्जुन के यहाँ गाली और उलाहनों के बावजूद आस्था का यह बोध अटल है। ऐसे कवि हमें सिखाते हैं कि अनुभवों के साथ कवि की प्रतिभा की

घुलनशीलता और तरलता क्या होती है। क्या उसका मन सृष्टि के समस्त रूप और व्यापार से अभिन्नता और आत्मीयता का अनुभव कर और करा सकता है? क्या सारी सृष्टि उसे एक प्रेमिका की तरह मुग्ध और अभिभूत कर सकती है? क्या वह उसके अनूठे इशारों पर नाच सकता और उसे नचा सकता है? क्या उसकी दृष्टि इतनी तरल और तरंगमयी हो सकती है?

किसी भी कवि–दृष्टि की सुन्दरता सबसे पहले उसके रहस्यपूर्ण नए अनुभवों में निवास करती है। अपने इन अनुभवों के आकाश में जब वह कल्पना के पंखों पर उड़ानें भरता है तब कविता का आकाश नया और इन्द्रधनुषी हो उठता है। नागार्जुन की प्रारंभिक कविताओं की याद अगर करें, तो एक ओर 'चना जोर गरम', 'प्रेत का बयान' और 'अकाल' जैसी कविताएँ हैं, तो दूसरी ओर 'बादल को घिरते देखा है' और 'कालिदास सच–सच बतलाना' जैसी। एक ओर क्लासिकी सौन्दर्यबोध, सूक्ष्म अनुभवपरकता और दूसरी ओर जीवन की सच्चाइयों का निष्ठुर और भयावह यथार्थ। एक जगह कवि की एक निगाह परम्परा की ओर उठी हुई है, जहाँ वह अपने अर्जित सौन्दर्यबोध से अनुकूलित और परिचालित है, तो दूसरी निगाह जीवन की समकालीन सच्चाइयों के तीखे साक्षात्कार में डूबी हुई है। यह उसकी अपनी कमाई हुई अनुभव–सृष्टि है जिससे यह पहचान बनती है कि कवि के प्रत्यक्ष जीवन ने उसे कैसे–कैसे अनुभव दिए हैं। इन अनुभवों को उसने किन प्रत्यक्ष वास्तविकताओं से अर्जित और ग्रहण किया है। उसकी अनुभव–प्रक्रिया कैसी है? कहीं वह भटकती और विचलित तो नहीं होती कभी? उसके अनुभवों की गतिशीलता और उड़ान कैसी है? समूचे काव्य–व्यापार और काव्य–कृति की वह कौन-सी मंशा है, जो कवि, कविता और उसके पाठक समाज तक क्रमशः एक साथ आ–जा रही है? प्रेत का बयान और अकाल जैसी कविताओं में मिथिलांचल की आर्थिक दरिद्रता और प्रकृति की मार से उपजे भयावह जीवन–यथार्थ का चित्रण है। आदमी तो आदमी, कीट–पतंग, पशु–पक्षी तक जहाँ इस विभीषिका की चपेट में है। कविता जिन शब्दों में यह बयान करती है, उससे जो बिम्ब बनते हैं, वे इतने ठोस और विचलनकारी हैं कि अन्न की सम्भावनाओं के विलुप्त हो जाने की भयावहता प्रत्यक्ष हो उठती है।

कविता जितना अकाल का वर्णन करती है, अकाल जैसा और जितना भीषण और भयावह होता है, अन्न भी उतना ही दमदार ऊर्जादायी और अतिक्रामक सौन्दर्य से संपन्न होता है। अकाल की मार अगर लोगों से उनकी आँखों की चमक और पुलक छीन लेती है, तो अन्न की सुवास उन्हीं आँखों में चमक बन

नए सिरे से फूट पड़ती है। यह सब लिखते हुए नागार्जुन यह क्यों भूले होंगे कि उपनिषदों में अन्न को ही तो ब्रह्म कहा गया है।

उनकी एक और कविता है अन्न पचीसी। पच्चीस बंधों की इस कविता का प्रत्येक बंध पाँच-पाँच पंक्तियों का है और शुरुआती दस पंक्तियों के आखिरी टुकड़े हैं—अन्न ब्रह्म की माया। पहले बंध में आखिरी पंक्ति है—'जन-जन का दिल टोह रही है अन्न ब्रह्म की माया।' दूसरे बंध की पहली-दूसरी पंक्तियाँ हैं—

डायन बनकर घूम रही है अन्न ब्रह्म की माया
यम की ठोड़ी चूम रही है अन्न ब्रह्म की माया

किन्तु तीसरे बंध में वे लिखते हैं—

घर-घर अलख जगाएगी यह महाकाल की छाया

इन बंधों में गौर करने की बात यह है कि इनमें अन्न और ब्रह्म तो हैं ही, डायन, यमराज, उनकी ठोढ़ी और अन्न के अकाल से उठता हुआ अलख भी है। ये पारम्परिक मुहावरे, जो शताब्दियों से हमारे अवचेतन की यात्रा के साथ चलकर आए हैं, यहाँ नयी अर्थ-आभा पा नए सिरे से चमक उठे हैं, पर इससे भी कहीं अधिक लक्ष्य करने की बात है—कविता का सपनों के संसार से थककर धरती के यथार्थ की ओर लौटना। इस यथार्थ में कल्पना का लावण्य मिला हुआ है और उस कल्पना में नमक जितना यथार्थ। सुंदर तो सचमुच यथार्थ ही हुआ करता है। कल्पना से जीवन का पेट वैसे ही नहीं भरता जैसे सपनों से सभ्यता और संस्कृति की आकांक्षाओं का। सपनों की खूबसूरती तो तभी तक खूबसूरती मानी जाती है जब जीवन उन्हें चरितार्थ कर पाए।

नागार्जुन की कविता हमें इसका बोध कराती हुई, जीवन की मुश्किलों के बीच मुस्कराते अपराजेय मानवीय उद्यम से हमारा परिचय कराती है। उन सच्चाइयों की याद दिलाती है, जिनका कद सपनों से तो बड़ा है ही; उन दैवी आपदाओं से भी बड़ा है, जिनके बीच मनुष्यता अपने पुरुषार्थों को हमेशा से तौलती आई है।

कविता की यह बोध-प्रक्रिया क्या है, बोध का स्वरूप क्या है, जब इस प्रश्न पर विचार करते हैं, तो सहज ही इस निष्कर्ष पर पहुँचना पड़ता है कि कविता और कुछ नहीं शब्दों की लीला है। कवि चाहे आदर्शवादी हो या यथार्थवादी प्रत्येक स्थिति में उसे यह लीला-विधान करना ही पड़ता है। अनुभवों के वस्त्र पहने अर्थों की लक्ष्य-अलक्ष्य भंगिमाओं के प्रकट करने वाले शब्दों का काव्य-नृत्य नागार्जुन के यहाँ कैसा रोमांचक है इसे उनकी 'फूले कदम्ब झूले कदम्ब' या फिर 'धिन-धिन धा धमक धमक मेघ बजे' जैसी विलक्षण प्रकृति कविताओं

में महसूस किया जा सकता है। मेघों का घिरना, गरजना, तड़कना तो सुना था, पर उनका 'बजना' तो सिर्फ नागार्जुन ही सुन पा रहे हैं; जैसे कि मेघ प्रकृति के विराट वाद्य–यंत्र हों। नागार्जुन का सुनना और देखना ही नहीं, उनका अनुभव करना भी हमेशा से इतना ही विरल है—

झुका रहा डालें फैलाकर
कगार पर खड़ा कोढ़ी गूलर
ऊपर उठ आई भादों की तलइया
जुड़ा गया बौने की छाल का रेशा–रेशा
यह तुम थीं।

कोढ़ी गूलर भादों की तलइया, बौने का रूप आदि उनकी अपनी सौन्दर्य–दृष्टि ही नहीं, सौन्दर्य–चेतना के परिचायक हैं।

इसकी विस्मयकारी सुन्दरता का बोध तब होगा, जब हम कवि की अभिजात प्रेरित सौन्दर्य दृष्टि का साक्षात्कार करेंगे।

इन्द्रनील की माला डाले/कानों में कुवलय लटकाए
शतदल लाल कमल वेणी में/ रजत–रचित मणि–खचित कलामय
पान–पात्र द्राक्षासव पूरित/रखे सामने अपने–अपने
लोहित चन्दन की त्रिपदी पर/नरम निदाग बाल–कस्तूरी
मृग छालों पर पल्थी मारे/ मदिरारुण आँखों वाले उन
उन्मद किन्नर-किन्नरियों की/मृदुल मनोरम अँगुलियों को
वंशी पर फिरते देखा है/बादल को घिरते देखा है।

एक ओर तुच्छ, नाटे–बौने अनभिजात, कोढ़ी गूलर के प्रणयाकुल मन की तृप्ति कराने वाली भादों की जवान तलइया, दूसरी ओर शतदल लालकमल वाली वेणी, चन्दनी तिपाई, कस्तूरी मृगचर्म पर पालथी मारे मदिरारुण नेत्रों वाले किन्नर–किन्नरियों का प्रणय–नृत्य और गान। कवि नागार्जुन अपनी सौन्दर्य–दृष्टि में ही नहीं, सौन्दर्य–विधान में कितने उदार और उन्मुक्त हैं। कितने स्वच्छन्द भाव–विहारी। और किसी से भी बँधे से न होकर, फिर भी सबसे बँधे। सबमें डूबे और रमे, किन्तु क्रमशः उनका श्रृंगार और प्रेम–बोध विरल, करुण और रौद्र भाव प्रबल होता गया है। संस्कारों को जाँचते–परखते और उनकी अभिजात दिव्यता से अपराभूत रहते हुए वे जिस दिशा की ओर अग्रगमन करते हैं, वह दिशा सामाजिक सत्यों की है। उन पारिवारिक, सामाजिक और राजनीतिक परिस्थितियों की है, जो कवि के प्रत्यक्ष अनुभवों या फिर आँखों देखे जीवन–सत्यों की है।

कोई भी कवि, चाहे वह परम्परा की मजबूत रस्सी से बँधा हो, चाहे विचारधाराओं और कथित आधुनिकताओं के कर्मकाण्ड से, अगर अपने इन बंधनों से मुक्त नहीं हो पाता, तो प्रकारांतर से उस यंत्र की तरह काम करता है जिसकी कुंजी किन्हीं अन्य हाथों में रहा करती है। ऐसे कवि सिद्धांतवादी कहीं अधिक–किन्तु संवेदना जड़ भी कुछ कम नहीं हुआ करते। ऐसे लोग कभी-कभी तो यह भी भूल जाते हैं कि जो निसर्ग–हृदय उन्हें मिला हुआ है उसका सत्य ही कविता का दुर्लभ सत्य होता है। रीतिकालीन कवियों की तरह ऐसे कवि शास्त्रनिर्दिष्ट अनुभवों और सिद्धांत प्रेरित दृष्टियों पर यकीन करने लगते हैं या फिर वटवृक्षवत् कवियों की अनुगामिता करते–करते अपने काव्य–पौरुष की व्यर्थता साबित करते रहते हैं। ऐसे कवियों की बँधी हुई गतियों और दृष्टियों के चलते कविता का सफर थम जाया करता है। वह बने–बनाए वृत्तों और अर्थ–आवर्तों में ही घूमा करती है। इस स्थिति से निस्तार पाने के लिए किसी भी कवि को अपूर्व साहस प्रदर्शित करना पड़ता है। कविता की जानी–पहचानी राहों और शब्दों के घिसे–पिटे रूपों और प्रयोगों से स्वयं को मुक्त करना पड़ता है। समय को पहचान देने और उसे जीवन की नई राह सुझा सकने वाले काव्य-पदों की सृष्टि करनी पड़ती है। यह काम इतना मेकनिकल नहीं है, जितना कि इन दिनों प्रायः मान लिया गया है।

हमारे समय के कुछ कैरियर धर्मी, अवसरजीवी कवि साहित्येतर उपलब्धियों से अति प्रसन्न और आत्म–मुग्ध हैं, किन्तु मैंने कभी नहीं देखा कि वे निराला या अज्ञेय, मुक्तिबोध, भवानी मिश्र या नागार्जुन की साधना से कुछ सीखते या उससे संवाद और मुठभेड़ करते नजर आए हों। कविता को उन्होंने दृष्टि की ताज़गी का एक अखबार–सा मान लिया है। तो क्या मान लिया जाय कि उनकी कविता कल अखबारों की तरह बासी भी नहीं हो जाएगी? हमारा यह मानना कहीं उन्हें हिलाकर तो नहीं रख देगा?

कबीर हों या तुलसीदास, निराला हों या अज्ञेय, भवानी मिश्र हों या रघुवीर सहाय, कविता इनकी सौन्दर्यानुभूति में हैं और इस सौन्दर्यानुभूति का जितना सम्बन्ध भाव–संवेदनों से है, उतना ही भाषा–संवेदनों से भी; उतना ही उस जीवन-संगीत से जो काव्य–संगीत बनकर लयों और छन्दों में प्रकट होता है। यह क्यों नहीं कहा जाना चाहिए कि अज्ञेय जैसे कवियों की चिन्ता कवि का व्यक्तित्व है जिसे वे पहले तो अहं से और बाद में इदम् से जोड़कर देखते हैं। नागार्जुन जैसे कवि व्यक्तित्व के बजाय लोक की दुन्दुभी और लोक

काव्य–वीणा के पर्याय बनकर आते हैं। लोक के प्रति समर्पणशीलता उनके स्वभाव का पहला सौन्दर्य है। इस लोक के भविष्य के विरुद्ध खड़े वर्गों के प्रति नागार्जुन की सजग चौकसी और उनके विरुद्ध आक्रामक प्रखरता कवि की दूसरी खूबसूरती है, पर उनकी कविता इतना ही नहीं करती। वह लोक-जागरण और लोक–शिक्षण का धर्म भी निभाती है। इस बहुधर्मी जिम्मे को पूरा करने के लिए वह परम्परा की सार्थक और उपयोगी विरासतों का भी अधिग्रहण करती है, उन कला और शिल्पविधियों की मदद भी लेती है, जो समय और भाषा की अकुलाहटों और द्वन्द्वपूर्ण मैत्रियों को न केवल रेखांकित वरन् परिभाषित भी कर सकें।

नागार्जुन को पढ़ते हुए तत्समी पदावली, उसका छन्द संगीत हमें अप्रासंगिक और बेमानी नहीं लगता। हमें समयांधता नहीं घेरती। अतिवादिता परेशान नहीं करती। हम पहले से कुछ अधिक सजग, सचेत और आत्मविश्वास से भरते चले जाते हैं। भाषा के साथ हमारे भाव–व्यवहारों का खेल इतना सघन, रसमय और आत्मीय हो उठता है कि कभी–कभी तो लगता है कि समकालीनता और परम्परा एक-दूसरे के बगैर अधूरी हैं।

नागार्जुन अपनी कविता से हमें दिक् और काल के जिस लोक में ले जाते हैं, उसमें पहुँच अचानक हम अनुभव करने लगते हैं कि कविता मनुष्य के पवित्र चित्त की खूबसूरत प्रतिच्छाया है। एक ऐसी ठोस परछाईं, जो बिम्ब से कहीं अधिक प्रतिबिम्ब है।

नागार्जुन ने सौन्दर्य के जो दुर्लभ अनुभव हिन्दी कविता को दिए हैं, उनमें मानव मन की अपूर्व ताजगी और अक्षय ऊर्जा की दमकती कौंध है। एक ऐसी जीवन–ऊष्मा जहाँ यथार्थ का विषैलापन जिजीविषा की सतत् मुठभेड़ों से पस्त होने की नियति से बँधा है।

उनका समूचा काव्य–बोध हमें कैसी भी जीवन–परिस्थितियों से आक्रांत या त्रस्त नहीं होने देता। हममें समूह-शक्ति एक ज्वारग्रस्त सागर की तरह उफान मारती रहती है। मानव-विरोधी यथार्थ नागार्जुन के शब्दों की मार से कभी–कभी आहत और मूर्च्छित होते रहते हैं और कभी–कभी विपुल जन–समुदाय जनवाहिनी के रूप में उठ खड़ा होता भी यहाँ दिख जाता है।

आतंक और त्रास वाले कवि मुक्तिबोध की तुलना में नागार्जुन सामूहिक आक्रामकता और क्षोभ के कवि हैं। उनकी कविता हमें लोक की अपरिमित शक्तियों का बोध कराती है और कभी भी अकेला नहीं छोड़ती। यह भी घोषित

करती रहती है कि भ्रष्ट और लोक- विरोधी तंत्र को ठिकाने लाकर ही लोक मंगल का विधान सम्भव है।

नागार्जुन की कविता इसी भाव की असाधारण खूबसूरती से भरी हुई है। वह मार्क्स की दृष्टि और गाँधी की व्यावहारिक पहल को याद दिलाने का उद्यम कर रही है। यह भी कि मार्क्स और गाँधी दोनों ही जन-हितैषी और जन–चिन्तक हैं और उन्हें परस्पर एक–दूसरे के प्रति–सत्य के रूप में खड़ा करने से बेहतर होगा, दोनों के ऐसे समन्वय–बिन्दुओं की खोज, जिससे विश्व–जीवन अधिक शोषण मुक्त, अहिंसामय और मानवीय हो सके।

नागार्जुन के बाद के नागार्जुन

1911 की ज्येष्ठ पूर्णिमा (22 जून) को तरउनी गाँव के गोकुल मिश्र के यहाँ जन्मे हिन्दी के यशस्वी कवि वैद्यनाथ मिश्र उर्फ नागार्जुन 5 नवम्बर 1998 की सुबह अनन्त यात्रा पर चले गए। नागार्जुन की मृत्यु एक सहज और स्वाभाविक मृत्यु थी, किन्तु हममे से कोई एक भी इस समाचार के लिए—यह जानते हुए भी कि इसकी सूचना किसी क्षण भी आ सकती है—तैयार नहीं था। कौन ऐसा जीवित आदमी है, जो यह चाहता हो कि ऐसे संवेदना–पुरुष का अवसान हो जाय। नागार्जुन चले गए तो यह अहसास होता है कि संवेदना और सच्ची असाधारण सहृदयता की ही जैसे मृत्यु हो गई।

यह सही है कि वे बुढ़ा गए थे; इतने कि उन्हें बहुत कम सुनाई देता था। कुबरी लेकर ठेंगते हुए चलना पड़ता था। पिछले चार–पाँच सालों से उनकी यात्राएँ और अपने प्रियजनों को अपने सुलेख में उनको धारावाहिक चिट्ठियाँ लिखना बन्द हो चुका था। जो झोला अक्सर उनके कन्धों पर टँगा रहा करता, उसमें रखी दो–एक ताजी किताबें, कविता की डायरियाँ और रीडिंग ग्लास तो उसमें किसी ऐतिहासिक योद्धा के तूणीर की तरह अब भी भरे होंगे, पर अब वह उनके जिन्दा कन्धों पर नहीं, बड़े बेटे शोभाकान्त के किराए के घर की किसी दीवाल की खूँटी पर टँगा होगा। जानता हूँ गाँधी स्मृति न्यास और गाँधी स्मारक संग्रहालय जैसी कोई रचनात्मक पहल और सोच कवि–कथाकार, राष्ट्रीय आन्दोलनकारी और अनोखे विद्याआचार्य नागार्जुन को लेकर लेखक संगठनों में भी नहीं जागेगी क्योंकि पिछले पचास–साठ सालों में उन्होंने इसका कोई परिचय दिया भी नहीं है, तब शब्द ब्रह्मविरोधिनी राजसत्ताओं से यह उम्मीद भला क्यों की जाय। नागार्जुन थे, तो लगता था कि चाहे खाँसकर–खुनककर या बमककर, जैसे भी बन पड़ेगा वे इन्हें धुनकेंगे जरूर और रगड़ भी डालेंगे, पर अब जबकि वे अपना खप्पर और चिमटा लेकर जा चुके हैं, कुछ अधिकारी किस्म के लेखकों को यही याद आ पा रहा है कि वे 'कोर्स भिड़ाऊ' काव्य लिखा करते थे। यानी कि नागार्जुन

का सारा साहित्यिक पौरुष और प्रतिभा उद्यम अब इसीलिए स्मरणीय है। तरह-तरह से प्रतियोगिता और प्रतिस्पर्धा के अवसरवादी बाजार में अपने को बेचकर दुनिया-भर की देशी-विदेशी सूचनाओं की जुगाली करने वाले चिकने-चुपड़े साहित्यिक अखाड़ेबाजों और सत्ता और व्यवस्था के जाने-माने दलालों को-मरने के बाद, नागार्जुन जिस तरह याद आ रहे हैं, उसकी भी अपनी एक 'राजनीति' तो है ही। बाजार-घर, परिवार और उसकी जिम्मेदारियाँ, संघर्ष और समझौतों का जैसा घिनौना आनुपातिक संयोग मध्यवर्गीय कहे जाने वाले लेखकों में अब आम हो गया है; सुखद ही है कि नागार्जुन इन सब स्थितियों में कुछ विलक्षण और विरल थे। किसी ने ठीक ही लिखा है कि ज्ञानपीठ जाति के तमाम और नोबेल पुरस्कार को छोड़कर उन्हें लगभग सारे पुरस्कार मिले।

युवा लेखकों के भावुकतापूर्ण आदर्शवादी हमलों से क्षुब्ध होकर जब एक बार मैंने नागार्जुन को इसका सार्वजनिक स्पष्टीकरण देने को कहा, तो उन्होंने जो बयान हँसकर दो ढाई सौ छात्रों और प्राध्यापकों के बीच दिया था, मुझे अब भी याद है। खीझे मन और किंचित अपराधी भाव में उन्होंने स्वीकारा था-'जब भ्रष्टाचार की वैतरणी यहाँ से वहाँ तक बह रही है, तो मैंने भी उसमें एक डुबकी लगा ली।' फिर इस बोध से अपने आपको तत्काल मुक्त करते हुए जोड़ा, "सन्तरे की एक फाँक मैंने भी चूस ली। जब सब चूस रहे हैं, तो एक फाँक का स्वाद मैंने भी ले लिया।" पर यह पुरस्कार उन्हें न भी दिए जाते तो भी वे लिखते वही जो उन्हें लिखना था। शब्द क्या चीज है, उसका धर्म कैसे निभाया जाता है, किन लोगों को उसकी सचमुच जरूरत है और कैसे किन-किन जतनों से उसका तेज बचता है-इसे नागार्जुन के अलावा इस ज़माने में जानते तो कई-कई लोग थे, पर इनकी रक्षा और प्रतिष्ठा बहुत लोग अगर नहीं कर सके, तो इसका एकमात्र कारण यह कि नागार्जुन उस आयातित आधुनिकता की चकाचौंध और ग्लैमर से पराभूत कभी नहीं रहे और बार-बार यह याद दिलाते रहे कि वे औघड़ गोत्र के आदमी हैं। शबर-पुत्र हैं। नव दुर्वासा हैं। तभी तो वे 'मंत्र कविता' लिख पाए—

ओं अष्ट धातुओं के ईंटों के भट्ठे
ओं मामहिम महामहो उल्लू के पट्ठे
ओं दुर्गा, दुर्गा, दुर्गा, तारा, तारा, तारा
ओं इसी पेट के अन्दर समा जाये सर्वहारा
हरिः ओं तत्सत, हरिः ओम तत्सत...

कभी परम्परा का नक्कारखाना होता है और उसके मुकाबिले आधुनिकता

की तूती की आवाज। आज नक्कारखाना आधुनिकता का है। समूचे पश्चिम का दबाव है कि दुनिया के अविकसित और पिछड़े हुए (?) मुल्कों! अपने को बदलो और हमारी शक्ल-सूरत और रंग-ढंग में आ जाओ। हमारी ही तरह की बनियागीरी, मुनाफाखोरी, कूटनीति और राजनीतिक मक्कारी में दाखिल हो जाओ। सृष्टि और उसे धारण करने वाले ब्रह्माण्ड को सिर्फ उपभोग सामग्री समझो। अपनी विश्व-दृष्टि को बदल लो। खेद है कि आजाद हिन्दुस्तान पर ऐसे ही नकलची और पिछलगुए स्वाधीनता-शून्य बौद्धिकों और रचनाकारों का जबरदस्त कब्ज़ा है। हिन्द स्वराज (1909) में गाँधी ने विश्वदृष्टि की जो बहस उठाई थी वह इन लोगों के मन-प्राण में आज तक उतर नहीं पाई। किन्तु इस बहस को कामायनीकार ने भी उठाया। नागार्जुन तो अक्सर उठाते ही रहे। गाँधी पर लिखी उनकी कविताएँ ही नहीं, आओ रानी हम ढोएँगे पालकी या फिर नेहरू पर लिखी 'तुम रह जाते दस साल और/ झुकती स्वराज की डाल और' इसकी गवाह हैं। एक वामपंथी कवि की इस 'दृष्टि' पर आज नहीं तो कल जरूर विचार किया जाएगा।

नागार्जुन की फितरत ही ऐसी थी कि उन्हें किसान आन्दोलन वाले स्वामी सहजानंद सरस्वती, महायात्री राहुल सांकृत्यायन याद आते थे। उन्होंने बनारस को कभी भुलाया नहीं पर कलकत्ता के बराबर और किसी शहर को कभी प्यार नहीं किया। गोकि प्रिय इलाहाबाद जब-तब 'झुक आए कजरारे मेघ' वाली कविता में कौंधा पर दिल्ली के रहवासियों की याद आते ही उनकी तबीयत खट्टी और भाषा तीखी और आक्रामक हो उठती थी। अपने समय के लोगों—खास तौर से राजनेताओं पर बेशुमार कविताएँ लिखने वाले वे हिन्दी के अकेले दुस्साहसी कवि थे। डेढ़ पसली के आदमी और सैकड़ों किलो का साहस। मजा तो यह कि यह सब काव्याभिनंदन नहीं है। कविता के नव-दुर्वासा की कोप-वर्षा है।

बादशाहों और नवाबों की प्रशंसा में कसीदा लिखने का चलन ग़ालिब आदि उर्दू शायरों में भी देखा जा सकता है। हिन्दी कवि नागार्जुन ने प्रधानमंत्री जवाहरलाल नेहरू, इन्दिरा गाँधी, मुरारजी देसाई आदि महत्वपूर्ण राजपुरुषों को लक्ष्यकर जैसी तीखी आलोचनात्मक कविताएँ लिखी हैं उससे हिन्दी कविता के प्रतिवादी चरित्र की पहचान होती है।

अपने समय के व्यक्तियों पर लिखने की प्रवृत्ति शमशेर की भी है, पर उनके लोग समानधर्मा—चित्रकार, कवि, गायक, वादक आदि हैं। ललित और अमूर्त का अद्‌भुत संयोग। नागार्जुन अपने इस ललित भाव को जहाँ प्रकट करते हैं वह

प्रसंग 'विज्ञापन सुन्दरी' 'गुलाबी चूड़ियाँ', 'कालिदास सच-सच बतलाना', 'यह तुम थी', 'फूले कदम्ब', 'धिन-धिन धा मेघ बजे', 'अबके इस मौसम में' या फिर 'सिन्दूर तिलकित भाल' जैसी मूर्तताधर्मी कविताओं में हैं। जीवन-भर वे कभी भी यह मानने को तैयार नहीं हो सके कि भाषा और उसके अभिव्यंजनात्मक रूपों का इस्तेमाल कुछ इस तरह किया जाय कि रजिस्टर्ड और पेशेवर कहे जाने वाले कला-विज्ञानी तो वाह-वाह करें, किन्तु सहृदय आजाद हिन्दुस्तानी अवाम भौचक्का होकर कवि का मुँह ताके। यों नागार्जुन के यहाँ भी कुछ जाने-पहचाने परिचित चेहरे हैं—गीतकार शैलेन्द्र, कवि राजकमल चौधरी, वह जया नाम की एक लड़की और कुछ और।

उन्होंने कभी उस अवाम का अपमान नहीं किया, जो उन्हें अक्सर आम सड़क पर, मेले-ठेले, बाजार में या फिर गाड़ी के दूसरे-तीसरे डिब्बे में अपनी कशमकश जिन्दगी का सफर पूरा करते हुए मिलता रहता था। विपरीत इसके नागार्जुन उस भीड़ में घुल-मिल जाते थे, ठीक उस आदमी की तरह, जो कभी भी बाहरी नहीं लगता। हाँ, वे 'आउट साइडर' लगते थे, लेकिन कहाँ, जहाँ चाकचिक्य हो, आडम्बरी सुगन्धें हो, नकली चेहरों वाली जमाते हों, पाखण्डवादियों के जमघट हों। वहाँ वे सचमुच बाहरी आदमी हो उठते थे।

रूप-रंग-गंध-स्पर्श, स्वाद और स्वर का ऐसा जादुई और अनोखा जमघट उनके चेतन-अस्तित्व में था कि बी.बी.सी., बांग्लादेश, पीकिंग, मास्को, ईराक और ईरान की बतकही और राग-रागिनियों को लेटे-लेटे सुनना, किशोरियों को बगल में बिठा उनसे तरह-तरह से बतियाना, किशोरों को पंचतांत्रिक शैली में जीवन का अर्थ समझाना, युवतियों को पुलकित होकर अपने बतरस का सुख देना, बड़े-बूढ़ों के बीच रामायण, भागवत, महाभारत, उपनिषद के प्रसंग उठाकर उसकी व्याख्या करना और बचपन और जवानी के दिनों के मिथिलांचली दोस्तों के साथ बैठकर वरुण के बेटे, उग्रतारा, बाबा बटेसर नाथ के कच्चे कथानकों को इकट्ठा करना-उनके लेखक की फितरत थी और उनके छन्दों का संगीत तो अद्‌भुत था। देखने में बेहद ऊटपटाँग और औघड़ से जान पड़ने वाले, दमा के सनातन मरीज होने के नाते ठण्डे पानी के प्रयोग से बचना और उससे जुड़े स्वच्छतावाद को झुठलाते रहने के बावजूद वे जैसी साफ-सुथरी और व्यवस्थित सुरुचि वाले आदमी थे कि सब्जी या दाल के स्वाद में किंचित इधर-उधर का अनुभव होते ही भड़क उठते।

एक घटना याद आती है। मेरी अनुपस्थिति में मेरा एक शोध छात्र उनका

भोजन तैयार करने में लग गया। उसके पिता जिला स्तर के आयुर्वेद के चिकित्सक थे। बाबा भोजन करने बैठे, तो पहले ही कौर के बाद बोले—'अरे भाई! तुम्हारा यह छात्र तो आयुर्वेद दशानन है।' इतना कह चुप हो गए और आधा ही भोजन करके उठ गए। वैसे तो वे मितभोजी थे, किन्तु दिन-भर का उनके भोजन का कोर्स (खाद्यक्रम) बहुत व्यवस्थित और विविधतापूर्ण था। अमरूद में उनकी जान बसती थी। अमरूदों की भारी भीनी गन्ध और मिठास इस बार उन जैसे स्वादसिद्धों के बगैर अनाथ जैसी हो जायेगी। पपीते उदास रहा करेंगे। बथुआवाली छिलका मूंग दाल अपनी सार्थकता खो बैठेगी। क्यों? क्योंकि चीजें भी अपने उपभोक्ताओं को नहीं, स्वाद-पुरुषों को पहचानती हैं। नागार्जुन यह थे। इसलिए ऐसे लोगों का जाना थोड़ा-बहुत इन चीजों के सौन्दर्य और सार्थकता का खत्म-सा हो जाना भी है। वे इनके पण्डित भी थे, भोक्ता और स्वामी भी।

यों उन्हें दूर से देखकर उनकी कोमलता समझ में नहीं आती थी, पर पास बिठाकर वे आपकी हथेली अपनी हथेलियों में ले लिया करते। तब पता चलता कि उनमें कितनी कोमलता है और इसमें कैसी दुर्लभ और विस्मयकारी जीवन-ऊष्मा है।

उनका समूचा अस्तित्व एक ठेठ हिन्दुस्तानी का था। ठीक गाँधी और प्रेमचन्द की तरह। माखनलाल चतुर्वेदी, शरतचन्द्र, काज़ी नजरुल इस्लाम जैसा, पर इन सबसे वे एक मायने में बहुत अलग भी थे। अपने यहाँ साधु-महात्मा जैसे (धार्मिक?) भण्डारे कराते हैं, वे साहित्यिक भण्डारे करवाते रहा करते थे। यानी कि साहित्यिक शिविर। नजीबाबाद में देवराज आदि, धनबाद में कथाकार संजीव के मार्फत और कलकत्ता में शंभुनाथ और अन्य युवा लेखकों को निर्देश देकर। दूर-दूर के युवा लेखकों को इकट्ठा करवाकर आपस में मिलना-जुलना, विचारों के आदान-प्रदान करने की संस्कृति पनपाने के वे कायल थे। साहित्य के जाने-माने दुर्दम मठों और उस्ताद अखाड़ों के मरुओं के बीच वे जैसा मरुद्यान लहलहाता देखना चाहते थे, ये 'शिविर' उसके अन्यतम उदाहरण कहे जा सकते हैं।

कालिदास, विद्यापति, जयदेव के अनुवादक के रूप में, मैथिल कवि-कथाकार यात्री जी, केलानिया (श्रीलंका) के बौद्धमठ के दर्शनाचार्य और कालान्तर में बौद्ध भिक्षु नागार्जुन, बिहार किसान आन्दोलन के कार्यकर्त्ता और राजबन्दी, फिर गृहस्थाश्रमी वैद्यनाथ मिसिर उर्फ नागार्जुन। इन्दिरा गाँधी की प्रशासनिक असफलताओं के खिलाफ जय प्रकाश नारायण, फणीश्वर नाथ रेणु और बिहारी जनता और क्रांतिकारी (?) युवावाहिनी के साथ सड़कों पर कविता का बाण

लेकर उतर पड़ने और उसी कारण फिर जेल में डाल दिए जाने वाले कवि का जेल से छूटकर अडिग और अविचल रहकर ठीक वही फक्कड़ानी तबीयत, औघड़बानी और गैर-पस्त हिम्मती, अपने को कदम-कदम पर रेखांकित करती रही, तो मानना होगा कि हिन्दी में अभी भी कालजयी सन्तों की परम्परा बदस्तूर बची हुई है और नागार्जुन उसके सबसे ताजा अध्याय थे। सन्तों की-सी ही रहन-सहन, उन्हीं जैसी बोली-बानी, वैसा ही सरल-सहज, जहाँ-तहाँ उदधि-गम्भीर-सुविशाल भाव लोक और मनमौजी पण्डिताई- बड़े बड़ों की बुद्धि को चकित कर डालने वाली काव्योक्तियाँ; और कल्पना तो ऐसी कि समाज बदलने की क्रान्ति करने वालों को भी पसीना छूट जाए।

लोक विरोधी प्रतिगामी आन्दोलनकारियों के प्रत्युत्तर नागार्जुन और परसाई के पास तो थे पर उनके पास क्यों नहीं देखे जाते; जो दिन-भर प्रतिगामियों के खिलाफ भड़ास निकाला करते हैं। क्यों यह वामपंथी समूह प्रतिआन्दोलन और प्रतिआधुनिकता नहीं खड़ा कर पाता? नागार्जुन के शब्द-शब्द में यही सन्देश संकेत रूप में भरा है। आजादी के बाद के राजनीतिक, सामाजिक, सांस्कृतिक जीवन के श्रेयकारी, मांगलिक तथा ध्वंस योग्य अमंगलकारी और वधनीय रूपों का जैसा गद्य-पद्य-काव्यगत विस्फोट और मुलम्मामुक्त सौन्दर्य इस कवि की सर्जना में है, उसका प्रामाणिक बोध तभी सम्भव है, जब इस देश की क्रांतिकारी विरासत और बौद्धिक तेज को समझा जा/। इसकी अनुपस्थिति में सब धान बाइस पसेरी और सब गुड़ गोबर।

नवशास्त्रवादियों और अन्धपरम्परावादियों के लिए यह सर्जक हमेशा एक मुश्किल चुनौती रहा है, आगे भी रहेगा।

आधुनिक हिन्दी कविता का नव दुर्वासा कवि नागार्जुन

तरंग में आने पर पुलकित हो कवि नागार्जुन कई रहस्यपूर्ण बातें पुरखों को लेकर बताया करते। ऐसी ही एक सुबह चाय पीने के तत्काल बाद उन्होंने कहा—'जानते हो विजय बाबू! उस ऋषि का नाम दुर्वासा क्यों पड़ा?' मेरी अज्ञानता भाँप उन्होंने कहना शुरू किया—'सब भारतीय ऋषियों में दुर्वासा ही अकेले ऐसे थे, जिनके गुस्से और कटु सत्य कहने का कोई ठिकाना नहीं था। इसीलिए लोग-बाग उनसे घबराते थे। कब, किसको क्या कह दें। तभी तो उनके बारे में राय बनती चली गई कि इनको दूर रखने में ही भलाई है। मीठा सच बोलकर पास रहने वाला भला दुर्वासा कैसे हो सकता है। दुर्वासा में कटु सत्य बोलने की यह आदत हद दरजे की थी। गुस्सैल तो वे थे ही।'

नागार्जुन, जिन्हें हम सब आदर और प्यार से 'बाबा' कहा करते, उन्हीं से मैंने जब कहा—'आप भी तो बहुत गुस्सैल हैं और तीखा और कड़वा बोलने में आपका भी कोई जवाब नहीं, तो उन्होंने सहजता से हामी भरते हुए कहा—'हाँ! पुराने ऋषियों में मेरा मूड अगर किसी से मिलता है, तो वह दुर्वासा ही हैं।'

मैंने याद किया तो पाया भी कि नागार्जुन अपनी एक कविता में ऐसा लिख भी चुके हैं–'नव दुर्वासा, शबरपुत्र मैं, शबर पितामह...महासिद्ध मैं, मैं नागार्जुन... हिंसा मुझसे थर्राएगी, मैं तो उसका खून पियूँगा/प्रति हिंसा ही स्थायी भाव है मेरे कवि का/ जन-जन में जो ऊर्जा भर दे, उद्‌गाता हूँ उस रवि का।'

यह कविता उन्नीस सौ उन्यासी की है। इसके पहले नागार्जुन आपातकाल का विरोध करते हुए जेल काट आए थे। जवानी के दिनों में भी स्वामी सहजानंद और महापण्डित राहुल के आवाहन पर बौद्ध भिक्षु का चीवर उतार कर, किसान आन्दोलन में कूद पड़े थे। घर में अपराजिता देवी, जवान पत्नी की तरह बैठी इन्तजार कर रही थीं और नागार्जुन थे कि श्रीलंका के युवा बौद्ध भिक्षुओं को

धर्म और दर्शन पढ़ा रहे थे। निजी सुख-दुःख और घर-परिवार से कहीं बड़ी चिन्ता उनकी दीन-दुनिया की थी। न होती, तो आजादी के ठीक बाद के बरसों में वे पाँचपूत भारतमाता के जैसी त्रासद और हृदय-विदारक कविता कैसे लिख पाते। अक्सर उनकी बादल को घिरते देखा है, सिन्दूर तिलकित भाल, कालिदास सच-सच बतलाना, प्रेत का बयान और अकाल आदि कविताओं का जिक्र करते हुए इस कविता को हल्की-फुल्की समझ दरकिनार कर दिया जाता है, पर यह वह कविता है, जिससे नागार्जुन की प्रौढ़ राजनीतिक समझ और भाव भावपूर्ण राष्ट्रीयता का पता लगता है। पाँच की संख्या वाले भारतमाता के पूतों की दुखद और विडम्बनापूर्ण कहानी सुनाती हुई यह कविता गाँधी, सुभाष, जिन्ना, नेहरू आदि की याद दिलाती है। अपने ताकतवर बयान से यह भी सूचित करती है कि इन पूतों के मार्फत जो सपना देखा था, वह पूरा हुआ ही नहीं। कविता की आखिरी पंक्तियाँ हैं—'दो बेटे भारतमाता के, छोड़ पुरानी टेक/चिपक गया है एक गद्दी से, बाकी बच गया एक। एक पूत भारत माता का, कन्धे पर है झण्डा/पुलिस पकड़ के जेल ले गयी बाकी बच गया अण्डा।' कविता पढ़ते हुए ये इशारे तो मिलते ही हैं कि आजादी के लिए प्राणपण से लड़ने वालों का क्या हुआ और खुद आजादी भी अब इस देश में कितनी बची? जनता का राज तो आया नहीं, पुलिस-राज जरूर आ गया।

नागार्जुन एक कवि के रूप में सिर्फ इतना ही नहीं कहते। वे सच्चा कवि उसे ही मानते हैं, जो सत्य के लिए सतत संघर्ष करे। उन्होंने यह किया कि नहीं, इसे जानने वाले जानते हैं। देखने वालों ने देखा भी है।

आज यह सवाल किया जा सकता है कि क्या कारण है कि वे क्रांतिनायक माओ को भी गालियाँ देने पर उतर पड़े और नेहरू—जैसे देश-प्रेमियों की चमक-दमक से पराभूत और अभिभूत नहीं हुए, आओ रानी हम ढोएँगे पालकी/यही हुई है राय जवाहर लाल की/रफ करेंगे फटे-पुराने जाल की/...जय ब्रिटेन की जय हो इस कलि काल की—लिखने वाले कवि नागार्जुन ही थे। इतना ही नहीं, उन्होंने तो यहाँ तक लिखा—झुकती स्वराज्य की डाल और तुम रह जाते दस साल और। यह तीखा सच अगर कोई हिम्मत के साथ कह सका, तो वह कवि यही था।

आज़ाद भारत में नागार्जुन जैसी असाधारण प्रतिभाओं को क्यों दर-दर भटकना पड़ा, क्यों कुर्सियों और पीठों से दूर रहना पड़ा, क्यों हिन्दी कवि के रूप में साहित्य अकादमी ने उन्हें पुरस्कार लायक भी नहीं माना, क्यों एक दोयम दरजे के अफसर कवि ने उन्हें दूसरी श्रेणी का कवि तक कह डाला? कारण सिर्फ

यह कि नागार्जुन साहित्य की साठ-गाँठ वाली राजनीति करने के बजाय लोक समर्पित मूल्यों और विचारधारा की गहरी राजनीति करते रहे। यह संघर्ष की राजनीति थी, जिसमें पाना तो कुछ खास नहीं, खोना ही खोना था।

यह भी नागार्जुन ही थे, जिन्होंने अपनी प्रगतिशील बिरादरी का साथ छोड़ इन्दिरा गाँधी की तानाशाही के विरुद्ध कविताएँ लिखीं और इस नुक्कड़ पर उनका पाठ किया। ऐसा किया, तो वे जेल में भी डाले गए। जहाँ सारी बिरादरी वाह-वाही में लगी थी, साथी कवि चुप्पी साधे हुए थे, नागार्जुन सींखचों के भीतर रह लिख रहे थे–

चन्दू, मैंने सपना देखा, इम्तिहान में बैठे हो तुम
चन्दू, मैंने सपना देखा, पुलिस-मान में बैठे हो तुम
चन्दू, मैंने सपना देखा, तुम हो बाहर, मैं हूँ बाहर
चन्दू, मैंने सपना देखा, लाये हो तुम नया कलैण्डर

नागार्जुन की कविता जीवन के इसी इम्तिहान में बैठकर समय के कड़वे सच को दर्ज करने की साधना में लगी रही। वे यह कैसे भूल सकते थे कि लोक-कवि (लेखक मात्र) की पहली प्रतिज्ञा 'सत्य कहहुँ लिखि कागज कोरे' की है। काव्य-विवेक और उससे जुड़ी सफलताओं की योजना बनाने से श्रेयस्कर है, जमाने के तीखे सच की रक्षा के लिए सच कहने का साहस दिखाना। कवि नागार्जुन में यह साहस हद दरजे का था। सम्भवतः इसीलिए वे अपने कवि का सम्बन्ध दुर्वासा-जैसे ऋषियों से जोड़ा करते। प्रश्न यह कि–क्या इस साहस के बगैर भी काव्य-सत्य की रक्षा सम्भव है? उत्तर होगा–कभी नहीं।

अनभिजात का क्लासिक

यह सन् 1970-71 का साल था। मैं स्टेशन रोड के भँवरलाल माँगीलाल वाले मकान को छोड़ 48, स्वर्णकार कॉलोनी वाले मकान में आ गया था। यही दिन थे जब मैं आचार्य रजनीश (तब तक वे ओशो नहीं हुए थे) की किताबों–ख़ासतौर से 'समाजवाद से सावधान', 'संभोग से समाधि' आदि–में बुरी तरह डूबा हुआ था। उन्हीं दिनों बंगलादेश का मुक्ति संग्राम भी चल रहा था। कवि श्री नागार्जुन अपने विदिशा प्रवास पर थे। रजनीश की किताबों में जासूसी उपन्यास की तरह मुझे बुरी तरह डूबा देख एक दिन वे बिफर पड़े–"तुम इस आदमी को क्या पढ़ते रहते हो?"

"मुझे यह आदमी अपने तर्कों में अच्छा लगता है। इसकी सोच के प्रति असहमति होने पर भी इसमें दम दिखता है।"–मैंने कहा।

वे किंचित क्षोभ से भरकर बोले–"ऐसा क्या है इसमें?" मैंने कहा–"जब आपने इस आदमी को पढ़ा ही नहीं है तो मैं क्या बताऊँ। आप खुद पढ़कर देख लीजिए।"

उनका पारा थोड़ा उतरा–"अच्छा! कल आप ये किताबें मेरे सिरहाने रख दो। मैं पढ़कर देखूँगा।'

मैंने वैसा ही किया। दो दिनों तक वे उन किताबों को उलटते-पुलटते रहे। तीसरे दिन की सुबह उनका आदेश हुआ–"विजय बाबू! इन्हें उठा लो।" मैंने उठाकर उन्हें फिर अपने शयन-कक्ष-स्वाध्याय कक्ष में रख लिया।

शाम की चाय पर मैंने उन्हें छेड़ा–"बाबा! आपने कुछ कहा नहीं...?" वे जैसे कुछ असमंजस की स्थिति में हों और कुछ नहीं कहना चाहते हों। तब तक चाय का प्याला लाकर मैंने उनके सिरहाने रख दिया था। दोपहर की नींद से अभी-अभी उठकर वे चहलकदमी सी करने लगे थे। कमरे में दो-एक बार अलट-पलट करते हुए उनके मुँह से फूटा–(इस तरह जैसे कि वे अपने पुरखों के बारे में कह रहे हों)–"हाँ! यह तीन मकार तक तो पहुँच ही गया

है।'' मैंने उन्हें चकित होकर देखा। आगे का वाक्य भी सुना–''ये नाथों और सिद्धों की परम्परा का आदमी है। पर इससे समाज को क्या मिलता है। वो जो खाते-पीते, निर्बन्ध आज़ादी खोजते फिरते लोग हैं, भूख और गरीबी जिनकी समस्याएँ नहीं हैं, यह आदमी उनका अगला धर्मगुरु बनेगा।''

मैं उन्हें सुनता रहा। थोड़ा-बहुत संतोष भी हुआ उनकी टिप्पणी सुनकर। यह भी कि मैं एकदम से अपठनीय तो नहीं पढ़ रहा था। वे फिर कुछ बोले भी नहीं कि मैं उन किताबों को पढ़ूँ या नहीं। मुझे तो वे किताबें अपने विलक्षण-गद्य के चलते बाँधे रखती थीं। यह वह व्याख्यान शैली थी, जिसमें एक पारंगत आचार्य अपने श्रोताओं को बेहद भरोसेमंद ढंग से सम्बोधित करने और उनके चित्त में प्रविष्ट कर जाने की कला जानता था। अध्यापक होने के नाते मैं उससे यह कला सीख लेना चाहता था। किन्तु एक सवाल के जवाब में मुझे समझाते और लगभग मेरा दिमाग फेरते इस सन्दर्भ में उन्होंने कहा था–''तुम जो रजनीश (तब वे ओशो नहीं हुए थे) में गर्त हो रहे हो, यह भी सोचो कि उसकी सोच किस दिशा में और किसके पक्ष में तुम्हें ले जाती है।'' मैंने जब यह प्रतिप्रश्न किया कि तब किसकी सोच जनोन्मुख है, उन्होंने निर्द्वन्द्व हो कहा–''लोहिया की।'' उनके शब्द हैं–''कैसी भी बात हो उसे हम इसी कसौटी पर कसेंगे जो बहुजन (तब यह शब्द किसी राजनीतिक सत्तादल के विशेषण के रूप में मौजूद नहीं था) समाज की तात्कालिक आवश्यकताओं को पूरा करने की दिशा में हो।''...अपने यहाँ रजनीश बहुत बिकते हैं पर उनकी बौद्धिकता जनोन्मुख नहीं है। इस तुलना में लोहिया अलग किस्म के बुद्धिजीवी थे और इसीलिए वे गाँधी की परम्परा को तीन टुकड़ों में बाँटते हुए अपने को बिगड़ा हुआ या कुजात गाँधीवादी कहते थे। रजनीश नये अभिजातवादी हैं। उनके शब्द हैं–''अपने यहाँ श्रमविमुख चिन्तनपूर्ण संस्कृति रही है–लोहिया जैसे बुद्धिजीवी ने संस्कृति के केन्द्र में उस आबादी को प्रतिष्ठित करने की पहल की जिसकी पहचान श्रम पर टिकी हुई है। इसी सिलसिले में उन्होंने यह वाक्य कहा जो अभी तक मुझे भूला नहीं है–जानते हो, अभिजात प्रधान चिन्तन, प्रमुखतः जो वर्णाश्रम का ढाँचा है उसके कारण ही हज़ारों मुसलमान बन गए। इस कसौटी पर गाँधी जी बिल्कुल अलग खड़े दिखाई देते हैं। यानी लन्दन का पढ़ा-लिखा बैरिस्टर लँगोटी लगाकर या घुटने तक धोती पहनकर देहातियों के साथ रहने लगता है।'' आगे के उनके शब्द थे–''भावात्मक एकता केवल शब्दों से नहीं होती, उसके लिए आचरण ज़रूरी है। यह तो ऐसा ही है कि कोई कोढ़ी आदमी चन्दन लेप ले और घर से निकले।''

उनकी इसी यात्रा में मैंने अनुभव किया कि वे अपने प्रति हिन्दी आलोचकों की चुप्पी और विमुखता को लेकर बेहद उदास हैं। क्षुब्ध भी कुछ कम नहीं। रामविलास शर्मा का ऐतिहासिक लेखन–'निराला की साहित्य साधना'–तब तक प्रकाश में आने लगा था। हमारी उनकी बातचीत प्रायः शाम की चाय पर ही हो पाती।

जानने वाले जानते हैं वे बगैर किसी भूमिका के बोलना शुरू कर दिया करते थे। ऐसी ही एक शाम, जैसे ही चाय का कप मैंने उनके बिस्तार से सटे स्टूल पर रखा, वे अपने आप शुरू हो गए–"विजय बाबू! निराला मेरे आदरणीय हैं, बहुत बड़े कवि हैं, मैंने खुद उन पर एक छोटी-सी पुस्तिका लिखी है, तुमने देखा ही होगा, पर जो लोग निराला के प्रेमी हैं, वे मुझे कभी भी पसन्द नहीं कर पाएँगे। मैं निराला जैसा कवि नहीं हूँ। मेरा गोत्र दूसरा है!"

जिज्ञासा को विनम्रता से भरकर मैंने पूछा–"ऐसा क्यों बाबा?" "ऐसा इसलिए कि निराला में ढेर सारा अभिजात है। भाषा से लेकर सोच तक। इसलिए वे अभिजातों के ड्राइंग रूम में आसानी से पहुँचकर शोभा पा जाएँगे। पारम्परिक संस्कृति की सुगंधें उनके यहाँ काफी हैं। दुर्गा-काली-सरस्वती जैसी देवियाँ हैं। फिर तुलसीदास हैं। राम हैं। ये सब किस हिन्दू को अच्छा नहीं लगेगा।"...इतना कह वे थोड़ी देर जैसे सावधानी के अँधेरे में चले गए। लेकिन जल्दी ही वापस लौटे–"मैं तो औघड़ गोत्र का कवि हूँ। मेरे यहाँ तो इन मिथकों और प्रतीकों की ऐसी-तैसी की गई है। इनका जन-विरोधी अभिजात चेहरा उतार लिया गया है। मेरी कविता की आबादी में छिपकलियाँ हैं, चूहे हैं, चक्की-चूल्हा है, मादा सुअर, कोढ़ी गूलर, भुखमरी और कंगाली है। इससे अभिजातों का ड्राइंग रूम कैसे सुशोभित होगा, तुम बताओ।" वे जैसे मुझसे हुंकारी भर नहीं, हामी भी भरवाना चाहते हों।

मैंने ध्यान दिलाया–"चाय तो एकदम पानी हो चुकी होगी। आप देख लीजिए, नहीं तो दुबारा गरम कर लाऊँ।" उन्होंने कप उठा होठों से लगा लिया। चाय खत्म करते-करते उन्हें फिर निराला ने घेरना शुरू किया तभी मैंने एक जिज्ञासा और रख दी–"आप तो कई बार उनसे मिले होंगे, सुनते हैं उनका व्यवहार कभी-कभी बेहद अप्रत्याशित हुआ करता था।"

"हाँ! लेकिन वे आदमी बहुत बड़े थे। ख़ासतौर से मैथिलीशरण गुप्त वगैरह की तुलना में।" फिर रुके और चेहरे पर अजीब सी आभा प्रकट करते बोले–"तुम्हें एक दिन का क़िस्सा सुनाता हूँ। वह शायद इतवार का दिन था। मैं मिलने गया तो कहा–"नागार्जुन! तुमने कभी रोगन सुर्ख़ खाया है?"

मैंने कहा–''नहीं!'' बोले–''जाओ आधा-तीन पाव गोश्त ले आओ। आज मैं बनाकर तुम्हें खिलाता हूँ।'' मैं गया और ले आया। फिर कहा–''जाओ शुद्ध देशी घी ले आओ और मसाला भी।'' मैं वह भी ले आया। उन्होंने बनाना शुरू किया और जब उसकी महक फैलनी शुरू हुई तो पुलकित हो पूछा–''कहो! कैसा बन रहा है।'' मैंने तारीफ की तो कहा–''खाओगे तब देखना।'' थोड़ी देर में कहा–''हाँ! अब बनकर लगभग तैयार है। वो कटोरा रखा है न! उठा लाओ।'' मैंने खाली कटोरा लाकर उनके पास रख दिया तो उसे भरकर बोले–''जाओ इसे वहाँ पड़ोस में दे आओ।'' लौटा तो फिर कहा–''दो-चार बोटी उन्हें भी दे आओ।'' मुझे तो वैसा करना ही था, पर यह चिन्ता भी सताने लगी थी कि फिर हम दोनों के लिए क्या बचेगा। लौटने पर प्रसन्नता से भर कहा–''आओ! अब खाया जाय।'' लेकिन दो-चार बोटियाँ ही बची थीं, जैसे कि चटनी हो और वे मुझसे बार-बार पूछ रहे थे–''क्यों! कैसा बना है...? कभी ऐसा स्वाद चखा है?'' बना तो सचमुच अद्‌भुत ही था पर सब तो बाँटा जा चुका था...। शिकायत भी उनसे कैसे की जा सकती थी। फिर कुछ याद सा करते बोले–''तभी तो निराला थे वे।'' मैंने थोड़ी ढिठाई की–''आपने कोई प्रतिवाद नहीं किया उस वक्त।'' वे फुनके–''तो क्या वे मेरे प्रतिवाद की फिकर करते? तुमने सुना नहीं उनका गुस्सा कैसा था?''

मैंने बात के टूटे हुए छोर को फिर पकड़ने की कोशिश की–''ये जो आप निराला से अपना अलगाव बता रहे हैं, वह तो ठीक पर ज़्यादातर आलोचना तो यही कहती चल रही है कि चाहे प्रगतिवाद हो चाहे प्रयोगशीलता सबकी शुरुआत निराला से होती है। यहाँ तक कि नई कविता और नवगीत की भी?''

अब आलोचना भी एक सुविधाजनक खेल है। उसकी भी अपनी राजनीति हुआ करती है। कोई-कोई ही ऐसा आलोचक आता है जो यह सब पहचान पाता है। निराला और प्रसाद जिस भारतीय संस्कृति के कवि हैं, वह उनकी काव्य-दृष्टि में रक्त की तरह प्रवाहित है। मैं मानता हूँ वह एक चेहरा है हमारी संस्कृति का लेकिन वह अभिजात चेहरा है। निराला जिस लिए जाने जाते हैं वह छायावादी सौन्दर्य-दृष्टि है। उसमें उदात्तता है। हमारी कविता तो एक प्रकार से अनुदात्त सौन्दर्यबोध की कविता है। सामान्य और तुच्छ जनों की, गँवई जीवन-बोध की कविता। मुझे याद नहीं निराला ने कहीं गाँव-गँवई धूल को चन्दनवर्णी कहा हो। वे कुकुरमुत्ता पर ज़रूर रीझे हुए हैं, बल्कि उसे नेहरू आदि के विरुद्ध एक हथियार के तौर पर इस्तेमाल करते हुए लगते हैं। इससे ज़रूर उनकी अपनी भाव-सीमा का विस्तार होता है पर असली निराला

तो यह नहीं हैं। वे तो छायावादी निराला ही हैं। अद्वैत वेदान्त वाले, परिष्कृत अभिरुचियों वाले, वीणावादिनी से ही 'नवगति, नवलय, ताल छंद नव' की याचना करने वाले।...

इतना कह वे थोड़ा रुके–"अब तुम देखो, उनकी 'राम की शक्ति पूजा' क्या है? इसे पढ़ते हुए पाठक के किन संस्कारों की पुष्टि होती है? यही न कि मनुष्य का बड़ा से बड़ा पुरुषार्थ भी देवताओं (अथवा देवियों) की कृपा पर निर्भर है। मैं ऐसा नहीं सोच पाता। निराला काली माई को कभी भी गाली नहीं देते। मैंने तो खुलेआम दिया है–'नंगी हो माँ तुम पर पागलपन सवार है।"

"फिर आपका निराला से क्या कोई वास्ता बनता है?" मैंने पूछा। "सोचो तो बनता भी है और नहीं भी बनता। वे संवेदना की बहुत सारी जगहों तक जाने की पहल करते हैं। हिन्दी कविता के जातीय संगीत को फिर से रचने का उद्यम करते हैं। वे भले ही मुक्त छन्द के प्रवर्तक माने जाएँ किन्तु गेय छन्दों की जैसी समर्थ विविधता और विपुलता उनके यहाँ है, उसका मुकाबला तो कोई दूसरा नहीं कर सकता। हिन्दी कविता उनके काव्य-पौरुष से चमत्कारिक ढंग से समृद्ध हुई है। भाषा के इतने रूप और प्रकार, कल्पना की इतनी छटाएँ, काव्य-शैलियों की विपुलता और इस तरह आकार ग्रहण करते एक स्वच्छन्द राष्ट्र की सारी आकांक्षा और स्वप्न उनकी काव्य-ऊर्जा बनकर फूट पड़े हैं। यह सब उनका आदर्शवाद है, यह तो तुम जैसे नौजवान अध्यापक को समझ में आना चाहिए।"

साँस लेकर फिर कहना शुरू किया–"मैं तो नेहरू के ज़माने में ही न जाने क्यों ठगा-सा रह गया था। आम आदमी की आज़ादी तो आई नहीं थी। तमाम सामन्त और धनकुबेर उस पर पहले से काबिज हो उठे थे। नहीं तो एक कवि को यह कहने की ज़रूरत क्यों पड़ती कि उसके सपने भुने हुए पापड़ों की तरह टूट गए। तब मैं इस हवाई आदर्शवाद के भरोसे कैसे बैठ सकता था।"

उन्होंने मुझे नए सिरे से सम्बोधित किया–"सुनते हो! निराला बहुत निश्छल और भोले इंसान थे। उनकी भावनाएँ बहुत पवित्र थीं। उच्छ्वास भी कोई कम नहीं था उनमें। पर वे उस राजनीति से काफी अलग-थलग जा चुके थे जिसे नेहरू आदि कर रहे थे। तब भी यह तो उन्होंने लिखा ही कि 'भर गया है जहर से संसार जैसे हार खाकर।'

"मैं सिर्फ़ इतने भर से सन्तुष्ट होकर नहीं रह जाना चाहता। मैं उस सारी आबादी को अपनी कविता के मार्फत पुकारना और एकत्र करना चाहता

हूँ जो ठगी जा रही है और अधिकार वंचित है। मेरे लिए इससे कोई फ़र्क नहीं पड़ता कि मेरी कविता का चेहरा-मोहरा सुडौल और सुरम्य है अथवा नहीं। या कि उसमें अटपटापन और खुरदुरापन है या फिर वह किसी औघड़ की भाषा लगती है। उसमें चिकनापन और शालीनता नहीं है, इसकी जगह ठोस गालियाँ हैं। आक्रमकता है। हमारे-तुम्हारे की आमने-सामने की बात है। फक्कड़पन और बेधड़कता है। तो मैं क्या करूँ? मैं उस मध्यवर्ग की बिरादरी में नहीं घुसना चाहता जहाँ कविता और साहित्य अपना एक स्वायत्त लोक बना चुके हैं। मेरी कविता तो गाँव से आई हुई एक वह चिट्ठी है जिसे सारे परदेशी मजदूर अपने ठेलों-रिक्शों पर बैठ किसी से बँचवा कर एक साथ सुन रहे हैं। मेरी संवेदना का क्षेत्र यही है। मटमैला जीवन, मैले-कुचैले लोग, गरीबी और भूख की मार झेलते हुए जिन्हें ठस्स प्रगतिवादी दृष्टि ने एक रूढ़ काव्य-विषय बनाकर छोड़ दिया है। यह दृष्टि यह भी नहीं समझ पाती कि इनके जीवन-बोध में कातरता या निरीहता के लिए कोई जगह नहीं है। इन पर करुणा की बौछार करने की ज़रूरत नहीं। विपरीत इसके इन्हें सज्ञान और सचेत करने की ज़रूरत है। मैं चाहूँ तो 'बादल को घिरते देखा है' जैसी और कई कविताएँ लिख सकता हूँ। तुमने मेरी प्रकृति सम्बन्धी कविताएँ पढ़ी हैं, मेरे गीतों को भी देखा है, यहाँ मैं निराला का फालोअर हूँ पर मेरी अपनी निगाह वहाँ भी स्वाधीन है। निराला भव्य और दिव्य की सृष्टि करते हैं। उनकी कविता में एक दैवीपन है। मेरी कविता यह सब अफोर्ड नहीं कर सकती। बनारस के अपने अध्ययन काल में यह सब पाखण्ड मैंने खूब देखा है। निराला तो राम-कृष्ण परमहंस के मठवासी संन्यासियों के बीच रहे थे। वे कभी-कभी रवीन्द्रनाथ तो कभी विवेकानन्द होकर रहना और जीना चाहते थे। मेरी तो यह इच्छा कभी नहीं हुई। मैं तो चाहता हूँ मैं किसी औघड़ कवि सा होकर जिऊँ और दुर्वासा की तरह जितना कड़वा सच बोल सकूँ, बोलूँ। मीठे का असर तो अब होता नहीं दिखता। मीठे को डकार जाने और पचा लेने की कला इन लोगों ने खूब सीख ली है। विजय बाबू! एक बार वे परसाई को पचा लेंगे, क्योंकि उनमें हास्य भी खूब है पर मुझे वे कभी भी पचा नहीं पाएँगे। मेरा स्वाद बेहद कसैला है।''

''तब क्या आपके यहाँ कुछ भी कोमल और मधुर नहीं है?'' प्रश्न था मेरा।

वे चौंके और पलटे-''अगर मेरे भीतर कोमल और मधुर का बोध नहीं होता तो मैं इतना गुस्से में क्यों आता। 'सिन्दूर तिलकित भाल/अबकी मैंने/ यह तुम थी/झुक आए कजरारे मेघ/पुलकित कदम्ब/या कालिदास सच-सच

बतलाना'–यह सब क्या है। मेरी कोमलता की इन्तिहा देखनी हो तो वो पंक्ति याद करो–'झुका रहा डालें फैलाकर/कगार पर खड़ा कोढ़ी गूलर/ऊपर उठ आई भादों की तलइया/ जुड़ा गया बौने की छाल का रेशा-रेशा/यह तुम थीं।' यह भी देखो–'अब की मैं जी-भर सुन पाया/धान कूटती किशोरियों की कोकिल कंठी तान-बहुत दिनों के बाद।' मेरा मन अगर इस सबमें बसा और डूबा नहीं होता और मैं एक कवि के रूप में विराग से भर उठा होता, फिर तो मेरी सारी कविता विचारधारा मात्र बचती। जीवन के अनुभवों की शायद ही कोई ऊष्मा वहाँ मेरे पाठकों को महसूस होती। पर ऐसा नहीं है। मेरे शब्द अभी-अभी भट्ठी से निकाले गए अंगारों की तरह धधकते हैं। वे जब तक रहेंगे इसी तरह रहेंगे। मेरा यह ताप ही मेरी पक्षधरता और मेरी विचारधारा है। बच्चन लिखते रहे–'लिखे मधुगीत मैंने हो खड़े जीवन-समर में।' मैं तो दरिद्रता, भूख, गरीबी, अकाल और अभाव के लोक में जीता रहा हूँ, मुझसे यह उम्मीद क्यों की जानी चाहिए कि मैं भी मधुगीत लिखूँ। विपरीत इसके मेरी कविता संहारक मुद्रा वाली कविता है। वह लड़ाकू कविता है। एक चौकन्नी और सजग फौजी टुकड़ी की तरह वह रात की रात जागती रहती है। उसमें बेचैनी है। तुम इस जागने को कविता नहीं तो और क्या नाम दोगे?''

मैंने खिड़की से बाहर की ओर नज़र दौड़ाई। शाम की धूप गली में से सरक कर छतों पर जा खड़ी हुई थी। सूरज ललछौंह होने लगा था। नागार्जुन बुरी तरह थक चुके थे। मैंने उनके सामने पानी का गिलास लाकर रख दिया था, फिर भी वे कमरे में टँगी निराला की तस्वीर देखते हुए ऐसे खड़े थे जैसे कह रहे हों–अच्छा तो तुम निराला हो। लेकिन मैं भी तो अर्जुन नाग हूँ। तुम इसलिए दु:खी हो कि ब्राह्मण के बीच अछूत-सी स्थिति क्यों है तुम्हारी। पर मैंने तो उस समाज का ही परित्याग कर अपना समाज लिया है। मैंने उस समाज को लेकर जो लिखा है उसकी भाषा का तेवर यह है–ओ महामहिम महामहो उल्लू के पट्ठे...।

यह एक ऐसी शाम थी जिसमें एक कवि शताब्दी के कवि निराला से अपने रिश्तों को हिगारता हुआ हिन्दी के एक अध्यापक को अपनी कविता का नया सौन्दर्य-बोध समझा रहा था। इस सौन्दर्य-बोध का चरित्र न तो मुक्तिबोध से मेल खाता था, न शमशेर से। अज्ञेय से तो मेल खाने का प्रश्न ही नहीं। जो भी कुछ थोड़ा-बहुत खाता था वह या तो त्रिलोचन या फिर केदारनाथ अग्रवाल से। ये सब वे लोग थे जिनका सम्बन्ध गाँवों और खेतों-खलिहानों से था। अभावग्रस्त किसान से था। उसके संघर्षों, जिजीविषाओं से था। नागार्जुन

मुझे यही समझा रहे थे कि क्लासिक अभिजात का ही नहीं होता। अनभिजात का भी अपना क्लासिक होता है। वे इसी अनभिजात के क्लासिक हैं। यह भी कि क्लासिक प्रबन्ध का ही नहीं मुक्तक गीत और प्रगीत का भी होता है। वे इसी स्वच्छन्द, प्रगतिशील और प्रतिबद्ध मुक्त काव्य के क्लासिक हैं। इस क्लासिक का मूल रस शृंगार और वीर नहीं क्षोभ रस है। निश्चय ही इसकी पृष्ठभूमि वह विराट करुणा और संवेदनानुभूति है, जो आदिकवि के प्रथम श्लोक में शोक विह्वल हो अभिशाप बन फूट पड़ी थी।

❑❑